发展与责任的考量

——和谐社会视域中的企业伦理研究

张汉静 著

人民出版社

责任编辑:段海宝
封面设计:畅想传奇
版式设计:汪　莹

图书在版编目(CIP)数据

发展与责任的考量:和谐社会视域中的企业伦理研究/张汉静 著.
　-北京:人民出版社,2013.3
ISBN 978－7－01－011612－9

Ⅰ.①发…　Ⅱ.①张…　Ⅲ.①企业伦理-研究-中国　Ⅳ.①F279.23

中国版本图书馆 CIP 数据核字(2012)第 313714 号

发展与责任的考量

FAZHAN YU ZEREN DE KAOLIANG

——和谐社会视域中的企业伦理研究

张汉静　著

人 民 出 版 社 出版发行

(100706　北京市东城区隆福寺街 99 号)

涿州市星河印刷有限公司印刷　新华书店经销

2013 年 3 月第 1 版　2013 年 3 月北京第 1 次印刷
开本:710 毫米×1000 毫米 1/16　印张:16.5
字数:250 千字　印数:0,001-2,000 册

ISBN 978－7－01－011612－9　定价:38.00 元

邮购地址 100706　北京市东城区隆福寺街 99 号
人民东方图书销售中心　电话 (010)65250042　65289539

目　录

导　论

第一章

企业的社会角色与价值追求

第二章

道德资本与企业良序

1

第 三 章

企业责任与社会和谐

第 四 章

发达国家企业社会责任建设的经验与启示

第　五　章

企业社会责任建设的"中国问题"

第　六　章

当代中国的企业社会责任建设

当现代企业成为社会事业

（代　序）

万　俊　人

　　近年来，企业文化和企业伦理研究的趋势似乎悄然发生着某些改变：曾经的热闹渐渐趋于平静，浮华的轻歌曼舞或高谈阔论确乎在慢慢退场，而一些深度的关注和思考终于开始显露，如同冬春之际园林边地的一抹新绿。边地常常为人们，甚至为园丁本身所忽略，然而，眼下的边地虽然远远不如园林中心那般光彩夺目，可她生长所特有的"边际效应"却是已被团团围住的"中心"所无法比拟的。很显然，边地有可能无限拓展和蔓延，只要边地的开垦者们愿意付出开拓的努力，更何况眼前的边地未必不是将来的中心。

一、曾经的职业化企业伦理

　　中国的企业伦理和企业文化研究几乎是与 20 世纪后期我国经济社会的改革开放同时起步的，即使些微后起，也没有明显的时间距离。大致说来，这种文化思想状况及其成因是不难理解的：既然选择以市场经济的方式重建我们的落后的社会经济，当然也就必需重视市场经济行为的价值意义及其对社会文化道德的影响，市场经济毕竟是一种迥别于计划经济的现代经济方式或经济制度。从内涵上看，20世纪的企业伦理研究主要遵循着两种思路演进：一种是原有的职业道德教育模式；另一种是通过援引西方现代化国家，尤其是近邻日本和西欧德国较为成熟（当然也较为成功）的企业文化和企业伦理经验，逐渐形成的企业文化和企业伦理研究范式。

前者当然有其历史的必然性和文化传统的合理性，三十余年的计划经济试验虽然总体上归于失败，但得益于两个重要的社会文化条件，我国的职业道德教育模式仍然显示出相当强力的效应，尤其是在国有企业中。两个重要的社会文化条件是：其一，以党、团组织为核心的企业政治组织和准行政化的企业管理，为国营企业的职业道德教育提供了独特而有力的政治文化条件，《鞍钢宪法》可为显证。其二，长期的革命道德教育传统和社会主义的集体主义道德原则教育，为国营企业的职业道德教育提供了可普遍化的道德文化条件或社会文化环境。这一点似乎也毋庸证明。与之比照，后一种研究范式似乎显示出更具现实意义和实践有效性优势。这是因为，首先，市场经济的实施使得企业群体出现国营与私有的分化，而且在市场经济的环境中，私有企业的适应能力、生长能力、数量规模和增长速度都要远远超过国营企业。曾几何时，我们眼前展现的中国企业生长图景呈现如此鲜明的对比：一面是大量的国有企业因无法承受市场大潮的冲击而走向（不得不）倒闭、破产和消亡；一面是各式各样、各种规模的私有企业如雨后春笋，遍地开花，虽说实际上遍地开花并未产生遍地结果——更遑论硕果——的景象。毋庸讳言，前述两个适合于国营企业之职业道德教育模式的文化条件，在很大程度上已经无法适合后生的私有企业的企业道德文化建设需要，第二种企业道德文化建构范式即：援引于日本、德国等国的西方企业伦理文化范式，便自然而然地成为了我国当代私有——后来逐渐扩展到进入现代企业改革进程中的国营——企业伦理文化建设的主要范式，尽管大量的私有企业并不是一开始就能自觉并积极采纳这种现代企业伦理文化建设范式的，许多仍然处于初生状态的私有企业，特别是一些低层次的中小企业，甚至还不能形成起码的企业伦理文化意识，更不能诉诸企业伦理文化建设的实践行动，这也是它们为什么在当前激烈的市场竞争中总是或多或少表现得过于脆弱和短命的基本原因之一。

对于国营企业来说，如何建构其与现代市场经济身份或地位相适应的现代型企业文化和企业伦理，至今仍然是一个没有真正解决好的重大问题，这其中，企业伦理的建构问题尤其突出。时至今日，这类问题及其衍生的后果已然引起许多企业和企业家的关注，其情形多少有些类似于整个国家的现代化改革开放：当经济社会发展基本通过原始的、粗放的市场经济铺展阶段，社会财富积累达到资本盈余（或者说，过剩）、基本进入小康生活的国民不再为衣食住行所拖累时，文化道德和政治民主等社会"软势力"的建构，便开始凸显并显得越来越重要，越来越突出。同样，走过原始资本积累和市场体制改革之初始阶段以后，无论是私人企业还是国营企业，都面临着如何在经济和市场上做强自身的同时，也能在企业内部文化和企业伦理等软实力方面强健自身，并使后者成为前者取得更大增长的资源或资本，这一点渐渐地凸显为当下绝大多数中国企业——无论私有还是国营——不得不面对的一个当代课题。

那么，当前我国企业文化和企业伦理建设的问题究竟何在？我私下以为，最根本、最重要的问题并不在企业文化和企业伦理本身，甚至也不在于建构的方法和策略，而在于对现代企业本身的理解，尤其是对现代企业的身份和地位的理解。易言之，我国现代企业文化和企业伦理建构的根本问题，首先是重新认识作为企业文化和企业伦理之

3

行为主体的企业身份和地位的问题，不解决好这一点，现代企业文化和伦理的建构便不具备其先决的基本观念前提。

二、现代社会中的企业身份（或地位）及其文化伦理意味

正言正行先必正名，名不正，则言不顺，行不逮矣。所谓"名"者，也即是身份。我想表达的一个基本观点是：现代企业不只是经济或商业意义上的法人主体或市场行为主体，还是——在社会学意义上——社会行为主体，甚或还可能是社会政治和文化主体。现代社会的经济方式是市场经济，而现代企业则是市场经济生活中最典型的行为主体。在开放的、中介化的商品交易中，除了大量人们日常生活中的商业行为之外，就是各企业之间的经济交易，而且，与大量日常生活中的商业行为相比，企业交易行为不仅规模、数量更大，层次更高，也更复杂，而且企业的经济行为对经济社会的影响也日见巨大。更为重要的是，由于现代企业群体在现代社会中越来越具有主角，甚至关键角色的地位，它们对社会政治和文化等方面的社会影响力不仅日见强大，有时候甚至对某些地方或国家的政治文化产生着宰制性的影响，有的企业直接就成为社会文化产业的"巨头"或"大佬"，对现代世俗文化或大众文化影响如同风偃草木，有着标志引领性的能量。如，美国的好莱坞、日本的动漫产业、德国的出版业，等等。事实上，即使在传统社会里，比如在晚清中国，一些颇具经济势力的行业或企业集团，同样也对国家和社会的政治生活和文化风尚有着非常重要的影响力，例如，晋商、槽帮之类，只不过现代企业的这种社会影响更为突出、表现更为普遍、作用更为直接罢了。

　　因此，对于现代企业作为社会行为主体的身份和地位必需有一个重新审视和重新定位。一种较为普遍的看法认为，在现代社会条件下，企业不仅获得了越来越大的行为自主性，有了越来越强的社会行动能力和社会影响力，而且其行为主体的身份也不再仅仅限定在经济行为领域，即便是其纯粹的经济行为也不仅仅具有单纯的经济或商业意义，而是一种具有广泛影响的社会化行为，因之，企业自身也不再只是一种经济"单位"或商业行为主体，而是一种典型的现代社会行为主体。明乎现代企业的这种社会身份和地位的显著变化，也就需要正视并充分认识其作为特殊社会行为主体身份及其经济行为的社会意义，包括其社会政治意义和文化道德意义。

　　单单就现代企业之社会身份和行为的道德意义而言，显然已经大大超过我们曾经习惯的职业道德或行业道德范畴。当然，一个同样值得注意的问题是，我们也不能因此而将现代企业伦理泛化为一般社会伦理，无论如何，企业行为及其伦理意义不能超脱企业的经济行为和经济关系这一基本语境。指出现代企业之社会身份和行为所内涵的超出传统职业道德或行业道德范畴的道德意义，并不意味着要否认职业道德或行业道德的实际意义，而只是说，我们需要重新审视，乃至建构一种适应现代企业伦理文化需求的新型企业伦理，或者毋宁说重建一种现代型的职业道德。这一点对于刚刚摆脱计划经济模式的中国国营企业来说，尤其重要而急迫。

　　与传统的职业道德相比，现代企业伦理最为突出的特点之一，是企业所负担（或者，更确切地说，是被赋予）的社会责任。也就是说，现代企业伦理更多地具有一种社会类型化的社会道义论向度，而非仅仅持守某种行业化的职业责任规范。身份与责任直接相关。父母之所以必需承担抚养儿女成人的天职，盖因为他们的父母身份；子女之所以必需承担赡养父母的义务，亦因为他们作为后生晚辈的儿女身份。同样，现代企业之社会责任负担的加重与它在现代社会的地位和作用的提高也是相辅相成的。现代社会是一个高度开放的、以经济中心为基本价值取向的社会。"经济中心"使得作为现代经济主体的企业具有越来越重要的社会地位和社会影响；而开放性（比如，所谓"经济全球化"）则使得企业行为及其价值影响具有更广更大的"边际效应"和普适影响。这一重大变化意味着，现代企业在现代社会里获得了日益强大的话语权力和行动力量，从传统社会的边缘化角色渐渐演变为社会舞台中心的主角，成为现代社会最基本也是最重要的行为主体。身份愈高、行动力量愈强、话语权力愈大，则社会责任愈大、所承受的社会期待愈高、企业因之不得不承受愈来愈重的社会负担。因此，从一种道义论或责任伦理的角度，来切入现代企业伦理研究，理所当然便成为了一种最优探究理路，或曰最具现实合理性和有效性的企业伦理研究方式。张汉静先生新近成就的《发展与责任的考量——社会和谐视阈中的企业伦理问题研究》一书，为我们提供了一个最新的成功范例。

三、发展与责任：现代中国企业
伦理的双重价值目标

与既往的同类著述相比，张著明显具有一大特色，也正是这一特色确立了张著超出同类著述的学术地位和思想价值，这就是：张著在洞观现代企业身份和地位之改变的基础上，揭橥了现代企业伦理最核心的内核和意义，亦即现代企业及其经济行为的社会责任维度，并在较为充分的中西比较分析和实证论证之基础上，建构了关于现代中国企业伦理文化的社会道义论企业伦理理论。

首先，作者以自身对现代社会，特别是现代中国经济社会的自觉意识，确立了明确的现代企业伦理论域，从西方现代性企业伦理的流变观察，进抵中国现代化转型中的企业伦理文化，最后将现代中国企业伦理的建构定位在"发展与责任"的双重语境脉络之中。这无疑是极具理论洞见和现实解释力的定位："发展"是当代中国社会现代化的主旋律，作为后起的现代化中的国家，我们需要首先面对并解决的根本问题，当然是中国社会的现代化发展问题。三十余年的改革开放既是中国特色的现代化发展之基本方式，也是当代中国社会的不变主题。用邓小平的话说，这叫做"发展是硬道理"。用官方正式话语来说，这叫做"坚定不移地实行改革开放"！不变的是方向，是发展的目标，变化的是发展的方式和举措，比如，从追赶型、单向突击型、粗放式的快速发展，转变为协调型、社会整体和谐的、品质导向型的科学发展，科学与和谐成为这一社会发展的关键词和价值评价基准。"责任"是作为当代中国社会经济发展火车头的中国企业——无论是私有企业，还是国营企业——的现代使命。用马克斯·韦伯的话说，这叫做现代企业的"天职"。用现代通行的话语来说，这叫做现代企业的基本伦理精神。

正是由于有了明确且准确的理论论域概念和现代企业伦理意识，是著作者在考察西方和中国现代企业伦理观念和实践嬗变之后，集中解析了现代企业的身份变化，即企业从"经济人"角色向"企业公民"角色的转变。作者令人信服地指正并证明，企业角色或身份的这一转变，蕴涵着现代企业责任范畴的拓展：现代企业不仅仅是现代经济社会的行为主体，同时也是现代社会发展的行为主体，因而它们不单要承诺牵引和推进现代经济社会发展的重任，而且还要担负引导整个现代社会文明改善和进步的重任。

作者的这一论断是值得珍视的、富有解释力的。因为作者对这一论断的证成既有确定坚实的前提，即：现代企业身份或角色的改变本身所蕴涵的必然推论，也有一种"社会系统整体"的过程分析和证明。在张著的后三章中，作者通过分析企业运作之动力的经济资本及其逐渐获得的社会道德资本意义、企业行为的经济责任与社会责任之关联，进一步深入系统地分析了企业责任伦理的基本内涵和要义，并明确提出了企业践行其经济责任和社会责任的具体路径、方式、条件和评价等问题。可以说，张著较为成功地完成了一种现代企业之责任伦理的理论建构和论证，为当代中国企业文化和企业伦理建设贡献了一份具有示范价值的方案。

于学者而论，著书立言竟至如此，已然不负春秋大笔矣。平实说，我与汉静先生此前未有深交，但曾对他所在的山西大学之晋商伦理研究略有了解，亦十分好奇和关注。欲穷清史，当问晋商。此次承蒙友人引荐，得以结识汉静先生，函谈面磋间，始知其经年穷究于企业伦理一域，深耕劲培，颇有春勤秋硕之乐，不胜感佩！复蒙汉静先生不弃，赐我先睹其新书精彩之惠，且邀我为之书序，自然感念有加。起初，我因不谙其说而殊感惶恐，踌躇良久，加之时值年末岁初，日常事务冗繁不堪，旷延既久，惶惶而不可终日。直到近日稍歇，终于得读其详，并渐入意境，略有领会，时而生发些许同感共鸣，兹决意不惮唐突，放笔直述如上，以为遥唱。若得读者诸君及汉静先生本人首肯，当庶几不负氏著之鸿鹄高企云耳！

且为序。

壬辰岁末于京郊悠斋

　　2010 年 3 月 22 日，第五届"中国·企业社会责任国际论坛"在北京开幕，全国政协副主席李金华在《履行大国责任》的演讲中指出：改革开放三十多年来，中国经济与社会进步取得世人瞩目的成就，从物质层面的现代化到精神层面的现代意识，都实现了历史性的跨越。在他看来，无论对于企业、政府还是公民，社会责任都是一个现代文明社会所必须具备的意识。作为一个国家层面举办的高层峰会，这次论坛把"大国责任"和"企业责任"联系起来，充分凸显了企业责任的战略价值，也体现了政府和全社会对企业责任的呼唤与期待。

　　改革开放三十多年来，中国经济取得了巨大的成就，GDP 从 1978 年的 3645.2 亿元，增长到 2011 年的 471564 亿元，年均增长 10% 以上；城市化率从 1978 年的 17.9% 上升到 2007 年的 44.9%，"近 30 年向城市转移了 4 亿至 5 亿人；平均每年城镇新增就业人口 1000 多万、农村劳动力转移就业 800 万人；城镇居民人均可支配收入由 1978 年的 343 元增加到 2007 年的 13786 元，农村居民人均纯收入由 1978 年的 133.6 元增加到 2007 年的 4140 元"[①]。企业作为最重要的市场主体，对中国经济的发展和人民生活水平的提高作出了巨大的贡献。另一方面，中国企业在飞速发展的同时，也带来一些问题，从 20 世纪 80 年代因商品短缺而产生的制假售假，90 年代的官商勾结而出现的三角债、操纵股市、烂尾楼等缺乏诚信的现象，进入 21 世纪之后的矿难频发、偷税漏税、食品安全、环境污染，等等。特别是 2008 年"三鹿奶粉"事件后，引发了整个社会对企业经营行为的道德拷问，也引起了企业界自身的深刻反思。除了利润之外，企业还应该有更高层次的追求吗？一个没有社会责任感的企业能够生存下去吗？这些问题期待着我们给一个有说服力的回答。

历史地看，关于企业伦理的讨论在资本主义企业诞生的早期就已经开始。从亚当·斯密的"经济人"与"道德人"之辨，到马克思在《资本论》中对"资本逻辑"的彻底批判，再到韦伯关于新教伦理与资本主义精神的探究，我们都可以看到，作为经济组织的企业一直都伴随着"道德"的纠结。从 20 世纪 60 年代开始，企业伦理作为一门课程进入到了美国大学商学院，在这些培养未来企业家的课堂里，学生不仅要学会"该怎么赚钱"，还要知道"该赚什么钱"。但进入 21 世纪以来的一系列事件却暴露了西方企业面临的新的道德困境。2001 年 12 月 2 日，美国安然公司宣布申请破产保护，这家连续 6 年被《财富》杂志评为最具创新精神的公司一夜之间轰然倒下。直到此时人们才发现，支持这家"优质"企业的财务报告原来是一系列的骗局，公司高管和专门负责安然公司审计的安达信联手制造了安然高速增长的神话，并通过这一巨大骗局洗劫了广大投资者的财富，

---

① 胡星斗：《中国改革开放三十年的成就与问题总结》，《社会科学论坛》（学术评论卷）2008 年第 11 期。

公司股价从原来的每股 70 美元暴跌至 1 美元，直至最后破产。在安然事件之后不久，美国的世通、德士古、美国金融公司、环球电信公司等也相继因为恶性财务欺诈不得不宣布破产。2008 年，华尔街金融危机全面爆发，美国第四大投资银行雷曼兄弟公司申请破产保护，第三大投资公司美林证券被美国银行收购，纽约股市创"9·11"事件以来的单日最大跌幅，由此也引发了全球性的经济危机。究其根源，正如《世界是平的》一书作者托马斯·弗里德曼在《纽约时报》专栏发表的文章《全部倒下》中所说："我们落到如此下场的根源就在于——金融链上的每个环节都几乎彻底丧失了责任心。"

可见，不管是过去还是现在，不管是中国还是西方，企业经营过程中一直都伴随着严肃的道德追问。许多案例表明，单纯重视经济利润和伦理精神的缺乏，使得部分企业不仅在经营过程中破坏了平等交易和公平竞争为特征的市场经济秩序，造成了人与人之间不信任，使交易费用上升而导致经济效率下降，而且严重侵犯了个人和社会的利益，引起了各种矛盾和普遍的不满情绪，成为社会不安定的一个因素。这就需要我们从更深刻的价值层面思考企业的职责与使命。

就当代中国而言，我们正处在一个日益全球化的世界中，发展社会主义市场经济是前无古人的事业，实现科学发展，建设社会主义和谐社会，要求企业以更加科学、理性的态度来看待企业的目标，既要尊重市场经济条件下的竞争规律，又要尊重企业在社会环境中生存发展规律，倡导企业伦理精神，规范自身行为，把履行社会责任放在更加突出的位置，树立一种新型的企业伦理观，使企业不仅成为实现科学发展的有效载体，也成为实现社会公共善的责任主体。

一、 西方企业伦理研究的缘起与发展

伦理学是一门古老的学科，道德与利益的关系一直以来都是伦理学讨论的核心问题。早在古希腊时期，人们就对商业活动的道德特征进行过探讨，在此后漫长的历史发展过程中，西方伦理学形成了以亚里士多德等为代表的德性论，以康德为代表的义务论以及以边沁、密尔等为代表的功利论等不同的理论传统。18 世纪初，以大卫·休谟、亚当·斯密等为代表的"苏格兰学派"创立了苏格兰道德哲学研究传统，休谟说："正义只是起源于人的自私和有限的慷慨，以及自然为满足人类需要所准备的稀少的供应。""自私是建立正义的原始动机。"① 这一命题经由斯密进一步阐发，成为自由主义社会秩序观的经典纲领。在《国富论》中亚当·斯密提出"看不见的手"的理论，提出了受自利原则支配的"经济人"；在《道德情操论》中，他又提出了"同感"说，认为自利的人因为"同情心"而具有利他的行为倾向，创设了一个受同情原则支配的"道德人"。这两个相互冲突的假设，成为经济伦理学上著名的"斯密难题"。在斯密看来，让经理人管理股东财产，会产生疏忽、懒惰，为自己利益而不是为股东利益考虑的弊端。很难期望他们带着同样焦虑的警惕心来关心他人的资金。但究竟如何让自利的人采取利他的行为，如何让经营者像所有者一样关注股东利益，以及由此产生的股东与经理人之间的矛盾，是"斯密难题"在现实经济生活中的展现。有人认为，"斯密难题'所揭示的正是经济学与伦理学之间的内在冲突。伴随着资本主义市场经

---

① ［英］休谟：《人性论》（下）关文运译，商务印书馆 1980 年版，第 536—540 页。

济的发展，伦理学逐渐进一步介入经济生活，产生了经济伦理学。韦伯则在《新教伦理和资本主义精神》中，对资本主义的兴起与新教伦理的关系进行了深刻的阐述，认为新教的天职观念、敬业精神、禁欲主义等是资本主义之所以在西方产生的原因，提出了著名的"韦伯命题"。在韦伯之后，桑巴特等人又进一步论述了奢侈消费与资本主义的关系，得出了与韦伯不同的结论，认为奢侈观念是资本主义形成的重要因素。企业伦理学作为经济伦理学的一个分支，是在探讨企业经营活动中的道德问题过程中逐步形成的。

（一）西方企业伦理研究的发展脉络

企业伦理，一般意义上是指企业从事经营活动中，在处理各种利益关系时所应遵循的道德原则和行为规范的总和。这一概念源于伦理学，事实上是把企业看做具有独立人格的"拟人"主体。企业伦理概念的正式提出在 20 世纪 60 年代后。新制度经济学的创始人罗纳德·科斯通过对企业性质、企业与社会关系的问题的探讨，引出对企业经营伦理问题和管理道德问题的分析。关于西方企业伦理的发展历程，我国学者吴新文在《国外企业伦理学：三十年透视》中，把国外企业伦理发展分为三个阶段：20 世纪 60—70 年代的产生期、80 年代的发展期、90 年代以后的突破期。龚天平在《企业伦理学：国外的历史发展与主要问题》中，把国外企业伦理研究发展阶段划分为 20 世纪 50—60 年的酝酿期、70—80 年代初的形成期以及 80 年代后期至今的发展期。这种划分基本上描述了西方企业伦理演变的基本轨迹。但事实上，关于企业伦理的讨论早在一百多年前就已经开始。正如美国经济伦理学家林恩·夏普·佩因在其著作《公司道德：高绩效企业的基石》中说，过去一个世纪来"公司的道德进程是循序渐进的"。从 18 世纪开始到现在，西方企业伦理研究的总体脉络可以化约为从"股东利益最大化"的企业伦理观向"社会责任"的企业伦理观的演进过程。

"股东利益至上"理论根源于西方古典经济学。在西方古典经济学视阈中，企业最根本的，也是唯一的责任就是为股东创造利润，企业是在完全利己的经济活动中，被"看不见的手"指引，不自觉地促进社会公益的。企业最重要的责任就是，尽可能高效率地利用资源生产出社会需要的产品，为股东（投资人）实现利润。整个 18 世纪到 19 世纪期间，在社会达尔文主义的观念影响下，企业主最关心的问题就是如何在激烈的市场竞争中成为强者，对企业社会责任的观念则是消极的。马克思曾说："资本主义生产过程的动机和决定目的，是资本尽可能多地自行增殖，也就是尽可能多地生产剩余价值，因而也就是资本家尽可能多地剥削劳动力。"[1] 在 19 世纪中期到 20 世纪初期，由于企业本身在早期放任式发展中的短视行为中遭遇了一系列的困境，以及劳工组织的发展，企业主不得不把改善工人待遇、缩短劳动时间、重视诚信经营等看做是保障企业发展的重要因素。但正如恩格斯所说的，"资本主义越发展，它就越不能采用作为它早期阶段的特征的那些小的哄骗和欺诈手段"，"而其所以如此，并不是出于伦理上的狂热，而纯粹是为了不浪费时间和辛劳"。[2] 一个多世纪以来，尽管西方古典经济学的这一观念受到了来自社会主义以及自由主义内部的质疑和批判，但"企业的目标就是赚钱"这一信念仍然是企业界普遍认同的主流意识，并且不断在 20 世纪获得回应。

企业应当承担社会责任的观念至少在 19 世纪末已经出现。实际

---

① 《马克思恩格斯文集》第 5 卷，人民出版社 2009 年版，第 384 页。
② 《马克思恩格斯文集》第 1 卷，人民出版社 2009 年版，第 366 页。

上，从 18 世纪末开始，已经有一些中小企业主通过救助穷人、捐助教堂等方式的慈善行为树立其在公众中的良好形象，不过这种改善是零星的、自发的。1895 年，美国社会学界著名学者阿尔比恩·斯莫尔就曾在《美国社会学》创刊号上呼吁，"不仅仅是公共办事处，私人企业也应该为公众所信任"。1916 年美国芝加哥大学的克拉克教授最早提出企业社会责任的思想。1924 年，美国学者谢尔顿首次提出企业社会责任的概念，他认为，企业社会责任包含道德义务，应把企业经营活动与满足产业内外各种人类需要的责任联系起来。[①] 在此之后，围绕这个概念产生了长期的争论，其中，最著名的是 1931 年的"贝利—多德论战"和 20 世纪 60 年代初的"贝利—曼恩"论战。

"贝利—多德论战"围绕的核心议题是"公司管理者是谁的受托人"。1931 年，美国哈佛大学教授贝利在《作为信托权力的公司权力》一文中指出，企业的管理者只是企业股东的受托人，管理者的主要任务就是实现股东利益最大化。对此，另一位哈佛大学的教授多德发表《公司管理者是谁的受托人》一文，对贝利的观点提出质疑。他认为，企业的受托人不仅仅是股东，在他看来，企业既是经济组织，同时也具有社会职能，企业不仅受托于股东，也受托于更为广泛的社会，包括雇员、消费者、环境和社会公众都是企业的委托人。他强调，法律之所以允许企业追求利润，是因为企业能够服务于社会，企业之所以能够实现利润，是社会各方面共同支持的结果，因此，企业不能仅仅专注于股东利益，而应该在更大的范围内承担社会责任。过去二十多年的论证，最终在企业是否应该承担社会责任问题上，达成了一个宽泛的基本共识。

---

① Oliver Sheldon, *The philosophy of Management* Sir Isaac. Pitman and Sons Ltd., first published 1924,. reprinted 1965, p. 74.

1962 年，曼恩在《哥伦比亚法学评论》上发表《对现代公司的"激烈批判"》一文，对企业承担社会责任的观点提出批评，从而引发了企业社会责任历史上的第二次著名论战。他认为："企业的管理者根本不具备承担社会责任的能力，让企业承担社会责任是对自由经济的破坏，如果推行企业社会责任，将会给公司带来根本性的改变。"此时的贝利转而支持它曾经反对过的多德的观点，他认为："在现代市场经济条件下，由于垄断的存在，往往几家公司就控制一个行业，亚当·斯密的自由市场理论所基于的完全竞争的市场条件已经不存在了，以自由市场的逻辑对待现代公司的责任是不合适的。"①

从表面上看，这两次论战的内容具有相似性，都是围绕企业应不应该承担社会责任展开的。但实质上，后一次论战比前一次论战更为深刻，如果说前一次论战只是从一般层面上讨论企业社会责任问题的话，那么，后一次论战则触及了现代企业的定位，可以说是传统企业观与现代企业观的争论。这一点从贝利本人态度的转变可以看出来，因为他意识到，在新的历史条件下，已经不能按照传统市场经济的模式来看待现代企业，而这在某种程度上也就意味着企业社会责任不再是企业自由裁量的结果，而是现代企业制度中不可忽略的内容。而企业伦理的真正出场，也是这一论战的重要成果之一。

1953 年，霍华德·R. 鲍恩出版的《企业家的社会责任》一书，首次阐述了现代企业社会责任观念，鲍恩也因此被称为企业社会责任之父。1962 年，美国联邦政府公布了一份《关于企业伦理及相应行动的声明》（*A Statement on Business Ethics and Call for Action*），表明了政府和社会公众对企业道德问题的高度关注。1968 年，美国天主教

---

① 转引自任荣明、朱晓明主编：《企业社会责任多视角透视》，北京大学出版社 2009 年版，第 14—15 页。

大学院校长 C.沃尔顿在其《公司的社会责任》一书中，提出企业社会责任概念，倡导公司之间的竞争要以道德目的为本。

　　20 世纪 70 年代以来，企业伦理在西方越来越受到重视，它被认为是"企业生存与赢利战略的关键"。1974 年，美国堪萨斯大学召开了第一届企业伦理学大会，标志着企业伦理学的正式确立，会后出版了《伦理学、自由经营和公共政策：企业中的道德问题》论文集。20 世纪 80 年代后，西方企业伦理学进入全面发展阶段。企业伦理学的影响从欧美国家逐渐扩展到世界范围，一些专门研究企业伦理的机构相继成立。在欧美国家有将近 30 所大学成立了专门的学术机构。企业伦理被许多大企业全面引入的同时，许多企业专门成立了"伦理委员会"、"道德执行官"等职位，专门负责企业伦理问题。与此同时，企业伦理成为逐步走向成熟的学科，形成了比较规范的研究方法和完整的话语体系。1984 年，弗里曼在其《战略管理：利益相关者管理的分析方法》一书中明确提出了利益相关者理论，认为企业的经营活动是为综合平衡各个利益相关者的利益要求而进行的，各种利益相关者的积极投入和参与，是企业发展的重要条件，因而企业不能只追求股东利益，而应该追求所有利益相关者的整体利益。1986 年，由西方企业界领袖发起的"康克斯（Caux）圆桌会议"通过的"康克斯商务原则"指出："如果没有道德，稳定的商业关系对国际社会的支撑将是不可能的。"此后，企业伦理在理论和实践层面不断纵深发展，并发展为一系列影响深远的企业伦理社会行动。1987 年，哈佛商学院首次开设"管理决策与伦理价值"课程，到 20 世纪 90 年代初，美国 90% 以上的管理学院（商学院）都开设了企业伦理学方面的课程，在史蒂文·西尔比格（Steven Silverbill）列出的美国最著名的 10 家商学院的 9 门 MBA 核心课程中，企业伦理学都榜上有名。

　　进入 21 世纪后，受到 2001 年"安然事件"的影响，企业伦理成为社会公众和新闻媒体关注的焦点。安然、世通、泰科、阿德尔菲亚、摩根大通、美林、摩根士丹利、花旗银行等一系列知名公司先后卷入涉及违法行为的伦理丑闻，这导致 2002 年美国国会通过了《萨班斯—奥克利斯法案》。这项法案把企业遵守道德规范上升到法律层面，使得企业的领导层不得不重视企业伦理建设，从而也导致了企业伦理的研究成为新世纪的热点。

（二）当代西方企业伦理兴起的历史背景

第二次世界大战后，企业伦理问题之所以受到越来越多的关注，有着深刻的历史背景和现实原因。这其中，既有企业本身发展的内在要求，也有外在社会运动的推动，各方面的因素叠加在一起，形成了一场声势浩大的企业伦理运动，也使企业伦理在西方渐成显学。

一是企业经营活动中的丑恶行为引发了企业伦理的研究。1993年，阿基·B.卡罗尔曾经指出："回顾过去 30 年来人们对企业伦理的兴趣，可以得出两个结论：一是对企业伦理的兴趣不断加深，二是对企业伦理的兴趣看来是由重大丑闻曝光引发的。"[①] 长期以来，西方企业信奉"企业目的就是获取最大化的利润"这一信条。在激烈的市场竞争条件下，许多企业为了追求利润最大化，并在竞争中挤垮对手，往往不择手段。20 世纪五六十年代后，美国企业经营活动中出现了大量商业贿赂、价格垄断、欺诈交易、环境污染以及歧视员工等不道德行为，引发了关于企业经营活动中伦理问题的公开讨论。

二是传统企业管理模式的困境导致企业伦理的研究。在传统工业

---

① Archier B. Carroll. *Business and Societ：Ethics and stockholder Management*，South-Western Publishing Co.，1993. p.85.

时代，大多数企业在生产经营活动中采取的是一种"工具主义"的生产管理方式，以"泰勒制"为代表的"工厂管理"，科学管理系统虽然极大提高了生产效率，但由于人被作为机器来看待，在生产过程中也造成了对人的压抑。这一管理方法的理论基础是"经济人"假设，认为人的本性倾向于好逸恶劳和不愿承担责任，因此必须进行严格监督和控制。在这种管理模式中，人和人之间的关系只是物质利益关系，人被看做是企业实现利益最大化的手段。但这种理论在20世纪20年代就受到了质疑，梅奥主持的"霍桑实验"提出了"社会人"的假设，认为组织中的人不仅有经济需要，而且有获得友情、安全感、归属感和尊重的需要，强调要重视组织中非正式群体的作用，通过建立和谐的人际关系提高组织管理效能。在此之后，马斯洛提出著名的需要理论，认为人的需要是多层次的，是一个由低到高的金字塔结构，在企业管理中，必须考虑到人的多层次需要，采取更加符合人性的管理模式，把人的需要与企业管理的目标有机统一起来，企业不仅要满足员工的劳动报酬，还要考虑员工的成就感、归宿感、良好的同事关系等精神上的需求，企业要让员工在为企业创造价值的同时，获得自我实现和自我发展的机会。这就要求企业在管理中必须尊重员工、充分调动员工的责任感和创新精神，采取更具有伦理意义的管理模式。

三是新科技革命推动了企业管理的伦理学转向。第二次世界大战后，以信息技术为前导的新科技革命极大地改变了传统的生产方式，这也为企业的经营理念带来了深刻的变革。在新科技革命浪潮的推动下，世界范围内的产业结构、劳动方式，以及企业管理方式都发生了前所未有的巨大变化。电子工业、生物技术工业、宇航工业、海洋工业、新材料与新能源工业等新型"朝阳产业"，取代了劳动密集型的"夕阳工业"，整个社会生产的发展转移到依靠知识和技术进步的轨道上来。计算机技术的广泛应用，使得企业的组织方式、人们的劳动方式也发生了巨大的改变。通过互联网，一个跨国公司可以便捷地把世界各地的工作人员组织在一起。与此同时，信息技术的迅猛发展，也使得政府、媒体、公众有可能通过技术手段监督企业的经营活动和经管理者的行为，在互联网时代，企业的任何不道德行为都可能演变为传媒和舆论的关注焦点，受到强大的舆论压力，从而使企业经营陷入被动局面。在这种情况下，企业不得不顾及其公众形象，在经营管理中采取更符合利益相关者期望的管理手段。

四是社会性运动推动了企业伦理的研究和实践。20 世纪 60 年代以来，西方陆续出现了包括"维护消费者权益运动"、"环境保护运动"、"工会运动"等在内的一系列规模宏大的社会性运动，极大地推动了企业伦理理论和实践的发展。消费者运动是消费者自我意识觉醒的产物，第二次世界大战后，各种消费者组织便应运而生，它们以维护消费者权益为中心，对企业危害消费者的行为进行批判和斗争，并通过一定程序和渠道向有关企业进行索赔、申诉和制裁。1960 年，成立了"国际消费者组织联盟"（IOCU），目前全世界共有九十多个国家的三百多个消费者组织在开展活动。从 20 世纪 60 年代后开始，面对由于工业生产而导致的日益恶化的环境，人们的环境意识开始苏醒，人们对企业破坏环境的行为深恶痛绝。1970 年 4 月 22 日，由美国哈佛大学学生丹尼斯·海斯发起并组织，全美国共有 1 万所中小学、两千多所大学的两千多万人游行集会，强烈要求政府采取措施保护生存环境。这一天也成为后来的"地球日"。在此之后，世界范围内的环境保护运动日益高涨，特别是各种非政府环保组织，成为最活跃的力量。他们通过宣传教育、院外活动、立法诉讼、示威游行、参加国会听证会等手段，敦促政府制定环境法，为环境保护提供法律保障，推动了企业环境意识的提高。与此同时，为维护工人合法的经济利益和政治权利，西方国家的工会对企业的违法和侵害工人权利行为进行了长期斗争，并与消费者运动、环境保护运动相互配合，对企业坑害消费者、破坏环境、损害工人利益的行为进行揭露和抵制，这些运动使企业认识到，如果不能正确处理好企业与消费者、环境，以及员工的关系，最终将损害企业本身的利益。

五是相关法律体系的逐步完善对企业伦理的推动作用。市场经济是法治经济，完备的法律体系是维护市场经济正常秩序的前提。历史地看，西方企业的发展过程，也是一个围绕企业经营活动的各种法律体系不断完善的过程。在这些法律中，不仅规定了企业的权利，也明确了企业与不同利益相关者的义务，如企业所得税法、反垄断法、反不正当竞争法、环境法、工会法、劳动法、消费者权益保护法，等等。这些法律构成了一个严密的行为规范体系，对企业的行为具有强大的规制作用。有很多法律本身就是在企业理论规范基础上逐步形成的，反过来这些法律又进一步成为规范企业道德行为的最有力工具。

（三）当代西方企业伦理研究的主要论题

经过多年的发展，西方企业伦理学已经逐步走向成熟：研究对象和研究领域逐步明确、研究方法逐步规范，形成了比较系统的话语体系。总体上看，按照伦理学的流派，西方企业伦理学的研究可以分为三个层面：

第一，企业伦理的元理论研究，或者说是企业道德哲学层面的研究。这一层面的研究主要围绕企业与道德的关系问题展开，大致按照伦理学的流派可分为功利主义、义务论、美德伦理三条线索，从不同角度回答了企业伦理的意义和合法性问题。一些经典的企业伦理学教科书，如理查德 T. 德·乔治（Richard T. De George）著的《企业伦理学》基本上是按照这一框架来介绍企业伦理原理的。该书的第二部分专门用五章的篇幅来论述企业伦理的基本原理。

第二，企业伦理规范研究。主要以企业经营活动为中心，回答的是企业应该讲什么道德的问题。该领域的研究以企业为中心形成的各种关系，包括企业内部管理，企业与政府、社会、环境、员工，以及企业与企业家，等等。针对这些关系，阐述不同情况下企业应该遵循的伦理规范，如此形成了庞大的企业伦理问题研究域。

第三，企业伦理实务研究，主要回答的是企业该如何讲道德的问题。这一领域的研究涉及了企业经营活动的各个层面，如生产伦理、经营伦理、营销伦理、广告伦理，等等。其中关于企业社会责任建设即我们通常所说的 CSR 建设，包含以下三个层次：（1）认知层面：想什么，即企业对于经营活动中的伦理问题如何理解；（2）释义层面：说什么，即企业如何向社会和公众传达自己的价值观和伦理主张；（3）行为层面：做什么，即企业采取何种行动来践行企业伦理。这三个层面构成企业社会责任建设的基本维度，我们对于一个企业的伦理状况考察，基本上可以从这三个层面获得一个全景的认识。

总的来看，当前西方企业伦理研究关注的问题具有很大的纵深度，在若干重要问题上不断有新的创见，形成了"乱花渐欲迷人眼"的局面，但在这看似繁杂局面的背后，有几个核心问题却是无论谁、无论何种流派都不能回避，且必须回答的，也正是在对这些问题的不同回答中，形成了形形色色的流派。

一是企业与道德的关系问题。企业与道德的关系问题，是企业伦理研究的首要问题。正如理查德 T. 德·乔治所说："企业的经营是一种人类活动，所以正如任何其他人类活动一样，企业的经营活动也可以从道德视角进行评判，企业与道德的关系甚至更进一层。"① 但长期以来，在西方企业界和经济学界有一个根深蒂固的观念，即企业与道德是无涉的。在他们看来，企业的目的就是最大限度地追求利润，如此之外的任何行动对于企业来说都是不合法的，而且对社会也是有害的。因为企业的产生来源于社会分工的细化，企业存在的最重要前提就是它能够通过最有效率的方式组织社会的物质资料的生产，在获取利润的同时，从而以最低的成本为社会提供产品和服务。企业就是企业，它有自己的行动边界，不能让企业从事政府、学校、社会组织的事情，如果让企业从事分外之事，不仅违背了企业的本性，而且对社会整体是有害的。这种观点的最著名的代表人物是 1976 年诺贝尔经济学奖获得者，美国经济学家米尔顿·弗里德曼，他认为，企业追求利润就像是大自然"适者生存"的法则一样，"使预期收入最大化或者试图这么做的企业将得以生存和繁荣，然而其余的则会衰落甚至破产。这样通过一个自然选择过程，普遍存在的将是追求利润最大化的企业"②。作为自由主义最坚定、最出色的辩护士，米尔顿·弗里德曼坚决反对企业承担任何与企业经济活动无关的责任。1970 年 9 月，米尔顿·弗里德曼在其《商业的社会责任是增加利润》一文中指出："不论是否应该受到指责，社会责任这一借口的使用，及那些有影响力且有声望的商人在这一名义下所讲的那些无用的门面活，的确毫无疑问地危害了自由社会的根基。在这样的社会中，企业仅存在一种，而且是唯一的一种商业社会责任——只要它遵守职业规则，那么它的社会责任就是利用其资源，并且从事那些旨在增加其利润的活

---

① ［美］理查德 T. 德·乔治：《企业伦理学》，王漫天、唐爱军译，机械工业出版社 2012 年版，第 9 页。
② ［英］G. M. 霍奇逊：《现代制度主义经济学宣言》，向以斌等译，北京大学出版社 1993 年版，第 19、92 页。

动，这也就是说，在没有诡计与欺诈的情况下，从事公开的、且自由的竞争。"①

与此相反，以乔治·斯蒂纳等为代表的"社会契约"论者则认为，企业的出现源于一种"社会契约"，企业的权利是社会赋予的，因而应当承担相应的义务。根据这一契约，社会给予企业采取必要与"合理行动"的权利，所谓"合理行动"，即一方面企业通过"合理化"手段将资源有效地转化为社会所需要的产品，另一方面允许这些投资获得合理回报。"合理行动"意味着，企业的经营活动要符合一定社会的法律和伦理的规范，不能以违背法律和伦理要求或者侵害其他人的利益获得企业利润。唐纳森和邓菲在《有约束力的关系：对企业伦理学的一种社会契约的研究》中也认为，企业与社会之间存在一种隐性的契约，企业不仅仅是一个经济组织，也是一个社会主体，企业从其一成立开始，便自然而然地包含了对社会公众、政府以及内部员工的责任和承诺，这种承诺便是企业的社会责任。管理学大师德鲁克（也译为杜拉克）曾说："商业机构以及公共服务机构是社会所赖以完成其工作的工具。它们的存在并无本身的原因，而只是要实现社会的某一特别目的和满足社会、团体或个人的某一特别需要才存在的……要定义企业的目的和使命，只有一个中心论题，一个起点，那就是顾客……满足顾客是企业的目的和使命。"②

可以看出，这两种对立的观点就其实质而言，不只是对企业伦理理解上的不同，而在于不同哲学立场导致的根本分歧。前者即企业与道德无涉论者所秉持的是一种自由主义的立场，其所认为的企业是在

---

① ［美］米尔顿·弗里德曼：《弗里德曼文萃》（上册），胡雪峰、武玉宁译，首都经济贸易大学出版社 2001 年版。
② 杜拉克：《经营管理：工作、责任与实践》，台湾中兴管理顾问公司 1980 年版，第73 页。

完全自由竞争的自然状态下存在的，这里的企业更像政治哲学所探讨的"自然人"状态；而后者的企业是来自于"约定"，在此企业具有政治哲学中"公民"的内涵，即权利与义务统一的主体。事实上，这两种观点的分歧最终将导致人们对企业本质的重新审视和反思，这种反思的最终结果是，即便是极端的自由主义者，如弗里德曼、哈耶克之流也不得不承认，企业的存在不可能是与道德无关的，他们只是反对把把企业的经营目标与伦理挂起钩来。而社会契约论者的观点则给我们重新审视企业的性质提供了一个视角，但问题在于，如果企业的社会角色真的如公民一样，那企业的独特性又在哪里，而且任何企业如果不能赢利的话，那它便不可能存在，更谈不上一种社会责任。因而，在企业与道德的关系问题上，需要我们有一种更为合理的理论去解释，这也是本书所要努力解决的第一个问题。

二是企业伦理与经营绩效的关系。如果说是上一个问题是从质的角度来考察企业与道德关系的话，那么这一问题则是从量的层面来考量企业与道德的关系问题。不管我们在理论上如何彻底地说企业一开始就具有道德属性，但如果一个讲道德的企业却不能在现实中获得良好的业绩，那这个理论就是苍白无力的。在这一问题上，主要有三种观点。

第一种观点认为，企业伦理会降低企业经营绩效。如米尔顿·弗里德曼等人认为，让企业承担过多的责任无疑会损害企业的效率，而且如果企业的经营活动如果设立过多的目标，就会分散企业的精力，多目标也就会变为无目标，因而企业会变得无所适从。毫无疑问，这一观点看到了企业伦理本身的局限，但问题在于，难道企业的效率与道德是非此即彼的关系吗？在这一问题上，林恩·夏普·佩因等人给了我们不同的答案。

第二种观点认为，企业伦理有助于企业经营绩效提高。经过多年的讨论，越来越多的学者都认同"企业通过竞争焕发活力，依靠伦理而得以生存"这样一个观点。林恩·夏普·佩因在其专著《公司道德：高效企业的基石》一书中，雄辩地论证了公司道德的价值，在他看来，良好的公司道德，有利于改善风险管理、提升组织效能、增加股东信心和提升社会声望，因而对于公司创造业绩是必不可少的。有的学者甚至提出"道德边际"（Ethics Edge）概念，认为"企业为了在竞争中获得比较优势，就应该保证自己的道德标准高于竞争对手，产生道德边际利益"①。爱德华·弗里曼和小丹尼尔·R 吉尔伯特在评价《追求卓越》一书时这样说："优秀企业的秘诀在于懂得人的价值和伦理，懂得如何把它们融合到公司战略中。对人的尊重是关心顾客、关心质量背后的根本原因，也是理解优秀企业难以置信的责任感和业绩的关键。"

第三种观点则认为，企业伦理对于企业经营绩效的影响是复杂的。一方面，高利润无疑有助于企业更好地承担社会责任，但如果企业把焦点只放在追求利润上有可能损害其他利益相关者的利益；另一方面，一个具有道德责任感的企业，无疑会获得较高的社会评价，因而会促进企业利润的增长，但这种情况又有可能造成企业为维护在公众中的形象而加大成本。

上述论争给我们认识企业伦理功效带来了相当大的混乱。这些观点虽然各执一词，互相抵牾，但其背后的逻辑却是一致的，因为他们都是从功用主义的角度来看待企业伦理的。事实上，我们强调企业伦理，并不仅仅是因为它对于企业是有好处的，更重要的原因在于，企业伦理标志着一种康德式的立场，即无论任何人在任何时候，都有一

---

① 参见寇小萱：《论道德优势对增强企业竞争优势的作用》，《现代财经》2000 年第 5 期。

些普遍的准则是必须遵循的，这种"绝对命令"对于企业同样有效。这就涉及一个我们如何看待企业性质的问题，如果说企业仅仅是一个为满足赢利而存在的组织，那么我们可以用功用主义去解释企业伦理问题，也就是上述论争围绕的问题，即企业伦理对于企业经营是有益的吗？但是尽管如此，对于功用主义来说，还有一个问题不能回避，即我们所熟知的功用主义的原则——"最大多数人的最大利益"，因为按照功用主义的原理，只有符合这一条原理的行为才是"善"的。因此，如果按照这个原则，即便是我们已经证明了企业伦理对于企业的经营是有益的，那也并不能就此证明企业伦理的合法性。所以，功用主义对于企业伦理的解释力是有限的。

三是企业社会责任研究。企业社会责任是当前西方企业伦理界研究的一个重点问题，甚至可以说是企业伦理研究的核心问题。20 世纪 20 年代，美国学者谢尔顿（Sheldon）最早提出企业社会责任的概念后，企业社会责任理论在发展过程中形成了几种代表性的观点，主要有以下几种：

第一是企业社会责任的经济观，主要认为企业的责任是经济责任。早期的企业社会责任观主要是依据古典经济学理论，认为企业经营的目标是为实现股东利益最大化，这一观点备受人们的质疑，后来经过不断修正，形成了一种新的企业社会责任观，即认为利润最大化不是企业的第一目标，企业的第一目标是保证自身的生存，因而企业应该从长期资本利益最大化的立场出发制定经营战略。这就要求企业不仅要重视自身的经济效益，也要充分考虑到其他利益相关者的利益，使企业自身的目标和社会目标协调起来，做一个负责任的企业。

第二种是企业责任的社会观。这一种观点主要是弗里曼等人的"利益相关者理论"，其立论依据包括"综合契约论"、企业代理论等，认为企业是由投资人、员工、社会、供应商、消费者等签订的隐形契约组成的，只有承担其相关签约人的责任才能更好地发展。而且，随着现代企业越来越多地采取上市公司的形式，企业就不能只考虑少数大股东的利益，广大中小股东的利益也应该受到企业保护。

第三种是企业社会责任的公民观。这种观点认为，在市场经济条件下，企业作为法人，与自然人的公民身份一样，企业也是一种公民，是权利义务的统一体，企业的公民资格是由国家和社会赋予的，企业通过这种社会赋予获得了独立经营、获取合理利润的权利，因而也必须承担对于国家和社会的责任。

第四种是企业社会责任的生态观。这种观点认为，企业就像人和生物一样，是一个有机生命体，企业生存在一个相互联系、相互制约的生态环境中。作为整个社会生态系统的一员，企业要和其他成员保持一种和谐关系，要处理好与消费者、供应商、员工、社区、政府、自然环境的关系，在企业创造利润的同时，应维护好它们的利益。

可以看出，上述几种企业社会责任理论，虽然具有不同的理论基础，但在内容指向上却是基本一致的，即强调企业不能以追求自身的经济利益为唯一目标，而应在经营管理活动中重视各种利益相关者的利益，并对国家、社会、自然、员工、供应商、消费者负起责任。但值得注意的是，由于历史文化传统的差异，西方国家在企业社会责任的理解上也表现出不同的特征，如英美国家由于自由主义传统，更强调责任的主体性，而欧洲大陆国家更强调规范的优先性。"北美与欧洲联系密切同时又彼此陌生。当这两个洲的人在西方以外的亚非拉相遇时，他们很容易看到共同点，可一旦在大西洋两岸欧美自己的国度里碰到时，诸多差异马上会跃如眼帘。"① 与欧美人相比，日本人则

---

① ［瑞士］G.恩德利：《企业伦理学：北美与欧洲的比较》，刘涛译，高国希校，《国外社会科学》1997 年第 1 期。

十分注重企业伦理与传统价值观念的结合，"把忠诚、感恩、爱和、喜劳、仁义等日本传统的伦理价值观念融入企业经营活动中"①，因而使企业伦理具有了浓厚的东方文化色彩。

除了以上几个方面的问题外，西方企业伦理还对企业家与企业伦理、企业伦理与企业竞争力等问题进行了深入研究，产生了丰硕的成果，为我们认识企业伦理问题提供了有益的启示和丰富的资料，但同时，西方企业伦理研究也存在先天的不足和缺陷。主要体现在：

第一，把企业伦理研究建立在抽象人性论的哲学基础上。不管是何种流派，其理论主张归根到底都是以对"人性"的不同假设为前提的，"经济人"、"社会人"、"道德人"等，都是抽象人性论的表现。这种状况不仅造成了企业伦理在理论上的长期纷争，也导致了企业伦理在实践中的矛盾和冲突。每一种理论都有其合理性，但又都没有彻底的解释力，所以，对于一个企业来说，究竟在经营管理中采取何种伦理方案，完全取决于决策层的自由裁量，这就使得许多企业在企业伦理建设过程中出现了"知行不一"的状况，总是说的比做的好。

第二，企业伦理的研究具有明显的"工具性"倾向。西方企业伦理虽然从理论上对"企业的非道德神话"进行了批判，但这不能掩盖其"工具性"倾向。在资本主义生产资私人占有制的根本制度安排下，企业绝不可能为了社会和公众利益而牺牲自己的利益，只要这一基本制度不变，实现股东利益最大化的目标就不会有根本改变，因此，从根本上看，西方企业伦理学的主要目的还是为资本服务，企业伦理的"道德逻辑"还是服从于"资本逻辑"的，具有显著的工具性。

---

① 参见吴新文：《国外企业伦理学：三十年透视》，《国外社会科学》1996年第3期。

第三，西方企业伦理的研究没有深刻揭示企业伦理存在的内在根源。西方企业伦理从一出现开始，就带有很明显的"外部性"特征，是在企业丑恶行为侵害公众利益而导致的外部压力下产生的，而不是企业自身伦理觉悟的产物。在这一起点上，各种企业伦理流派的理论所进行的解释和论证，虽然在某种程度上让企业意识到企业伦理的重要性，但仍然没有上升到道德觉悟的层面。如何把这种外在的伦理动力转化为企业主体自身的主动追求，仍然是企业伦理研究面临的重大问题。

二、 中国企业伦理的发展进程

伦理思想是中国传统文化中最重要的组成部分。伦即人伦，礼即道理、事理，伦理即人与人相处的道德规范。在长期的经济生活和生产经营活动实践中，不同历史时期的思想家提出了如"重义轻利"的义利观、"取予有度"的生产观、"诚信无欺"的交换观、"崇俭去奢"的消费观等富有中国文化特点的经济伦理思想。在义利观方面，早在春秋时期，晏子就提出了"正德幅利"的思想，主张"利不可强，思义为愈。义，利之本也"（《左传·鲁昭公十年》）。孔子及后世儒家思想家都把"重义轻利"作为为人做事的出发点，"君子喻于义，小人喻于利"、"正其谊不谋其利，明其道不计其功"，这些思想构成了中国传统文化在义利观上的基本点。在诚信观方面，管子则看到了诚信的重大作用，认为诚实守信是一个国家、一个社会文明程度的标志，"是故非诚贾不得食于贾，非诚工不得食于工，非诚农不得食于农，非信士不得立于朝"（《管子·乘马》）。司马迁《史记》中则有"市不豫贾"的记载，"不豫"即不抬高物价、不虚假伪冒、不欺骗顾客。总的来看，长期以来，以儒家文化为主体构成的一整套价值观念传统渗透在社会生活的各个方面，成为中国传统文化主流。明清以降，伴随着中国资本主义萌芽的出现，形成了晋商、徽商、浙商等地域性的对中国晚期封建社会具有深远影响的家族商帮，在这些商帮的经营活动中，逐步形成了以儒家文化为内核的家族企业伦理。如晋商在长期经营实践中，以诚信重义号令天下，强调仁中取利、义中求财，将商业行为与道德实践有机结合起来，形成具有深厚传统文化底蕴和鲜明地方特色的商业伦理。这些都为我们研究当代中国企业伦理提供了丰厚的本土资源。

（一）新中国成立后国内企业伦理的发展历程

新中国成立 60 年来，伴随着中国社会主义革命、建设和改革的历史进程，我国企业伦理理论和实践也呈现出明显的阶段性特征。

从 1949 年新中国成立到 1978 年改革开放，可以看做中国企业伦理发展的第一个历史阶段。其主要特征表现在政治伦理对于企业经营活动的高度渗透，企业所遵循的是以为人民服务为核心、以爱国主义为原则、以集体主义为规范的"革命道德"。在特殊的历史背景、制度安排和话语体系下，新中国的企业伦理形成了具有鲜明时代特色的表现样式，如爱厂如家、勤俭节约的主人翁态度，自力更生、艰苦奋斗的创业精神，特别是在实践中创造了以干部参加劳动、工人参加管理，改革不合理的规章制度，工人群众、领导干部和技术员三结合，即"两参一改三结合"为内容的，被称为"鞍钢宪法"的企业管理模式，这些都成为激励社会主义企业广大干部群众投身伟大的社会主义革命和建设的巨大精神力量。历史地看，这一时期我国企业伦理的实践不仅为我们今天建设中国特色的企业伦理提供了独特的思想资源，而且，也为西方企业的企业伦理建设提供了重要启示，美国麻省理工学院的管理学教授罗伯特·托马斯（Robert Thomas）评价说：毛的主义是"全面质量管理"和"团队合作"理论的精髓。欧美和日本许多管理学家认为，"鞍钢宪法"的精神实质是"后福特主义"，即对福特式的僵化的以垂直命令为核心的企业内分工理论的挑战。①20世纪70年代日本的丰田管理方式——全面的质量管理和团队精神实际上直接来自于毛泽东所倡导的充分发挥劳动者个人主观能动性、创造性的"鞍钢宪法"精神。

第二个阶段是从1978年到1992年。这一阶段是从传统计划经济体制逐步向社会主义市场经济过渡的时期，在此期间，中国企业伦理发展也呈现出明显的过渡性特征。企业伦理的政治性、革命性逐渐弱化，伴随着中国社会主义市场经济体制的确立，企业逐步转变为自主经营、自负盈亏的法人实体和市场经济主体。与计划经济时代相比，这时企业的自主经营意识、竞争意识、效率意识不断增强，企业经济效益显著提高，以追求企业利润为核心的企业伦理观念成为主流。

1978年十一届三中全会后，中国进入了改革开放的历史时期。最初的改革是从农村开始的，20世纪80年代中期后，改革的重心逐步由农村转向城市，企业改革被提上议事日程。1986年，中共十二届六中全会通过的《中共中央关于经济体制改革的决定》提出，"增强企业活力是经济体制改革的中心环节"。增强企业活力，就要改变过去国家对企业管得过多过死的弊端，把所有权与经营权分离开来，"使企业真正成为相对独立的经济实体，成为自主经营、自负盈亏的社会主义商品生产者和经营者，具有自我改造和自我发展的能力，成为具有一定权利的义务的法人。"整个80年代中后期，围绕着"政

---

① 参见崔之元：《鞍钢宪法与后福特主义》，《读书》1996年第3期。

企分开"、"放权让利"、"利改税"、"拨改贷"等一系列举措，企业日益成为经济活动的主体，企业的主体意识性、竞争意识、效率意识日益凸显，焕发出了空前的活力。与此同时，面对激烈的市场竞争，一些企业单纯以经济利益为导向，为了企业获取企业利润往往不择手段。80 年代中后期，在当时价格双轨制条件下，有的企业管理者利用政策漏洞，倒买倒卖紧缺商品，牟取暴利。在社会主义市场经济发展初期，由于国家关于经济活动的各种法律制度不完善，一些企业偷税漏税、制假售假，以及利用各种非法手段侵吞国家财产的行为时有发生。这些问题不仅使企业陷入经营困境，同时也直接引发了许多社会问题。在此期间，伴随着企业身份转型，大量的西方管理学理论开始进入中国，其中也包含了大量管理伦理学的著作。国内最早发表的关于企业伦理的论文是成中英在 1984 年《中国论坛》19 卷第 3 期上的《论企业伦理》一文。此后，温克勤等主编的《管理伦理学概论》（1988 年）、高兆明的《管理伦理导论》（1989 年）和唐能赋的《企业管理伦理学》（1989 年）、乔法容的《企业伦理文化》（1990 年）等相继出版，成为这一时期企业伦理研究的代表作。这些著作对企业伦理的含义、要素、企业伦理关系及企业的道德调节、激励、评价等问题进行了较为全面的论述，初步奠定了中国企业伦理学研究的基础。

进入 20 世纪 90 年代后，中国的企业伦理进入了全面展开阶段。1992 年邓小平"南方谈话"提出了"计划与市场都是手段"、"社会主义也可以搞市场经济"等著名论断，回答了市场经济姓"社"还是姓"资"的问题。在"南方谈话"精神指引下，党的十四大明确提出建立社会主义市场经济体制的目标，企业改革的进程进一步加快，各种所有制类型的企业进入了快速发展时期。与此同时，经济体制的转轨也带来了人们道德观念的变化。如果说 20 世纪 80 年代的企业反伦理行为还带有个别性和隐蔽性的话，那么，到了 90 年代以后企业的利欲膨胀，已达到明目张胆的地步，各种形式的造假售假、困扰企业的"三角债"、不顾员工健康的"血汗工厂"，夸大其词的虚假广告等，都成为 90 年代众多企业难以摆脱的原罪。企业伦理问题受到了经济学、伦理学、管理学等领域学者的广泛关注。据欧阳润平的统计，从 1996 年到 1998 年三年间，中国人民大学复印资料《伦理学》、《经济学》、《工业经济》、《商业经济》、《企业管理》转载的有关企业伦理的论文约三百多篇。三年间国内出版的有关专著二十多种，翻译出版的国外专著约十多种，这些著作极大地促进了国内企业伦理的研究。在这些著作中，我们可以看到学者们在引用和消化西方企业伦理学理论成果的同时，竭力从中国的问题出发，建构中国特色企业伦理理论的努力。这一时期的代表作有，1993 年谢洪恩和贺南松的《企业伦理学》、1994 年王小锡的《中国经济伦理学》、1996 年周祖城的《企业伦理》、1997 年苏勇的《管理伦理》、1998 年王小锡的《经济伦理与企业发展》、1999 年金太军的《主体修炼——现代企业伦理建设》等。

进入 21 世纪后，随着市场经济的深入发展，特别是在加入世界贸易组织后，中国的企业面临着前所未有的机遇和挑战，这也促进了中国社会主义市场经济法制化、规范化的进程。从外部环境看，虽然中国已经加入世界贸易组织，但许多西方国家并不愿意真正向中国开放其市场，在有形的关税壁垒被打开后，一些国家开始试图通过无形的贸易壁垒来防止中国产品进入其市场，在一系列针对中国的反倾销调查中，西方企业往往利用"SA8000 标准"大做文章，这也在某种程度上迫使企业承担更多的社会责任。从国内看，由于整个 20 世纪 90 年代期间相对放任的市场环境，致使国内许多企业在一种无序恶性中竞争：为了降低成本，不惜损害消费者的利益；为了搞垮竞争对手，用尽各种手段；以至于人们发出了"商场如战场"这样的感慨。在此情况下，为了维护正常的市场经济秩序，保护消费者的合法权益，中国政府开展了一系列具有全民运动性质的企业行动，如"中国质量万里行"、"百城万店无假货"和"3. 15"消费者权益日等，这些活动有力推动了企业伦理在中国的研究和实践。这一时期的成果主要有陈炳富和周祖成的《企业伦理学概论》（2000 年）、欧阳润平的《义利共生论——中国企业伦理研究》（2000 年）和《企业伦理学》（2003 年）、杨恩铭的《市场经济与企业伦理》（2000 年）、张应杭和黄寅的《企业伦理：理论与实践》（2001 年）、陈荣耀的《企业伦理》（2001 年）、欧阳润平和曹凤月的《企业道德责任论》（2006 年）等。

（二）改革开放以来国内企业伦理研究的特点

中国的改革开放是人类历史上前所未有的伟大实践。伴随着社会主义市场经济发展的历史进程，企业的性质、地位、功能都发生了巨大变化，从而为中国企业伦理研究提供了极为丰富的实践土壤。改革开放三十多年来，中国的企业伦理研究在吸收消化西方企业伦理研究成果的同时，也结合中国国情和中国企业自身的问题进行研究，提出一系列具有鲜明的中国特色的概念、范畴与分析框架，丰富和发展了企业伦理思想。

一是企业伦理研究注重从传统文化中汲取营养，特别是运用传统义利观分析企业伦理。"义利观"是中国传统伦理思想中的一个重要问题，强调"义利统一"是中国传统伦理思想特别是儒家伦理思想的一个重要内容。改革开放以来，中国的企业伦理研究注重吸收运用中国传统伦理资源中的合理成分，特别从"义利统一"角度进行企业伦理分析。如叶世昌在《义利观与企业伦理》一文中指出："建立一种企业伦理，不管具体内容如何，总离不开义、利两途，在现代市场经济高度发展的社会中，利是调节人们经济活动的主要杠杆，我们绝不能再说'何必曰利'、'义以生利'的话，但义在调节人们的经济活动中应有它的地位，企业伦理应该符合利不忘义或义利结合的精神。在承认利是第一性的前提下，同时要充分发挥义的作用和影。"①欧阳润平提出"义利共生论"，她认为："企业是以利益、契约和义务为纽带，通过商品与资本的创造和经营获取适当利润的协作组织，它既是经济实体，也是伦理实体；企业关系既是经济关系也是伦理关系；企业目标既包括经济目标也包括伦理目标；企业信用既包括经济信用也包括伦理信用，二者相互包容和相互促进。"在此基础上，她进一步阐明了义利共生的内涵，认为："企业的健康发展必然寻求义与利（经济与道德）的统一。企业的义利统一包括奉行利己不损人、谋利不损义及谋义不损利原则的义利共存，奉行为己必先为人、谋利必先谋义原则的义利共融，奉行不为谋利而谋义原则的义利共生等三种层次。从义利共存、义利共融到义利共生是企业伦理发展的必由之路。"②

二是运用马克思主义基本立场、观点、方法，特别是运用《资本论》中的思想资源来分析企业伦理。我国是社会主义国家，马克思主义是我们的指导思想。改革开放以来，许多研究企业伦理的学者，注重运用马克思主义立场、观点、方法来分析企业伦理。如唐凯麟、龚天平等从马克思的实践观点来论述企业管理，强调管理的价值属性，认为管理是人类合目的的活动，是主体为了实现一定目的，依

---

① 叶世昌：《义利观与企业伦理》，《南京政治学院学报》1994年第6期。
② 以上引文均见欧阳润平：《义利共生论——中国企业伦理研究》，湖南人民出版社2000年版，第1—2页。

据一定的规章制度和伦理准则，而对客体进行合理配置的社会实践活动①，因而管理包含了某种价值标准，是一种价值选择活动，从而为企业伦理的合法性提供了支撑。王小锡在马克思的"生产力"、"资本"等范畴的基础上，提出了"道德生产力"、"道德资本"等具有创新意义的范畴，先后发表了论述道德生产力和道德资本的系列文章，他认为："马克思的精神生产力是相对与物质生产力而提出的，因此精神生产力也就是马克思在同样意义上使用的'一般生产力'的概念。它是由知识、技能和社会智慧构成的科学。"② 在他看来，道德也是一种资本，所谓的道德资本，从内涵上，"它是指投入经济运行过程，传统习俗、内心信念、社会舆论为主要手段，能够有助于带来剩余价值或创造新价值，从而实现经济物品保值、增值的一切伦理价值符号；从外延上，它既包括一切有明文规定的各种道德行为为规范体系和制度条例，又包括一切无明文规定的各种价值观念、道德精神、民风民俗等"③。值得注意的是，对于这些概念范畴，也有不同的意见，一些学者认为，"道德生产力"论，是一种"泛生产力论"，有过分夸大道德作用之嫌。④

三是重视社会主义市场经济条件下的企业伦理研究。建设社会主义市场经济体制，是一项前无古人的伟大实践，也为企业伦理的实践和探索提供了前所未有的广阔空间和机遇，许多企业伦理的研究成者表现出对现实问题的关切。刘国光认为："社会主义市场经济体制不仅同社会主义基本经济制度、政治制度结合在一起，而且同社会主义

① 唐凯麟、龚天平：《管理伦理学纲要》，湖南人民出版社 2004 年版。
② 王小锡：《道德资本与经济伦理》，人民出版社 2009 年版，第 114 页。
③ 王小锡：《道德资本与经济伦理》，人民出版社 2009 年版，第 152 页。
④ 参见郭建新、张霄：《道德是精神生产力———对一种批"泛生产力论"的反批判》，《江苏社会科学》2005 年第 1 期；张志丹：《多重视域中的道德生产力———兼驳"泛生产力论"的观点》，《伦理学研究》2008 年第 5 期。

精神文明结合在一起。因此加强企业伦理建设不仅是加强社会主义精
神文明建设的需要，而且也是建立社会主义市场经济体制的需要。"
在他看来，"建立现代企业制度是建立社会主义市场经济体制所不可
分割的组成部分，而企业伦理则是现代企业制度中不可缺少的软件和
基础……企业在内部的经营、组织、管理上，不但要讲究经济原则、
科学原则，还要讲究伦理原则。现代企业制度必须在经济上是有效率
的，在技术上是科学的，在社会文化上是文明进步的，在伦理上是公
正合理的"。① 万俊人《论市场经济的道德维度》中对"亚当·斯密
问题"进行了深入阐述，他认为："作为一种先进的经济模式，市场
经济必定有其更为充分的'道德理由'作为其内在支持，否则其
'先进性'就是可疑的"，在道德和经济之间设定一种先验的道德优
先秩序，"不仅人为地割裂和化约了两者之间内在互动的复杂关系，
也架空了道德本身，使之不可避免地成为某种道德乌托邦。"② 涂桂
花认为："在发展社会主义市场经济和建立现代企业制度的历史条件
下，企业日益成为自主经营、自负盈亏的经济实体和市场竞争主体。
企业在经营活动过程中应遵循哪些伦理规范，是社会主义市场经济必
须解决的一个重大理论课题。"③ 她提出了社会主义企业伦理建设的
五个基本原则，即应坚持社会的整体利益与企业的自我利益的统一、
坚持自我价值和社会价值的统一、坚持尚义和求利的统一、坚持创造
价值和赢利的统一、坚持集体主义导向性和层次性的统一，等等。应
该说，这些成果对于我们正确认识社会主义市场经济条件下，为什么
需要企业伦理，需要什么样的企业伦理以及该如何建设这样的企业伦

---

① 以上引文均见刘国光：《加强企业伦理是社会主义市场经济体制的需要》，《经济纵
横》1997 年第 7 期。
② 万俊人：《现代性的伦理话语》，黑龙江人民出版社 2002 年版，第 280 页。
③ 涂桂华：《社会主义市场经济中企业伦理的必然性及其原则》，《江西社会科学》2003
年第 8 期。

理提供了有益的探索。但是，通过对这些文献的分析也可以看出，到目前为止，关于这些问题的讨论仍然是初步的，需要做进一步的思考。

　　总之，改革开放以来，中国国内的企业伦理研究呈现出鲜明的时代特色与中国特色，体现了国内经济学界、伦理学界、管理学界学者的一种高度理论自觉。但是，对于企业伦理的研究，仍然存在很多局限。一是在研究的理论基础上，一些研究者仍然没有超越西方企业伦理研究的视野，特别是如何运用马克思主义分析鉴别西方企业伦理的问题上，在运用马克思主义中国化最新成果研究企业伦理方面仍然存在很大的局限性。在这一问题上，需要我们从科学发展观和建设社会主义和谐社会的视角，对社会主义市场经济条件下的企业伦理建设进行深入的理论探讨。二是在企业伦理理论与中国传统伦理资源的结合上，仍然有待于进一步拓展。中国传统文化具有非常丰富的伦理资源，目前我们在企业伦理研究中，虽然有许多研究者注重与中国传统文化的结合，但这些成果重点只放在儒家伦理资源的现代性转化上，而对于传统文化中的道家、法家、墨家等伦理资源的挖掘和梳理仍显不足，这就需要我们在研究中更加重视对这些资源的挖掘整理和转化工作。

第 一 章

企业的社会角色与价值追求

　　现代代汉语中"企业"一词源自日语，一般指的企业是指依法设立的，以营利为目的，从事商品的生产经营和服务活动的独立核算经济组织。英文中的企业（enterprise）一词由两部分构成，"enter"具有"获得、开始享有"的含义，"prise"有"撬起、撑起"的意思；前者可引申为"盈利、收益"，后者则引申为"杠杆、工具"。两者结合在一起意为"获取利益的工具"。这一词源学上的定义与企业的原初含义基本符合。历史地看，虽然从事生产经营活动的组织在人类社会发展的早期就已经出现，但现代意义上的企业却是伴随着资本主义的诞生而出现的。正如韦伯所言："地球上所有文明国家，都存在着资本主义和资本主义企业，甚至合理化程度很高的资本主义计算"①，但"形式上自由劳动的合理资本主义组织"却是西方独有的现象。

---

① ［德］马克斯·韦伯：《新教伦理与资本主义精神》，彭强、黄晓京译，陕西师范大学出版社 2002 年版，第 17 页。

第一节　企业角色的"经济人"假设

正如企业的原初含义所表达的一样，在人们的观念中，企业总是与赚钱联系在一起的。长期以来，在企业界也流行一句老话——"企业的职责就是经营"（the business of business is business）易言之，企业是与政府和其他非营利社会组织的社会角色是不同的，追求利润是企业存在的前提和目标。因为在"资本主义的社会秩序中，不能利用机会营利的资本主义企业注定要消亡"①。这一根深蒂固的观念来自于"经济人"假设。

许多人认为，"经济人"一词来自亚当·斯密，事实上斯密只不过是在《国富论》中借用了曼德维尔的"蜜蜂的寓言"。曼德维尔在《蜜蜂的寓言——私人的恶德，公众的利益》一书中最先塑造了一个"经济人"的形象，所以马克思说"斯密的逻辑推理源自曼德维尔"。在曼德维尔看来，"国家的繁荣和人民的普遍幸福，只是顺应人的利己本性才能得到实现"，"禁欲主义要消灭人类的情欲，专制主义要强制人们克己牺牲，理性主义教导人们沉思冥想，其结果只能造成对人性的摧残和对美好事物的毁灭"。② 在此，他提出了著名的"曼德维尔悖论"——私人的恶德即公共利益。在曼德维尔看来，不是人之善，而是制度，使得坏人也能够为公众的利益服务，曼德维尔相信社会制度的进步并非人有意识的设计，而是在没有计划地不断试错过

---

① ［德］马克斯·韦伯：《新教伦理与资本主义精神》，彭强、黄晓京译，陕西师范大学出版社 2002 年版，第 15 页。

② ［荷］伯纳德·曼德维尔：《蜜蜂的寓言——私人的恶德，公众的利益》，肖聿译，中国社会科学出版社 2002 年版，第 9 页。

程中自发实现的。实际上，休谟在《人性论》中也持相似的观点，他认为，"自私是和人性不可分离的"，"利己心才是正义法则的真正根源；而一个人的利己心和其他人的利己心既是自然地相反的，所以这些各自的计较利害的情感就不得不调整得符合于某种行为体系"①。斯密在《国富论》中进一步发展了曼德维尔和休谟的思想，他把人性恶作为政治经济学的前提，把个人利己主义的利益追求当做人类经济行为的基本动机。在此基础上，他说："我们每天所需的食物和饮料，不是出自屠户、酿酒家和面包师的恩惠，而是出自他们自利的打算。"这句话成了关于"经济人"的经典表述。也由此奠定了了资本主义自由经济的理论基础，第一次提出"看不见的手"的理论。斯密之后，边沁、西尼尔、约·穆勒等人对"经济人"思想的进一步补充，形成古典"经济人"模式，成为古典政治经济学的假设和前提。

"经济人"假设是西方古典经济学构建的基础，但实质上，这一假设是一种抽象的人性论。这一假设把人类的其他感情和动机全部抽取掉，把人视为仅仅是要取得财富和消费财富的动物，并把人假设为"是一种由本性的需要所决定的存在"，这与现实的人实不符合的，事实上它正是资本主义市场经济关系的人格化。正如有的学者所言："'经济人'假设是通过两重抽象得出的。第一层是把整个市场经济从整个社会中抽象出来；第二层抽象是把个人从经济关系中甚至是整个社会中抽象出来，单独考察人们的动机。"② 而这种抽象仅仅只是出于理论上的推导、分析和解释的需要。实际上，在斯密之后，西方经济学在后来的发展过程中对"经济人"又提出了不同的假设。

为了纠正古典"经济人"假设的局限，新古典经济学的创始人

---

① ［英］休谟：《人性论》，商务印书馆 1980 年版，第 569 页。
② 刘巧云：《"经济人"假设的哲学思考》，《中国城市经济》2010 年第 6 期。

马歇尔对古典"经济人"假设进行了修正。在其《经济学原理》第一版序言中，他这样说道：我"曾经有过这样的打算：以一个'经济人'的活动为内容，建立一种抽象的经济学，所谓的经济人就是他不受道德的影响，而是机地利己低孜孜为利。但是，这样的打算却没有获得成功，甚至也没有彻底实行过"①。他指出："当我们说道一个人的活动的动机，是为他能赚得的金钱所激发时，这并不是说，在他的心目中除了唯利是图的念头之外，就没有其他一切考虑了。"②在马歇尔看来，"经济人"的理性，并不是单纯的经济理性，"经济人"也不是单纯的利己主义者，"理性"经济人还受到了道德风俗习惯、法律制度的制约，因而是一种开明和温和的自利。应该说，新古典经济学派对"经济人"的理解比斯密的原始"经济人"前进了一大步。

在此之后，西方新制度经济学又提出了广义"经济人"假设。在他们看来，无论是古典"经济人"假设还是新古典经济学的"经济人"假设，都没有看到人的经济行为动机的复杂性。以科斯为代表的新制度经济学派主张研究现实中的人，他认为新古典经济学"完全理性"的"经济人"假设是有局限的，他提出两个基本假设：一是人的理性是一种介于完全理性和完全不理性之间的"有限理性"，在现实经济活动中，"经济人"的行为不仅要考虑经济利益，还要考虑利他主义和自愿负担约束等非经济利益；二是人在追求自身利益最大化的过程中具有"机会主义"倾向。可以说，新制度经济学的理性"经济人"的行为不再是单纯的自利行为。

但问题在于，作为古典政治经济学理论摹本的"经济人"假设，在现实中不自觉地充当了为资本主义经济活动"合法性"辩护的角

---

① ［英］马歇尔：《经济学原理》上卷，商务印书馆1985年版，第11—12页。
② ［英］马歇尔：《经济学原理》上卷，商务印书馆1985年版，第43页。

色。特别是在企业性质和功能的认识上，长期以来，并没有超越古典"经济人"的理解。毫无疑问，企业是经济活动的主体，在经济活动中获取利润是企业存在和发展的前提。但是，企业的目的仅仅就是赚钱吗？在传统的微观经济学中，企业被抽象成一个由投入到产出的追求利润最大化的"黑匣子"。马克思的《资本论》正是打开了这个黑匣子，为我们演示了资本在生产过程中的运行逻辑，也揭示了利润产生的根源。1937 年，美国经济学家科斯（R. H. Coase）在《企业的本质》中对这一问题进行了探讨，他着重从"交易成本"的角度，分析了企业的性质，认为企业的产生是出于降低"交易成本"的需要，企业作为一种生产的组织形式，在一定程度上是对市场的一种替代。这一理论虽然在一定程度上克服了"经济人"模式对企业性质认识的缺陷，但却只是从企业经济活动本身的微观层面来认识企业的，没有从企业存在的客观社会历史条件出发看待企业，没有认识到企业作为一种特殊社会组织的复杂性，更没有从价值层面来分析企业的本质。因而还是不能回答企业的性质问题。

在《国富论》中，亚当·斯密为我们塑造了一个"经济人"的形象，而在《道德情操论》中他又为我们提出了另外一种与"经济人"截然相反的人性假设。他认为，人性中除了自利的倾向之外，还有另外三个方面的特质：同情心、正义感（合宜感）、行为的利他主义倾向，这些是人的道德性的体现。他说："人们不应该把自己看做某一离群索居的、孤立的个人，而应该把自己看成是世界中的一个公民，是自然界巨大国民总体中的一员"，"为了这个大团体的利益，人们应当随时心甘情愿地牺牲自己的微小利益"。[①] 应该说，斯密从

———————

① ［英］亚当·斯密：《道德情操论》，蒋自强等译，胡企林校，商务印书馆 2003 年版，第 169 页。

一开始就看到了人性中存在的"两面性"，但他只是提出了问题，并没有解决这一问题，因此这两个"假设"也成为困扰后世的"斯密难题"。历史地看，西方企业伦理学的研究正是在不断回答这一难题的过程中逐步深化了对企业本质的认识。

由于"经济人"假设在理论上的缺陷，以及这一假设在经济活动实践中造成的许多消极后果。西方一些学者在反思"经济人"思想的同时，在斯密的另外一个假设基础上形成了"道德人"理论。所谓"道德人"，是指在社会生活中按一定道德原则、规范活动以达到自我完善的人。"就其抽象意义说是用理想的道德形象和道德价值尺度所塑造的理想完美的人，就其现实意义说是在一种道德至上的文化氛围中培养出来的独特的德性人格和行为选择。"① 与"经济人"一样，所谓"道德人"，也是一种理论假设，它抽象掉了人的政治、文化及其他种种属性，仅把人看做是道德活动和道德关系的承担者，因而也同样是一种抽象人性论的产物。二者虽然价值立场不同，但其背后的思维方式和方法论其实是一致的。但是，这一理论假设也确实在另一个角度引起了人们对企业性质的思考，并在此基础上演化出了企业社会责任的概念。所谓企业社会责任（Corporate Social Responsibility，简称 CSR），就是指企业在创造利润，对股东承担法律责任的同时，还要承担对员工、消费者、社区和环境的责任。这就要求企业超越把利润作为唯一目标的观念，强调在生产过程中对人的价值、对环境、对社会的贡献。这就意味着，企业要从纯粹的"经济人"角色转变为"经济人+道德人"的角色，在重视自己权利的同时，也要承担相应的义务。这一界定事实上与现代政治社会中的"公民"概

---

① 赵昆、冯继康：《经济人与道德人：分裂统一与逻辑启示》，《齐鲁学刊》2002 年第
2 期。

念耦合，于是在 20 世纪 80 年代，西方企业伦理学界提出了"企业公民"理论。

第二节　"企业公民"的理论反思

企业公民（Corporate Citizenship）是 20 世纪 80 年代提出的新概念。这一概念试图通过"嫁接"政治学领域的"公民"范畴，改变人们把企业作为单纯经济组织的理解。但"企业公民"所表达的内涵与政治学意义上的"公民"——"政治人"仍然有所区别，在这里，"企业公民"并不完全是从"国家—社会"这个分析框架内考虑其角色定位的。从"经济人"到"政治人"的转化过程中，这一概念也与企业伦理的各种社会运动密切相关，因为正是由于企业伦理实践的推动，才导致了人们对于传统企业观念的深刻反思。

一、"企业公民"概念的提出

"公民"是一个政治范畴，也是一个法律范畴。历史地看，公民概念早在古希腊时期就已经存在，它指的是有资格参加城邦公共政治生活的人，在这里，公民是一种参与城邦政治生活的资格。在漫长的历史演变中，公民概念经历了罗马法对公民身份的泛化，到中世纪城市"市民"概念对其内涵的充实，再到近代资产阶级启蒙思想家对于公民理论的论证，最终达到了现代意义上的公民概念。现代意义上的公民，是指具有一个国家的国籍，根据该国宪法和法律规定，享受权利和承担义务的自然人。

"企业公民"这一概念由"企业"和"公民"两个词组成，与自然人意义上的"公民"概念存在明显区别。企业不是真正的自然人，企业也不是个体，而是一个群体概念，是一个群体性公民范畴，也就是我们在法律意义上说的"法人"。事实上，"企业公民"是借用现代意义上"公民"范畴，把企业当做一个具有人格化的实体，因而只是一种"拟公民"身份。"企业公民"概念与公民概念的区别在于，一个是"法人"意义上的公民，另一个是"自然人"意义上的公民，企业概念因此也获得了全新的内涵。

在西方，关于"企业公民"理论的研究首先是由企业在实践层面运用并得到了政府的推动，20 世纪 70 年代，英国的"公民公社"率先提出了"企业公民"的概念。1996 年，在美国乔治敦大学召开的"企业公民"会议和随后设立的企业公民总统奖，极大激发了关于"企业公民"的研究热情，于此学术界提出了不同类型的"企业公民"概念。根据焦晓波和孔大超的归纳整理，主要有以下几种:①

表 1-1　"企业公民"概念的演进

代表人物	观点	主要内容
Epstein （1989 年）	企业公民 局部观	"企业公民"是商业组织与社区的各个要素之间的一种可选择的、利他的和非商业性的关系。企业公民的核心就是公司对社区的介入。典型的公司好公民行为包括：为社区提供经济和非经济的支持；工作培训；提供休息场所；制定超出法律要求的环境标准；促进当地政治、经济、文化的发展等
Carroll （1998 年）	企业公民 等同观	"企业公民"是企业满足利益相关者所提出的经济、法律、道德和志愿者的责任。企业采取的公民行为不仅仅是指企业与社区之间的关系，还应该包括对其他重要利益相关者的回应，"企业公民"和个人公民一样，应该负起四种责任，每种责任就是一个"面"，即企业公民具有经济面、法律面、道德面和慈善面四个"面"的责任

① 参见焦晓波、孔大超：《企业公民理论与实证研究动态》，《阜阳师范学院学报》2011年第 1 期。

续表

代表人物	观点	主要内容
Waddock（2004 年）	企业公民整合观	"企业公民"是企业社会责任和利益相关者理论的结合，企业公民思想体现在企业与利益相关者和自然环境的关系以及企业对待利益相关者和自然环境的做法中。企业公民行动被认为是促使企业嵌入当地社区结构，并强化企业和社区联结的关键因素
Maignan & Ferrell（2001 年）	企业公民营销观	企业公民思想是一种有效的营销工具。"企业公民"作为消费者营销和内部营销的一种形式，对于组织针对外部顾客和内部顾客营销组织的产品和营销组织自己有较大的帮助作用，企业在推行公民思想时，有意识或更多无意识地运用关系营销工具，关系营销能够促进企业公民思想的执行
Gardberg & Fembrun（2006 年）	企业公民战略投资观	企业公民项目是可比得上 R&D 和广告的战略性投资。企业公民的内容包括两个方面：企业公民的可接受域和公民身份的定制化。企业公民项目能够创造无形资产，促进社会感知的整合，强化社区联系，提高声誉，并帮助企业克服国别障碍，促进全球化进程并赶超地区竞争对手

从上表可以看出，关于企业公民的概念，从最初的局部观到目前的战略投资观，其外延逐步扩大，其内涵也逐步深化。但其演化的核心是围绕着企业社会责任展开的。可以说，"企业公民"思想是企业社会责任概念与利益相关者理论相融合的产物，它将狭义的企业社会责任、企业社会响应、企业社会绩效与利益相关者等概念融入了一个统一的框架之中。

二、"企业公民"的理论内涵

首先，企业的"拟公民"身份使企业成为某种生物学和社会学意义上的存在。公民概念建立在自然人基础上，把企业看做公民，也就意味着企业成为一个有机生命体。回顾 18 世纪以来人们对企业性质的认识史，我们可以看到，早期的企业观念，深受工具主义的影响，把企业看做是一架用来赚钱的机器。"泰勒制管理模式"的实质就是把企业生产经营活动的每一个环节都进行了合理化的计算，从而最大程度地实现生产的效率。而"企业公民"这一观念，企业成为一个有机生命体，它有产生到消亡的周期，需要依赖周围的环境而存在，并且在与环境的能量交换中获得成长。与此同时，"企业公民"也不仅仅在经济学意义上，而且是一种社会学意义上的组织。企业是社会的细胞，是社会则富的创造者，而社会则是企业利益的根本源泉。这就意味着，企业是在一个复杂的社会系统中存在的，而不再是一种冷冰冰的"单子"式的存在。

其次，"企业公民"理论也把企业看做一种权利与义务的有机统一体。公民概念是指一个人在公共生活中的角色归属。公民概念的实质是公民身份，这种身份体现的是权利与义务的统一。"企业公民"和个体公民一样也是社会的主要成员，它具有公民的基本特性。"企业公民"的权利就是合理谋利的权利，义务则是承担社会责任。企业在享有社会赋予的各项权利的同时，要承担其应该承担的各种责任，企业公民的实质在于如何把企业谋利与承担社会责任有机统一起来，在社会责任与盈利目标间找到平衡点。这就要求企业在创造利润、对股东利益负责的同时，还要承担对员工、消费者、社会、环境的社会责任，这些责任包括：遵守商业道德、保障生产安全和职业健康、保护劳动者的合法权益、保护环境、支持慈善事业、捐助社会公益等。世界经济论坛认为，"企业公民"概念包括四个方面的内容：（1）企业的基本价值观，要包括遵守法律、规则以及国际标准，拒绝腐败和贿赂，倡导社会公认的商业道德和行为准则。（2）对利益相关群体负责，包括雇员、顾客和股东、政府；社区、竞争合作伙伴等企业要依法纳税，保护消费者权益，维护股东利益，重视投资者关系。（3）对环境资源的责任。（4）对社会发展的贡献。比如救助灾害，救济贫困，救助残疾人等弱势群体和个人，赞助教育、科学、文化、卫生、体育、环保、社会公共设施建设或其他促进社会发展的公共、福利事业。可见，企业社会责任在本质上是企业对其自身经济行为的道德约束，它既是企业的宗旨和经营理念，又是企业用来规范经营行为的一套管理措施和评估体系。它通过提供价值尺度，给企业行为以正确的价值导向。

再次，"企业公民"使企业具备了公民品德方面的内涵。从公民概念本身的内涵来看，公民一词不仅仅意味着一种公民资格，同时也意味着一种公民人格。一个合格的公民不仅是为法律所承认的客体，他还必须在主体层面具有公民意识。所谓的公民意识，就是意识到自己的权利和义务，并且能主动地承担其应该承担的权利和义务。从公民发展演变的历史来看，西方公民资格的普及化是在一个公民意识不断觉醒的过程中获得的，最突出的案例就是，美国直到20世纪世纪60年代才赋予黑人公民权，而这一历史性的突破是与马丁·路德·金领导的黑人运动分不开的。同样，在市场经济条件下，法律赋予了每一个企业以公民身份，但这并不意味着企业就真正成为公民。如果不能把外在的道德约束转变为自觉的道德信念，企业公民就仍然是一句空话。正如美国企业家克雷格·霍尔所说，企业家可以并且也应该成为社会发展的一环，它是社会整体的一部分，对整体社会应有一层权利与责任的关系。换言之，企业之存在以社会之存在为条件，所以企业应该建立在企业家的社会责任观念上，而不应建立在企业家的权利观念上。企业与其被动地承担社会责任，还不如将社会责任纳入主动关心的范围之列。事实上，这在一定程度上解除了企业发展过程中的一些限制条件，使决策和经营具有更大的灵活性和自主性。作为企业，对社会责任的主动承担，会在一定程度上为之带来更大的自由。杰克·韦尔奇在其自传中写道："我认为一个强大、有竞争力的公司才能对整个社会负起责任。只有健康的企业才能提高并丰富人类及其社区的生活。一个强大的公司,不仅仅通过纳税这一主要方式服务于社会,它更为全球提供了各种便利条件,增进了安全和环境的标准化。强大的公司会再投资到人力和设备中。健康发展的公司提供良好而稳定的工作,职员可以获得充足的时间、精力和各种资源,成倍地回报给社会……"①

第三节　和谐社会视野中的企业角色

2004 年 9 月,中共十六届六中全会通过《关于构建社会主义和谐社会若干重大问题的决定》,把构建社会主义和谐社会作为新世纪、新阶段的重要战略目标;2005 年 2 月,胡锦涛总书记在全国"省部级主要领导干部提高构建社会主义和谐社会能力专题研讨班"上的讲话中全面阐述了和谐社会的内涵,提出:"我们所要建设的社会主义和谐社会,应该是民主法治、公平正义、诚信友爱、充满活力、安定有序、人与自然和谐相处的社会"。社会主义和谐社会的提出,是我们党立足新的时代条件和发展的阶段性特征,借鉴吸收古今中外思想家关于理想社会形态的思想成果,从中国特色社会主义实践出发提出的宏伟战略目标。同时,这一概念的提出,也表明我们对于社会主义建设规律认识的进一步深化了。

在中国文化语境中,和谐是一个具有悠久历史的词汇,也是中国传统文化的核心理念和根本精神之一。《国语·郑语》提出:"和实

---

① 转引自王德禄:《民营企业:改善民生,承载责任》,《中国经济时报》2007 年 3 月 2 日。

生物，同则不继"的理念，在这里"和"具有"生生"的意蕴，意味同一事物的简单相加并不能产生新事物，而只有不同属类的东西融合才能生生不已。《周礼》中有"以和邦国，以统百官，以谐万民"的说法。《中庸》中有"致中和、天地位焉，万物育焉"及"天下万物并育而不相害，道并行而不相悖"的方法，《周易》中有"天下同归而殊途，一致而百虑"的总括，《论语》中有"和而不同"的处事方式，以及宋明理学家提出的"理一分殊"的说法，都标明了"和"在中国传统文化中有悠久的历史，它是中国传统文化中的首要价值之一。而"和"在一定程度上即是"谐"之意，许慎在《说文解字》中认为，"和"即是"谐"，"谐"即是"和"，表示为各种事物有条不紊、井然有序和相互协调。张岱年先生在总结中国文化的基本精神时认为，"和与中"、"天人协调"是其重要的基本精神，"和与中"主要是就人伦关系而言的，"天人协调"主要是就人与自然、社会与自然的关系而言的。①

在西方，和谐也是一个古老的词汇，古希腊的赫拉克利特曾说："自然追求对立，对立产生和谐。"而毕达哥拉斯认为："和谐起于差异的对立，是杂多的统一，不协调因素的协调。"在柏拉图设计的"理想国"中，人们各安其分、各司其职、各守其德，形成理想的城邦生活状态。亚里士多德认为："城邦作为自然的产物，并且先于个人，其证据就在于，当个人被隔离开时，他就不再是自足的；就像部分之于整体一样，不能在社会中生存的东西或因为自足而无此需要的东西，就不是城邦的一个部分，它要么是只禽兽，要么是个神，人类

---

① 参见张岱年：《论中国文化的基本精神》，载《张岱年全集》第7卷，河北人民出版社1996年版。

天生就注入了社会本能，最先缔造城邦的人乃是给我们最大恩泽的人。"① 在城邦诸多政体形式中，亚里士多德比较推崇"混合政体"，在他看来，城邦政治生活的和谐状态有赖于各种政治力量的合作与平衡。他尤其强调"中产阶层"的重要作用，认为："一个城邦本应尽可能地由平等或平等的人构成，而中产阶层就最具备这个特征，所以我们说，由中产阶层构成的城邦必然能得到最出色的治理，这完全符合城邦的自然本性。"②

马克思主义经典作家也曾经多次论述过社会和谐问题。在马克思主义辩证法中，和谐意味着对立面的统一，是一种差异性的一致和多样性的统一；在马克思主义的社会理想中，未来的共产主义社会是人与人、人与自然、人与自身矛盾的彻底解决，是真正实现了人的自由而全面发展的社会。"马克思主义经典作家认为，未来理想社会是社会生产力高度发达和人的精神生活高度发展的社会，是每个人自由而全面发展的社会，是人与人和谐相处、人与自然和谐共生的社会。这就是说，社会和谐是科学社会主义的应有之义，是我们党不懈奋斗的目标。"③ 我们今天所讲的社会主义和谐社会，是立足于中国社会主义发展阶段提出的阶段性目标，它既不是中国古人和西方空想社会主义者提出的具有空想色彩的社会理想，也不是马克思所说的理想社会，但它在关于人与社会、人与自然关系上，却贯穿了马克思主义的辩证思维方法，一种整体性、系统性的思维方式。这为我们突破西方经济理论的线性思维，正确理解企业的角色和地位提供了理论分析

① ［古希腊］亚里士多德：《政治学》，颜一、秦典华译，中国人民大学出版社2003年版，第5页。
② ［古希腊］亚里士多德：《政治学》，颜一、秦典华译，中国人民大学出版社2003年版，第138页。
③ 《十六大以来重要文献选编》（下），中央文献出版社2008年版，第674页。

工具。

首先，在企业与社会的关系上，和谐社会强调一种整体性、全局性、系统性的思维。这种思维要求我们不能把企业看做是一个孤立存在的个体。因为不管何种企业，总是存在于特定的社会环境中，这种社会环境包括企业存在的生产力前提、制度条件、文化传统，等等。这些因素构成企业生存的前在条件。因而，在这个世界上，根本不存在抽象的、孤立存在的企业，企业的生产经营活动不是在一个封闭的"黑箱"中进行的，它的生产经营活动事实上是与其所处的社会环境系统进行能量交换的过程，因此，企业在进行经营活动中，就不能单纯从自身利益出发，而必须优先考虑到整体的利益。

其次，在企业与企业的关系上看，和谐社会强调的是一种"共赢"的逻辑。传统经济学是建立在"经济人"假设基础上的。在这一假设前提下，企业与企业之间的关系遵循的是"丛林法则"。不仅如此，企业作为理性的经济人，通过合理化算计追求自身利益最大化。企业与任何"他者"的关系都是一种"利用与被利用"的工具关系，这种工具主义的思维方式导致了企业与企业关系的"异化"。长期以来，人们总认为市场经济的法则就是弱肉强食，大鱼吃小鱼，因而导致了人们在竞争中的尔虞我诈、不择手段，只要能击败竞争对手，可以采取一切手段。由此导致了企业与企业之间，企业的经营者与员工之间的对立，并最终导致了企业和社会之间的全面的对立。但在和谐社会的视野中，企业遵循的不再是市场经济的"丛林法则"，而是一种"共赢"逻辑，主张在竞争中合作，在合作中共同发展。

最后，从企业与自然的关系上看，在和谐社会视野中，企业强调的是人与自然和谐相处的发展观。在传统的发展观念中，企业把自然界看做是征服的对象，认为人类的生产力，就是征服改造自然的能力。自然一方面是企业生产资料的来源，企业通过对自然资源的加工生产把这些资源转化为社会需要的物质产品；另一方面，自然也是企业废气、废水、废渣等的排放地。无节制地从自然中攫取资源，又无限度地排放废物，使得自然与社会日益处于紧张的局面，进而影响到了人类自身的生存。这种把自己看做主人、把自然看做征服对象的人类中心主义，是导致人类生存困境的根本原因。在和谐社会的视野中，自然不是被征服的对象，而是我们生存发展的前提，企业也不是为了追求利润而存在的单一经济组织，而是一种与自然和谐相处的有机生命体。企业的目标不是利润，而是续发展，不断生长。

第 二 章

道德资本与企业良序

2012 年，位于美国纽约的国际智库道德界协会（Ethisphere Institute）发布了本年度全球最具商业道德企业名单，145 家企业脱颖而出，被列为推广商业道德标准的领导者。参评者包括了近 50 个行业的约 5000 家企业，为历年最多。"这表明企业渴望受到高道德标准的认可。"——《福布斯》曾这样解释参评企业年年增多的现象。"我们从全球最道德企业名单的认可中获得了多种益处，其中包括因为获得第三方的认可而维持了客户关系，并且提高了员工的士气。"——多位企业 CEO 的如是表态也从另一方面解释了它们为何会认可企业道德榜。①

正如这次全球道德企业评选所揭示的。随着社会经济的不断发展，越来越多的企业家认识到，企业要在激烈的市场竞争中生存发展，光靠有形"资本"的力量是远远不够的。在企业管理领域，提出了"人力资本"、"社会资本"等概念，认为这些"资本"和"货币资本"、"生产资本"一样是维系企业生存发展的重要资本。国内

---

① 参见帅蓉：《谁是全球最道德企业？》，《国际先驱导报》2012 年 4 月 2 日。

学者在研究企业伦理的过程中，提出了"道德资本"这一范畴，拓展深化了国内企业伦理的研究，虽然这一概念目前在学界还有很多人质疑，但总体上可以看做是一个我们在企业伦理中国化研究中的一个重要理论创新成果。

第一节　走出企业非道德神话

企业经营的最终目标是获取利润，这是长期以来企业界根深蒂固的一个信条。在许多人看来，企业的经营活动固然绝不能是"反道德"的，但却有可能是"非道德"的，或者说是"道德无涉"的，在现实中，绝大多数的企业经营者在经营活动中不会采取违背道德的不正当手段，他们在日常生活中也是奉公守法、遵守公共规范的良好公民，但他们讨厌伦理说教，认为生意就是生意，不能把企业的经营目标与道德挂起钩来，认为这是一种"伪善"。果真如此吗？

一、"资本逻辑"的道德困境

什么是资本？在资本主义生产关系条件下，资本就是能够带来剩余价值的价值。资本是物，它总是以一种特殊的物质形态如货币、生产资料、商品的形式存在。但"资本不是物，而是一定的、社会的、属于一定历史社会形态的生产关系，它体现在一个物上，并赋予这个物以特有的社会性质"[①]。"黑人就是黑人。只有在一定的关系下，他才成为奴隶。纺纱机是纺棉花的机器。只有在一定的关系下，它才成

---

① 《马克思恩格斯文集》第7卷，人民出版社2009年版，第922页。

为资本。脱离了这种关系，它也就不是资本了，就像黄金本身并不是货币，砂糖并不是砂糖的价格一样"。① 因此，资本的本质是一种社会关系。只有在资本主义生产关系条件下，资本才能构成为人剥削人的手段。

资本的逻辑就是由资本的本性决定的，它不断追逐利润。资本的本能就是追求剩余价值，"资本是死劳动，它像吸血鬼一样，只有吮吸活劳动才有生命，吮吸的活劳动越多，它的生命就越旺盛"②。它犹如一匹脱缰的野马，永无休止地满足自己的欲望和释放自己的能量。"资本害怕没有利润或利润太少，就像自然界害怕真空一样。一旦有适当的利润，资本就胆大起来。如果有百分之十的利润，它就保证到处被使用；有百分之二十的利润，它就活跃起来；有百分之五十的利润，它就铤而走险；为了百分之一百的利润，它就敢践踏一切人间法律；有百分之三百的利润，它就敢犯任何罪行，甚至冒绞首的危险"。③

在人类社会发展历史上，资本是人类社会生产发展前所未有的巨大推动力。"资产阶级在它的不到一百年的阶级统治中所创造的生产力，比过去一切世代创造的全部生产力还要多，还要大。自然力的征服，机器的采用，化学在工业和农业中的应用，轮船的行驶，铁路的通行，电报的使用，整个大陆的开垦，河川的通航，仿佛用法术从地下呼唤出来的大量人口，———过去哪一个世纪料想到在社会劳动里蕴藏有这样的生产力呢？"④ 但同时，资本也给人类带来了许多巨大的灾难性的后果。资本不仅创造了大量财富，也在毁灭大量的财富，

---

① 《马克思恩格斯文集》第 1 卷，人民出版社 2009 年版，第 723 页。
② 《马克思恩格斯文集》第 8 卷，人民出版社 2009 年版，第 473 页。
③ 《马克思恩格斯全集》第 17 卷，人民出版社 1963 年版，第 258 页。
④ 《马克思恩格斯文集》第 2 卷，人民出版社 2009 年版，第 36 页。

"在商业危机期间，总是不仅有很大一部分制成的产品被毁灭掉，而且有很大一部分已经造成的生产力被毁灭掉。在危机期间，发生一种在过去一切时代看来都好像是荒唐现象的社会瘟疫，即生产过剩的瘟疫"①。早期冒险的资本主义，不仅开辟了跨越全球的航线，也创造了贩卖黑奴的罪恶史；资本不仅创造了前所未有的文明，它也用野蛮的炮舰征服了其他国家，毁灭了许多古老的文明。资本从一开始就是一把"双刃剑"，它创造了一切，又有可能毁灭一切。盲目的资本力量，使人类社会处在巨大的风险中。应该说，在人类思想史上，没有人比马克思对资本本质的揭露更加彻底，也没有比马克思对资本给人类带来的风险分析得更加透彻。马克思关于资本及其本性的以上论述，对于我们深刻认识资本的本质具有重要意义。

第一，"资本逻辑"导致企业与各种利益相关者关系的异化。资本的本性是追求利润，但如果企业把利润作为唯一的目标，势必导致在经营管理活动中的不择手段。如一些企业不考虑员工的利益，把劳动者当做实现企业利润的工具，甚至任意克扣劳动者的工资，造成了严重的劳资对立，最终导致了劳动者"以脚投票"，甚至严重的群体事件；一些企业在竞争中不惜采取损人利己的手段，使企业虽然获得了暂时的竞争优势，但却损害了市场的正常秩序，如果每一个竞争者都采取同样的方式，那么最后的结果便是整个市场秩序面临巨大的风险；如此等等。最为严重的便是"资本逻辑"导致的一种工具主义的思维方式，以他人为工具的结果是自己也是他人的工具。

第二，"资本逻辑"导致了企业价值观的扭曲。企业的价值观是企业的灵魂，也是企业能否实现永续发展的精神源泉。"资本逻辑"隐含着的价值观是经济主义、消费主义和物质主义。在"资本逻辑"

---

① 《马克思恩格斯文集》第 2 卷，人民出版社 2009 年版，第 37 页。

的支配下，企业把实现利润作为唯一的追求目标，把经济效益作为衡量一切的标准，把鼓励消费者的大量消费作为企业利润增长的手段，企业通过广告创造了一种消费主义意识形态，倡导"大量生产——大量消费——大量废弃"的生产生活方式，从而导致了资源的大量浪费。物质主义使企业忽视了更高层次的多样化价值追求，导致了企业经营中的急功近利和短视行为。人类经济社会发展的教训表明，以"资本逻辑"主导的企业价值观，是一种畸形的价值观，它不仅不利于企业的全面发展，也会导致整个社会和人的畸形发展。

第三，"资本逻辑"制约了企业创新的动力。创新，是企业发展的动力，企业要想获得竞争优势，必须不断推动技术创新、管理创新，以及制度创新。创新的动力根本在于人，在于调动包括企业所有员工在内的积极性。但在"资本逻辑"的主导下，企业所有者、管理者、员工的关系是一种异化的工具关系，人的创造积极性不能够充分发挥出来，阻碍了创新的动力。而且，在"资本逻辑"的主导下，只要企业认为它能够在竞争中仍然具有优势，就可能对产品和技术创新采取消极态度，一些技术创新的成果也不能很快转变为生产力，因为现有的产品已经足以让它获得预期利润，甚至有的企业故意把大量专利成果束之高阁，不让这些成果转化为生产力。

总之，由"资本逻辑"导致的一系列后果，已经成为人类面临的巨大困境。在社会主义社会条件下，资本这匹脱缰的野马，被套上了制度的笼头，它不能再像在资本主义社会一样为所欲为。但是，社会主义仍然存在市场经济，虽然资本在这时已经不是人剥削人的手段，但是只要有市场机制，资本的逻辑就仍然在发生作用，也给我们带来了许多风险和挑战。对于企业而言，完全遵循资本逻辑，存在着巨大的道德风险，必须引起我们的足够重视。

二、道德资本的"经济效益"

道德资本一词是由"道德"与"资本"构成的合成词，是国内学术界最近提出的一个新概念，是一个基于资本概念又超越传统资本概念的范畴。随着现代"资本"概念内涵与外延的拓展，道德资本自 20 世纪六七十年代开始便从其他资本形态中分化、演变而逐渐生成。

在汉语中，道德一词起源甚早，最早可以追溯到甲骨文和金文，后来渐渐演变成为中国哲学的核心范畴。在先秦时期，诸子百家莫不论道而讲德，《老子》第五十一章云："道生之，德畜之，物形之，势成之，是以万物莫不尊道而贵德。道之尊，德之贵，夫莫之命而常自然。"道在这里万物生存的本源和本体，德在这里是万物生成的根据，道、德相通但不相同，道是比德更为根本的范畴。儒家创始人虽重人事而罕言性命，但道与德也是其论述的核心，《论语·里仁》说："志于道，根于德，依于仁，游于艺。"这里道与德是人生准则的根据，是人生意义的彰显。除了儒道之外，先秦其他各家也莫不论道而讲德，如《管子》认为："畜之以道，养之以德。畜之以道，则民和；养之以德，则民合。"道德在这里成为治国管理的根据。不过在这些派别之中，道与德是两个相互独立的范畴而不相连属。把道、德相连的典籍始见于《荀子》与《韩非子》，《荀子·劝说》云："故学至乎礼而止矣，夫是之谓道德之极。"《韩非子·五蠹》云："上古竞于道德，中世逐于智谋，当今争于气力。"由此可以看出，道德一词的含义有其演变的过程，它起初的含义是具体的，即是"路"的意思，后来渐渐演变成为富有最高本体和本源的含义，而当两者相连属时始具我们今天所知的伦理的含义。在西语中，"道德"

（Morality）一词起源于拉丁语的"Mores"，意为风俗和习惯。从马克思主义伦理学看来，道德作为一种历史性的社会意识现象，人们对道德的认识也是历史性的；而且道德是一定时期的经济基础紧密相连，借助于一定的社会舆论、特殊的社会手段和人们的内心信念而得以维系，以评价善恶为基本内容，以"扬善戒恶"为基本宗旨的相关规范、心理意识和行为活动的总和，道德是人们把握世界、自我肯定、自我发展的一种社会形式。①

道德资本作为一个范畴，与马克思政治经济学意义上的资本概念有很大不同。在马克思这里，资本是能带来剩余价值的价值，它不仅揭示了资本的事实属性，更揭示了它的价值属性。但正如马克思所说，只有在一定的社会关系条件下，资本才能成为剥削手段。而道德资本这一范畴，主要是针对资本的事实属性而言的，即就一般意义来说，资本是一种增值的手段。在现代社会，"资本是一种力，是一种能够投入生产并增加社会财富的能力"②。在此意义上，那些所有具有能够投入生产，并能够增加社会财富的能力的要素都可以作为资本来理解。也正是在这一前提下，西方学者提出了人力资本、社会资本、文化资本等概念，而道德资本是在这些资本概念基础上衍生出的。而且不管是在人力资本、社会资本还是文化资本中道德都是很重要的资本要素。如科斯认为，道德也是一种人力资本，是人与环境达成协议的一种节约费用的工具。美国社会学家弗兰西斯·福山认为，社会美德是社会资本的主要因素，"社会资本"不仅包括社会组织层面，也包含社会文化、伦理（美德）在内的精神文化层面内容。文化资本与道德的关系更加密切，道德作为一种特殊资本要素，在塑造

---

① 参见魏英敏：《新伦理学教程》，北京大学出版社 2002 年版，第 107—114 页。
② 王小锡：《道德资本与经济伦理》，人民出版社 2009 年版，第 140 页。

组织和群体的共同的价值取向、道德观念和敬业精神方面具有不可代替的作用。实际上，韦伯早就注意到了道德在经济生产中的重要作用，他在《新教伦理与资本主义精神》中，关于新教的天职观念、禁欲主义和合理化算计，对于资本主义产生的论述，已经说明道德因素在经济活动中具有不可替代的影响。除了韦伯之外，桑巴特也论述了奢侈消费观念对于资本主义繁荣发展的影响。

2000 年，王小锡在《论道德资本》一文中就首次明确地提出了"道德资本"的概念，他认为，"道德资本，从内涵上看，是指投入经济运行过程，以传统习俗、内心信念、社会舆论为主要手段，能够有助于带来剩余价值或创造新价值，从而实现经济物品保值、增殖的一切伦理价值符号；从外延上看，它既包括一切有明文规定的各种道德行为规范体系和制度条件，又包括无明文规定的价值观念、道德精神、民风民俗，等等。从表现形态来看，道德资本在微观个体层面，体现为一种人力资本；在中观企业层面，体现为一种无形资产；在宏观社会层面，体现为一种社会资本。从功能发挥来看，道德资本与其他资本不同，它不仅是促进经济物品保值、增殖的人文动力，而且是一种社会理性精神，其最终的目标是为了实现经济效益与社会效益的双赢"，"道德也是资本。当然要指出的是，道德在生产过程中成为资本，它一定是科学的道德"。① "道德资本概念把非物质形态的道德纳入资本之内，其意义并非缩小了资本概念的外延而是补充扩大了它的外延。"② 在他看来，道德资本具有广泛的渗透性，体现在生产、交换、分配、消费各个环节中。从生产环节来看，道德资本有利于确保生产目的的双赢性、生产手段的人本性，和生产产品的生态性；从

---

① 王小锡：《论道德资本》，《江苏社会科学》2000 年第 6 期。
② 王小锡、李志祥：《五论道德资本》，《江苏社会科学》2006 年第 5 期。

交换环节来看，道德资本有利于纠正交换动机的逐利失范、克服交换过程的伦理缺陷、内化交换结果的外部效应；从分配环节看，道德资本有利于凸显市场分配的"效率优先"原则、有利于维护社会分配的"兼顾公平"；从消费环节看，道德资本有利于刺激需求、拉动经济、摆脱"消费瓶颈"的制约，有利于建构自主性消费理念，摒弃"丰饶中的纵欲无度"。① 而且"道德作为无形资本，与有形资本一样，可以给企业带来巨大的经济效益。但是，比有形资本更优越的是，道德这种无形资本给企业创造经济价值时不必支付成本，能够在零成本甚至负成本的状况下给企业带来效益"②。

上述关于"道德资本"的论述为我们理解道德资本的内涵、本质和功能具有很重要的启示意义。但是，我们也看到，这一概念同样受到了来自各方面的质疑。毫无疑问，道德资本在经济活动的每一个环节都起着作用，具有一种普遍的效用，但却不宜把道德资本的这种作用过度泛化，事实上这也是"道德资本论"受到质疑的重要原因之一。因为如果从普遍联系的观点来看，任何事物和事物之间都可能存在联系，道德资本作用的这种广泛性同样体现在人力资本、社会资本参与生产经营活动的过程中，因此，对于道德资本的经济效益，应该更主要从道德本身的逻辑展开，也就是说，并不是因为道德有用而讲道德；而是说经济活动中本身内含着道德的逻辑，经济、效益的实现不仅要遵循"资本逻辑"，也要遵循道德逻辑。在此意义上，我们同意王小锡关于道德功能的基本框架，但我们认为，道德资本的经济效用主要体现在以下几个方面：

第一，道德资本的向善性，有利于企业超越狭隘利润的局限，制

---

① 参见王小锡：《道德资本与经济伦理》，人民出版社 2009 年版，第 153—161 页。
② 郑泽黎：《道德资本力略论》，《重庆社会科学》2006 年第 12 期。

定更加长远的经营战略。所谓道德，总是跟善恶观念联系在一起的，所谓道德，就是以善为指向的价值观念、行为规范。对于企业来说，所谓的善，也就是把目标指向推动社会进步、改善人民生活和企业健康发展的一切经营活动。这样的一种观念，有利于克服企业只立足于股东利润为目标出发点的局限性，从而为企业的长远发展、永续发展提供价值方向。

第二，道德资本的利他性，有助于企业从他人的角度思考问题，从而能够处理好与各种利益相关者的关系。道德，从某种意义上说，总是一种利他倾向的价值观念和行为方式。对于自利行为，虽然我们可以承认它并非不道德的，但却一定不能说它就是道德的。所谓利他性，也并不是要把行为的所有动机都建立在为他人利益的基础上，道德的利他性更主要是表明一种伦理价值立场，即能够善于从他人的立场去思考问题，所谓的"己所不欲，勿施于人"。道德的这种属性，使企业在经营活动中能够设身处地地从利益相关者的角度出发考虑企业的经营战略和经营行为，从而为维护各方面的利益相关者的利益提供内在的动力，而不是仅仅出于外在的压力。而各方面利益相关者的利益得到合理的维护，必然会为企业的生产经营提供良好的外部环境，以及企业的良好形象，从而促进企业经营效益的提高。

第三，道德资本的属人性，有利于企业调动"人"的积极性，为企业的发展提供精神动力和智力支持。道德，从来都是人的道德。实际上，道德资本的经济效益最根本的是通过"人"来发挥作用的。人是生产力中最活跃的因素，特别是在知识经济条件下，企业的经营效益最终取决于人，企业要想吸引人才、留住人才，仅有良好的物质条件是远远不够的，因为人的需要是复杂的。人除了物质需要还有精神需要，强调道德资本就是要重视对人的理解、尊重、关心，使他们获得一种情感上的归宿和人格上的尊重，激发他们对于企业的责任感和使命感。"科学的伦理道德就其功能来说，它不仅要求人们不断地完善自身，而且要求人们珍惜和完善相互之间的生存关系，以理性生存样式不断创造和完善人类的生存条件和环境，推动社会的不断进步。这种功能应用到生产领域，必然会因人的素质尤其是道德水平的提高，而形成一种不断进取精神和人际间和谐协作的合力，并因此促使有形资产最大限度地发挥作用和产生效益，促进劳动生产率的提高。"①

三、走向"二元对立"的和解

道德与经济的关系问题，既涉及它们之间（在历史和现实中）的事实（实然）关系，也涉及它们之间的价值（应然）关系。事实上，在人类社会发展早期，道德与经济的关系并非是现在这种对立状态，物质资料的生产是人类存在和发展的前提，但在生产力落后的条件下，人类的生产共同体同时也是信仰共同体，伦理与经济都是人类社会文明演化过程中自然而然产生的关系，经济关系和道德关系是一致的。在古希腊，经济学和伦理学都统摄与哲学母体中，有着深刻的学理渊源。只是随着生产力的发展，出现了社会分工，以及由此带来的利益冲突，才导致了经济与伦理的分离。到了近代，随着资本主义生产关系的确立，经济学和伦理学出现了"二元对立"的局面。特别是在工具主义思想的影响下，经济学越来越走向实证化、科学化，伦理价值观逐渐淡出经济学家的视野。由此带来的问题便是，经济学成了见物不见人的科学，工具理性代替价值理性，遮蔽了经济学的意义问题，这种倾向导致了经济学本身的巨大困境。

---

① 王小锡：《道德资本与经济伦理》，人民出版社 2009 年版，第 140 页。

但与此同时，我们也看到，不论是古典经济学、新古典经济学还是凯恩斯经济学、制度经济学、新制度经济学，都无法回避经济与道德的关系问题，许多观点纷争的背后只是对于经济与道德关系的不同理解。事实上，进入 21 世纪以来，学术界对经济与道德的关系的理解越来越呈现出一种"和解"的倾向，许多学者"超越"义利不可兼得"、"利己与利他不可调和"、"现实与理想二律背反"等根深蒂固的成见和情结，"转而从人的现实生存和发展、从现实的社会关系及其演进之中而不是之外，去发现和发掘道德的真谛，把握道德发展的真实逻辑"①。有的学者更是直截了当地说："经济学'不讲道德'等于否定了人类生活本身的德性，而所谓经济学'讲道德'的说法，也是一种多余的甚至暧昧的表态：它要么是无意义的同语反复，因为人类原本就不存在不讲道德的经济学，要么是一种过于强烈的'现代性'科学主义知识论形态。"② 2008 年，在美国华尔街爆发的席卷全球的金融危机，使人们意识到了一种无道德经济学的灾难性后果。"那些只注重自己发财，不讲公德的企业都是短命的。虽然不能说企业讲道德就一定能获得高效益，就一定能发展壮大，但那些'百年老店'无一不是把道德作为企业经营的灵魂，把社会责任作为企业发展的最终目标"。2012 年，在全球道德企业峰会上，许多入选"全球道德企业"的 CEO 明确表态："道德与利润并不矛盾。"阿法莱克保险公司首席执行官丹·阿莫斯说："我们注意到，在销售保险时，顾客优先考虑的是保险公司的可靠性、透明度和道德。我们向顾客保证，当他们遇到困难时，我们就在他们身边。为此，我们为能连续 6

---

① 李德顺：《超越道德与经济二元论——兼评〈中国市场体制的伦理分析〉》，《光明日报》2005 年 3 月 29 日。
② 万俊人：《论市场经济的道德维度》，载《现代性的伦理话语》，黑龙江人民出版社 2002 年版，第 278 页。

年被评为全球最道德公司而感到自豪，因为这从世界最权威的道德环境协会传出一个强烈的信息——阿法莱克值得信赖。"欧莱雅首席执行官让·保罗·阿贡也强调，欧莱雅努力成为企业道德的榜样，诚信经营，尊重他们的每一个客户。他认为，"道德行为是未来企业成就的基础，要继续用道德的方式给每个人带来益处，让世界更美更好"①。

在这种背景下，道德资本概念的提出，不能不说是具有非常重要的学理意义和现实意义。这一概念试图消除长期以来经济与道德"二元对立"的思维模式，是对旷日持久的"斯密难题"进行的一次时代回应。重新架构起道德与经济相互"和解"的纽带，为我们深刻理解经济与道德关系奠定了一个有力支点，提供了更为合理的思考路径。在某种意义上说，道德资本"在最大限度内减少我们分析二者关系时的盲目与冲动。在经济与道德深层次关系问题上与传统的非理性的分析划清了界限。从道德资本这一表述中就不难发现道德本来也是一种资本，在现实中无不是这样的，作为物质财富的资本和作为精神财富的资本是可以实现逻辑和历史统一的"②。

第二节　道德资本作为企业"核心竞争力"

2008 年"5·12"汶川特大地震后，5 月 18 日晚，在由多个部委和央视联合举办的募捐晚会上，1 亿元的巨额捐款，让"王老吉"背

---

① 转引自刘植荣：《全球最道德企业花落谁家》，2012 年 4 月 14 日，见 http://roll.sohu.com/20120414/n340553172.shtml。

② 钱广荣：《"道德资本"研究的意义及其学科定位——王小锡教授"道德资本"研究综述》，《道德与文明》2008 年第 1 期。

后的生产商——广东加多宝集团"一夜成名"。以 1 亿元的捐款成为国内单笔最高捐款企业，加多宝集团顿时成为人们关注的焦点。就在加多宝宣布捐款 1 亿元的时候，社会公益产生的口碑效应立即在网络上蔓延，许多网友第一时间搜索加多宝相关信息，结果是消息传出 10 分钟后，加多宝网站随即被刷爆。"要捐就捐 1 个亿，要喝就喝王老吉！""中国人，只喝王老吉"等言论迅速得到众多网友追捧。根据国家统计局的数据，2007 年，加多宝的红罐王老吉销售总额为 50 亿，2008 年，销售额就达到 100 亿，成为全国罐装饮料市场名副其实的龙头老大。①

加多宝的这个案例可以说是企业经营道德资本的一个典型，1 亿与 100 亿，这一案例生动说明了一个企业在道德资本上的投入是如何为企业换来丰厚利益回报的。这一案例也向我们揭示了，道德资本是如何提高了企业的核心竞争力的。什么是企业核心竞争力？1990 年，美国密西根大学商学院教授普拉哈拉德和伦敦商学院教授哈默尔发表的《企业核心竞争力》（*The Core Competence of the Corporation*）一文中，正式提出了企业核心竞争力的概念。他们认为："核心能力是组织中的积累性学识，特别是如何协调不同的生产技能和有机结合多种技术流派的学识。"在此之后，学者和机构对企业核心竞争力做了许多概括，相关定义五花八门，几乎所有能够超越对手的竞争优势都被称为核心竞争力。按照詹姆斯·迈天的说法，所谓企业核心竞争力，是指"能够使企业以比竞争对手更快的速度推出各种各样产品的一系列核心能力"。② 张维迎认为，企业核心竞争力必须具有"偷不去，买不来，拆不开，带不走，溜不掉"的特点。买不来，是指这些资

① 参见《加多宝：老字号一鸣惊人》，《国际金融报》2008 年 5 月 21 日。
② 参见关制钧：《打造核心竞争力的二十一个"着力点"》，《经济日报》2002 年 3 月 4 日。

源不能从市场上获得；拆不开，是指企业的资源、能力有互补性，分开就不值钱，合起来才值钱；带不走，是指资源的组织性；溜不掉，是指提高企业的持久竞争力。① 有学者认为，企业核心竞争力包括以下四个要素："一是用户的价值性。即为用户提供更多的价值为目标，比对手更多、更好、更省地满足顾客需求。二是竞争对手难以模仿和超越。核心竞争力不随环境的改变而改变，是相对稳定的和较难被竞争对手模仿和超越的。三是具有整合特点。核心竞争力是在竞争优势基础之上，更多地表现为整合各种竞争优势的能力，是综合企业全部资源发挥作用的一种背后的能力。四是知识性。主要包括员工的知识和技能，有形的技术系统，管理系统，价值观等"②。可以看出，核心竞争力四个要素中，知识性是一个基础要素，而在知识性中，实际上包含了两方面的内容：一是关于事实层面的技术知识，另一个是关于价值层面的道德知识。

我们认为，所谓的企业核心竞争力，就是企业拥有的能够与对手在竞争中形成比较优势，并能保证企业卓越的各方面能力的总和。企业核心竞争力包含了三个方面的基本属性：一是独特性，即企业拥有的其他企业不具备的独特能力，这种能力可以是企业的核心技术优势，可以是企业的品牌优势，也可以是企业的成本优势、企业的人才优势，等等。二是总体性，即企业的核心竞争力不是一个单一的能力，在现代市场经济条件下，任何企业只拥有一项独特的竞争优势，并不足以保证企业能够在竞争中长期处于优势地位，所以，企业的核心竞争力必须能够围绕企业独特的竞争优势，进行管理、技术、营销、产品的整合，从而形成整体优势，这就要求企业具有对于各种经

---

① 参见《市场报》2002 年 1 月 17 日。
② 邵青：《增强企业核心竞争力的伦理视角》，《理论与改革》2002 年第 4 期。

营管理要素的整合能力。第三，长期性。在激烈的市场竞争中，企业
的核心竞争能力并不是一劳永逸的，因此，企业只有拥有保持长期竞
争优势的能力才能是真正的核心竞争力，这就要求企业有不断超越自
己，实现自我更新的学习能力。

一、"核心价值" 塑造企业精神

价值观，是人们对于价值问题的基本看法和根本观点。在一个社
会中，由于人们实践活动的多样性，以及文化传统的多元性，会形成
不同的价值观，但总有一种价值观在社会价值观念体系中占据主导地
位，对其他价值观起支配作用，这就是一个社会的主导价值观或者说
是核心价值观。所谓企业核心价值观，就是在企业经营过程中，对企
业经营管理行为起着终极决定作用的价值观念，它标示着企业对待市
场、客户、员工的看法态度，是引领企业一切经营活动的指导性
原则。

在我们看来，企业的核心价值观主要包括以下三个方面：一是对
企业存在的哲学认知，也就是对企业的本质，以及企业与社会、自然
等外部环境系统关系的认知和理解。二是企业的愿景目标。也就是企
业对于未来远望的承诺，这表明了企业对于自身使命和理想追求的理
解。三是企业价值观的标准。也就是企业判断行为是非、善恶、美丑
的根本标准，这表明了什么是企业所提倡和赞许的，什么是企业反对
和批判的。美国管理学家彼得斯和沃特曼的研究表明：许多国际知名
的优秀企业都有明确的企业核心价值观，很清楚地说明它们主张什
么，并认真地建立企业的价值准则。例如，松下公司的核心价值观，
就是"谋求社会生活的改善和提高，为世界文化的发展作出贡献"。
松下公司在成立之初就确立了一套"自来水哲学"的经营理念，即

松下公司产品要像自来水一样，既要价格便宜，让所有消费者都能买得起，又要货源充足，让消费者能买得到。正是在"自来水哲学"的引导下，该公司生产出大量物美价廉的电子产品，成为全球电子产品的领头羊。美国兰德公司曾花 20 年时间跟踪了 500 家世界大公司，发现其中百年不衰的企业有一个共同特点，就是他们始终坚持以下四种价值观：一是人的价值高于物的价值；二是共同价值高于个人价值；三是社会价值高于利润价值；四是用户价值高于生产价值。

企业核心价值观是企业精神的灵魂。企业精神代表了企业所有成员的共同内心态度、思想境界和价值追求，是企业核心价值观内化而成的群体意识。企业精神代表了企业成员对于企业核心价值观的认同与坚守。企业精神一旦形成，就能对企业全体成员的思想和行为起到潜移默化的影响，成为凝聚企业员工的精神纽带和克服各种困难的强大精神支柱。毛泽东同志曾经说过："人总是要有点精神的"，在革命战争年代，在艰苦卓绝的环境下，中国共产党之所以能够领导中国人民取得了革命的胜利，靠得是一种革命精神。对于企业来说，要想在市场竞争中立于不败之地，也需要一种精神，这种精神就是企业精神，所谓企业精神，是指一个企业在长期发展过程中形成的，包括企业独特的经营理念、价值规范、行为方式，以及全体员工在遵循这些规范过程中内化于心的归宿感、责任感和荣誉感的总和，是企业文化和意识形态的核心，是企业最重要的道德资本，也是企业重要的核心竞争力。美国著名管理学家托马斯·彼得认为，一个伟大的组织能够长期生存下来，最主要的条件并非结构、形式和管理技能，而是我们称为信念的那种精神力量以及信念对组织全体成员所具有的感召力。企业在发展过程中，总要遭遇顺境和坎坷，那些能在逆境中奋起的企业总是具有强大企业精神的企业。许多著名企业家都认为，一个企业的长久生存，最重要的条件不是企业的资本或管理技能，而是正确的企业价值观。企业的命运如何最终由价值观决定。他们都把企业精神建设看做是增强企业凝聚力、鼓舞激励职工斗志的重要手段。美国《财富》杂志排名前一千家的企业，有80%的企业将伦理价值观融合到日常生活中；许多大企业也相应地设置了"伦理主管"，负责员工价值观的培养和基本职业、行为道德的培训。

企业精神也是一个企业与其他企业在文化上区分的重要标志。通过企业文化的建设和传播，企业精神成为塑造企业形象，增强企业的知名度和社会美誉度的载体。检视国内外成功的优秀企业，它们的成功之路，除了准确的市场定位、过硬的产品质量、规范的管理流程、良好的企业形象外，大都在企业发展过程中注重培养和培育企业精神，从而最终达到提高企业核心竞争力的目的。许多企业都用简洁明快的语言标示自己的企业精神，向公众和社会传达企业的价值理念。如美国IBM公司："IBM就是服务"；日产公司："品不良在于心不正"；日本丰田汽车公司："好产品，好主意"；日本佳能公司："忘了技术开发，就不配称为佳能"等。这些口号的长期宣导和灌输，确立了企业在消费者心目中的企业形象，增加了消费者对企业产品的价值认同。

二、"人本"理念降低经营成本

所谓"人本"理念，就是"以人为本"的经营管理理念。这一理念是主要是相对于"物本"理念而言的。"以人为本"的理念在西方有悠久的历史。古希腊哲学家普罗泰戈拉提出"人是万物的尺度"的命题，把人看做是衡量一切事物的尺度。在文艺复兴时期，针对中世纪的"神本"思想，思想家们高扬人性的旗帜，强调人的尊严，以人的理性对抗"神性"，开启了影响深远的思想启蒙运动。但启蒙运动所高扬的理性旗帜，在使人从"神"的束缚中解放出来的同时，却使人陷入了"物"的樊笼。伴随着"工业革命"的浪潮，工具主义的理性思维开始主宰人类。

在西方企业管理史上，长期盛行的是一种把人当做工具来管理的思想，最突出的表现就是"泰勒制"的管理模式。以泰勒、法约尔为代表的古典管理理论把人看做是一个个单独的依据自利原则行动的"经济人"，所谓的管理，就是用科学的方法把人有效的组织起来，把复杂劳动分解为一个个简单动作，让每一个人去从事最简单的工作，因为只有最简单的工作才能提高劳动效率，工人由此成了"活机器"。这种管理模式强调管理的科学性、合理性、纪律性，而未给管理中人的因素和作用以足够重视。20 世纪 20 — 30 年代，西方产生了人本管理思想，1924 年的霍桑实验表明：人不单纯是"经济人"，而是社会人，是处于一定社会关系中的群体成员；要调动个人的工作积极性，不能只靠物质激励，良好的人际关系对于提高工作效率具有不可替代的作用。在西方管理学史上，经历了 X 理论、Y 理论到 Z 理论的转变，从而奠定了人本管理思想的理论基础，开辟了现代企业管理思想的革命。

松下幸之助曾经说过："企业最好的资产是人。"的确，对于现代企业来说，人是最宝贵的资源，只有充分发挥这一资源的效力，企业才能无往而不胜。特别是进入知识经济时代，人才已成为现代企业最重要的核心竞争力。人本管理思想，就是把人看做是具有感情、有尊严、有独特人生追求的活生生的生命体，尊重人的多层次需要，在满足和实现人的个体需要和价值追求中达成企业管理的目标。人本管理思想，要求我们把员工看做企业最重要的资源，在企业经营管理中，不仅要考虑制度安排的合理性，岗位设置的科学性，更要考虑每一个员工的能力、特长、兴趣等综合性情况，尽可能把岗位需要和员工的特长兴趣结合起来，做到人尽其才、才尽其用；最大限度地发挥人的潜能，充分考虑员工个人的成长和个体价值的实现，把企业价值目标和员工个人抱负结合起来，充分调动员工的工作积极性、主动性和创造性。

国内外许多企业管理的案例表明，企业实行人本管理对于降低企业的经营成本，提升企业核心竞争力，具有重要作用。首先，在企业与员工的关系上，人本管理可以提高员工对企业的忠诚度，增强企业员工的自律意识，激励员工为企业的目标服务。企业对员工的尊重、信任给予员工极大的自我效能感，使员工把个人的自我实现与企业的目标有机结合起来，从而能够使员工最大限度地发挥自身的价值。与此同时，对每一个员工的尊重、信任和包容，创造了和谐融洽的工作环境，使员工能够心情愉快地工作。这就极大地降低了企业的管理成本，提高了工作效率。其次，在企业与消费者的关系上，人本管理可以增强消费者对于企业产品的认同感，赢得顾客对企业的信任。如何培育消费者对于企业的忠诚度，是每一个企业在经营管理过程中面临的大问题。人本管理要求企业的营销人员从消费者的需要出发，切实尊重他们的合法权益，以热情周到的服务、公道诚信的理念、质量可靠的产品，赢得消费者的认同，在消费者中树立良好的口碑。这有利于降低企业的宣传和营销成本，提高企业的竞争力。总之，人本管理无论是对企业内部管理成本而言，还是对企业经营的外部成本而言，都能够大大减低企业的经营成本。正如爱德华·弗里曼所说："优秀企业的秘诀在于懂得人的价值和伦理，懂得如何把他们融合到公司战略中。对人的尊重是关心顾客、关心质量背后的根本原因，也是理解优秀企业难以置信的责任感和业绩的关键。"[1]

---

[1] R. Edward Freeman and Daniel R. Gibert, *Corporate Strategy and the Search for Ethics.* Englewood Cliffs, 1988, p. 5.

三、"双赢"逻辑激发创新能力

"双赢",这一理念认为,市场竞争的结果,并不都是以"你死我活"的状态出现的,实际上,在市场经济条件下,企业之间既存在竞争,又存在合作的两面性。强调竞争双方的利益兼顾,倡导企业之间团结合作,在竞争中共同创造价值,改变了以往人们对于"竞争"的理解,这与中国传统哲学中的"和而不同"思想不谋而合,是一种具有创新意义的竞争理念。

道德资本是一种"双赢"逻辑的资本形态。在资本主义生产关系条件下,竞争主要是资本的竞争,竞争的形式是"弱肉强食"的争斗,这是由资本的本性决定的。"在资本主义市场运动过程中,竞争主要表现为资本之间的利益竞争、劳动之间的利益竞争以及资本和劳动之间的利益的竞争。""资本竞争是十分激烈、残酷和无情的,这与资本人格化的资本家的个人品质无关,它完全由资本竞争的规律所决定。"资本竞争的结果会使资本日趋集中,从而更进一步地为资本的自由运作开辟道路,促进生产力的迅猛发展。但是,这样的发展是在"大鱼吃小鱼,大资本吞并小资本"的无情竞争中实现的,"资本家为了榨取工人更多的剩余价值,不惜冲破工作日的道德的和自然的界限,以至摧毁工人肉体、精神直至生命"。① 因此,尽管资本主义条件下的竞争具有一定历史的、社会发展的意义,但本质上这种竞争是以人的"异化"为代价的,是以大量消耗甚至破坏社会物质和

---

① 以上引文均见章海山:《经济伦理及其范畴研究》,中山大学出版社 2005 年版,第250—258 页。

精神资源为成本的。① 在主张完全放任的自由竞争主义者看来，如果所有企业都能进行完全的自由竞争，那么，能向消费者物美价廉地供应这种商品的企业，就应该在竞争中胜出，那么这种竞争的结果是，所有幸存者——成功的企业、政府和消费者，都将得到好处。

但事实上，这种竞争的结果是什么呢？从现实中看，这种大鱼吃小鱼的竞争是一个不断延长的链条，假设在完全放任的条件下，这一链条的终点就是在不断地吞并过程中形成了一条巨无霸的大鱼，它把一切小鱼都吞噬掉了，而最后，当这条超级巨无霸的大鱼形成后，所谓的竞争也就不存在了，变成了垄断。垄断形成后，也就意味着这个超级巨无霸的企业根本不需要考虑发展的问题，因为一切都在它的掌控之中，它拥有了对消费者的主宰权，这个市场上已经没有可以替代它的东西，你只能选择。对此，马克思早就在《资本论》中就做过深刻的分析。从现实中，我们也可以看到，资本逻辑的必然结果就是消灭市场，从而形成一个没有市场的垄断资本主义。这种竞争中，唯一的赢家只能是资本，而不是社会。

社会主义市场经济从本质上来说是竞争经济，也是主张自由竞争的经济。但是，社会主义市场经济主张和鼓励的是正当的理性的自由竞争，这种正当的理性的自由竞争，绝不以大量消耗甚至破坏社会物质和精神资源为代价。社会主义市场经济与资本主义市场经济的竞争区别在于：一是社会主义市场经济是公有制为主的社会经济形式，更多地关注整个社会如何以最少消耗获取最大效益，关注人与人之间的利益协调与和谐，因此要采取各种有力举措，减少竞争中的摩擦消耗。二是社会主义市场经济发展的本质要求并不主张汰则垮、汰则

---

① 参见章海山：《经济伦理及其范畴研究》，中山大学出版社 2005 年版，第 250—258 页。

灭。优胜劣汰在社会主义市场经济条件下不是目的，而是手段。没有一定的道德觉悟，缺乏一定的责任心，优胜劣汰的结果必然是两极分化。社会主义市场经济条件下，就是要发挥社会主义制度的优越性，促使竞争者真正地认识自身的优势和劣势，加速自身的改善和提高，"优"者要以"劣"者为戒，要发展得更快、更好；"劣"者要吸取教训，取人之长，补己之短，实现自立自强，并赶超"优"者。就是要使竞争者在竞争中深刻理解合作也是资源，唯有合作才能真正实现双赢或多赢，使竞争双方互相促进、互相帮助、共同发展。这种特有的优胜劣汰，在社会主义市场经济条件下，竞争不是一种单纯的经济行为，而同时是一种道德行为，是经济和道德真正"联姻"，让经济具备高尚的德性，让道德发挥经济的功能。

四、文化"加魅"提升企业形象

企业形象是企业的重要道德资本。所谓企业形象，简单地说，就是企业在社会公众中的口碑和印象。良好的企业形象是企业在长期的经营活动中逐步树立起来的无形资产，它包含了社会公众对于企业的认识、体验和评价，反映着社会对企业的认可程度，体现了企业的声誉和知名度。它能使企业富于魅力，对企业的发展具有潜在的效应。

现在，国际企业界已经把"形象力"同人力、物力、财力相提并论，称之为企业经营的第四种资源。① 在企业文化建设中，企业形象是重要的组成部分之一，一般而言，企业形象建设主要包括以下方面：一是企业价值观念系统。包括企业价值观、企业经营战略、企业

---

① 参见段超：《德性天下——企业伦理道德经营准则》，中国长安出版社 2006 年版，第 45 页。

行为规范、宗旨、愿景、目标等。价值观念系统是人们了解企业对自身使命和角色认知的一个重要渠道，也是企业形象建设的核心。二是视觉识别系统。包括企业名称、企业标志、产品包装、标语口号、专用色彩、交通工具、办公用品、衣着制服等。视觉识别系统主要是通过标准化的符号系统将企业的价值理念转化为形象的表达方式。三是企业人员形象。包括企业家、企业管理人员、企业员工的言行举止、服装仪表等。一个企业如果在社会与公众中树立了一个良好的外部形象，那么这个企业也就相当于获得了一笔巨大的无形资产和财富。如麦当劳、肯德基、可口可乐等，他们的企业品牌形象已经成为一笔巨大的无形资产。

在企业形象建设中，文化是核心。宋代大诗人苏轼云："腹有诗书气自华"，对于一个人来说，他的魅力不仅体现在外表上，更主要体现在内涵上，一个胸无点墨的人，即便满身都是名牌，也掩盖不了他的内在空虚，因而不能对人产生长久的魅力。相反，一个满腹经纶的人，即便是穿着素布汗衣，也不能掩盖其内在的人格魅力。这样的比喻对于企业来说也是一样。企业的文化，是企业形象的"元神"，失去了文化内涵的企业形象，会变成拙劣的包装，因此企业形象建设，关键在于增强企业的文化含量，这一过程可以看做是一个文化"加魅"的过程。

一是要善于从传统文化中汲取和挖掘有益的养料，使之成为企业文化的根基。任何一个企业都成长于一定的文化背景中，特别是对于我们这个具有 5000 年文明传统的国家来说，丰厚的传统文化资源，为企业文化建设提供了取之不竭、用之不尽的思想宝库。要立足于地域、行业、产品、企业历史等因素，从传统文化中寻找和挖掘符合企业要求的文化资源，建构出企业的文化流脉，讲好企业的文化故事，使企业具有历史感、厚重感。如现在山西，有许多企业重视晋商文化的挖掘，着重"诚信"文化的培育，这是用晋商诚信经营理念，树立企业的诚信形象。

二是要立足时代发展，创造富有时代精神的新型企业文化。如现在，面对日益枯竭的资源和恶化的生态环境，人们的环保意识不断增强，可持续发展理念深入人心，倡导绿色经济、低碳发展成为时代潮流。这时突出人与自然和谐发展的理念、绿色经营的理念，既是企业发展战略的必然要求，也是企业文化建设中的时代需要。突出这些理念，能够更容易获得公众和消费者的广泛认同，提升企业的形象。

三是要重视学习，把企业建设成为学习型组织。企业文化涵养的提升，离不开学习。彼得·圣吉在《第五项修炼》中，提出把企业建设成为学习型组织的思想，强调在知识经济时代，学习是企业永葆生机的源泉。认为只有不断地学习才能提升企业的"群体智力"和持续的创新能力，只有企业"群体智力"提高了，企业才能具有不断的创新力，成为能够创造未来的组织，这是一种全新的组织理念，突破了过去把企业看做简单的劳动协作组织的思想，赋予了企业一种新的生命力。因此，在企业文化建设中要强调组织学习的重要性，建设一种学习型的企业文化，不断提高企业的智商、情商和德商，使企业成为具有"灵魂"的全面发展的组织。

四是要重视企业文化的传播。企业形象就是企业文化软实力的直接体现。一个有文化的企业和一个没有文化的企业可以从提供的商品、员工的形象，甚至企业的标识中显现出来。现在，许多消费者在购买产品时，很重视品牌，这是因为品牌凝结了企业的形象。在企业文化的传播中，员工的职业形象实际上也是企业的广告牌，员工良好的职业素养和精神风貌是企业经营管理水平的直接体现，也是传递企业价值观的重要载体。管理学家怀利在《公司形象》一书中说："如果通过外表、行为和客户的关系，公司的职员能传达公司的价值，这个公司就是成功的企业。"现在，许多跨国公司都不惜重金为员工进行形象培训和设计，以展现良好的职业风貌。国内许多企业培训机构也在培训课程中设置了专门针对员工形象的培训课程。但对于许多企业来说，对于企业文化的认识仍然停留在企业文化娱乐活动层面。

第三节　企业道德资本的经营

企业的道德资本与企业的财产资本、人力资本一样，也需要不断地积累和经营，才能扩大存量，发挥出它的效益。但是，道德资本的经营不简单是一个投入和产出的关系，这既需要企业家以及企业管理者和员工在经营活动中不断吸收借鉴古今中外一切有益的道德资源，并根据企业的长远发展战略确定企业道德发展的目标、企业道德的评价体系，还要把这些无形的道德资源外化为具体的物质形态和行为方式。根据马克思在《资本论》中关于资本的几种转化形态，我们把企业道德资本的经营概括为以下三个方面。

一、道德资本的物态化

道德不是物，但企业道德必须通过物的形式转化出来才能发挥其效用。道德资本的物态化是指，道德资本凝结在企业生产的商品和提供的服务中，使企业在经营管理中无形的经营道德变成物质化的可感形态。在某种程度上，这是一个企业的商品和服务的品牌塑造过程，从商品生产者的角度看，就是在其生产的商品上体现生产者的道德价值。马克思在《资本论》中曾经详细分析了商品的使用价值和价值，他认为，使用价值是价值的物质承担者，价值就是凝结在商品上的无差别的人类劳动。按照同样的逻辑，我们也可以这样说，一个企业的产品和服务就是这个企业道德资本的物质承担者，企业道德资本的存量和增量，都可以通过企业为社会提供的商品和服务体现出来。道德资本的物态化，就是将道德的因素凝结到商品的生产、交换、分配和消费的每一个环节中，使无形的道德资本，变为有形的商品价值和服务。"生产过程从一定意义上说是人们思想或精神的物化过程"，"假如生产的出发点和生产目的有着崇高的价值取向，生产过程又渗透着劳动者的责任意识，以及在分配、交换、消费中贯穿着对任何政党利益负责的精神，其效益不只是利润的增加，更在于扩大再生产在更新阶段的实现和扩大再生过程理性水平的进一步提高"。①

这方面最简单的案例，就是企业界常说的"质量是企业的生命"。为什么这样说呢？因为产品质量的背后体现了企业生产过程的科学性和生产者的道德性，产品质量是靠科学的生产工艺和工人的负责任精神来保证的。

1980年，万向集团公司收到芜湖发动机厂的来信，说是发现少数万向节轴承圈有裂纹，万向立即把已经发给芜湖厂的1.8万套万向节全部收回。并把全部产品送到废品收购站，当时许多人不理解，鲁冠球说："让不合格的产品出厂，是坑害用户，是对国家和人民的犯罪，从今天起，凡是这类产品一律报废品处理！很多人喊痛，其实我心里也痛，但是我知道，只有痛在'肉'里，才能将质量意识'烙'在脑里，'印'在心里。"②

在这里，鲁冠球说的将质量意识"烙"在脑里，"印"在心里。从另外的一个层面理解，就是产品质量的好坏，是由人决定的。从万

①　王小锡：《道德资本与经济伦理》，人民出版社2009年版，第141页。
②　周祖成编：《企业伦理精品案例》，上海交通大学出版社2010年版，第248页。

向集团的上述案例可以看出，企业作为为社会提供产品和服务的组织，在其产品一进入市场的那一刻起，就已经和消费者达成一种契约关系，即保证消费者所购买的产品和服务是有效的。隐藏在产品质量背后的道德观念是企业的信用。如果消费者购买到的产品存在质量问题，那就说明企业违背了信用原则。在现实中，如果说产品的质量问题是个别的，企业可以通过与消费者的单独协商，如退换、赔偿等来达成协议，但如果企业的产品质量问题是批量出现的，或者如果因为产品质量造成了重大事故，那么大量的投诉行为就会对企业造成毁灭性的影响。所以，所谓的道德资本物态化，就是企业在生产过程中，在对待每一件产品的问题上，都要树立道德意识，要把道德观念注入产品的全部生产过程之中去。

二、道德资本的人格化

马克思在《资本论》中曾说，资本家是资本的化身，是资本的人格化。对于道德资本来说，同样也存在一个人格化的问题。也就是说，要把企业的价值观、经营理念、道德规范转化为企业中每一个人的内心信念和行为方式。道德资本的人格化，主要包括以下几个方面：

一是企业家道德的培养。企业家是企业的灵魂人物，是企业的舵手。没有松下幸之助，就没有松下公司，没有乔布斯就没有现在的苹果。在某种意义上说，一个企业的成败往往系于企业家，企业的精神与企业家理想信念、道德境界、人格修养密切相关，企业家的道德关乎企业发展的根本和长远大计。在一定程度上，企业家道德是企业道德资本的最重要因素之一，我们不能设想，一个道德水平低下的企业家会领导一个有道德的企业。近年来，管理学界提出了一个"德商"

的概念。2005 年，美国学者道格·莱尼克（Doug Lennick）和弗雷德·基尔（Fred Kiel）在《德商：提高业绩，加强领导》一书中，把"德商"定义为"一种精神、智力上的能力，它决定我们如何将人类普遍适用的一些原则（正直、责任感、同情心和宽恕）运用到我们个人的价值观、目标和行动中去"。西松认为，领导力来自于道德力，"领导力是一种存在于领导者与其被领导者之间的双向作用的、内在的道德关系。在领导关系中所涉及的双方——领导者和被领导者——通过相互作用，在道德上相互改变和提升"①。在一般情况下，企业的创始人往往具有较高的理想抱负和道德境界，我们可以从许多著名企业的发展历程中找到许多这样的证据，如联想的柳传志、海尔的张瑞敏、万向的鲁冠球，等等，他们都是具有极高的商业抱负和道德境界的人。但随着这些企业家的功成身退，企业家的后继者就有可能缺乏这样的眼界、胸襟和抱负，这也不难理解为什么许多明星企业在企业家隐退后，企业很快就陷入低谷的原因。特别是中国式的家族企业，这样的演变轨迹更为明显。"领导力的核心是伦理道德"②，对于企业家道德的培养，是关乎企业能否长远健康发展的大事。企业道德资本的积累过程，一方面是企业家个人道德熔铸为企业组织道德的过程，另一方面也是把企业道德的核心价值理念内化为企业家道德，实现道德资本人格化的过程。

二是企业管理层道德的培养。在现代企业中，企业管理者是受企业所有者委托而对企业行使经营管理权的一个群体，他们通过组成以总经理为核心的企业管理系统，对企业的生产经营过程进行决策和管

---

① ［西班牙］阿莱霍·何塞·G.西松：《领导者的道德资本》，中央编译出版社 2005 年版，第 49 页。
② ［西班牙］阿莱霍·何塞·G.西松：《领导者的道德资本》，中央编译出版社 2005 年版，第 49 页。

理活动。在现代企业管理过程中，由于所有权与经营权的分离，企业管理者从企业股东那里得到了委托授权，他们拥有了对于企业经营活动的决策权、人事权、经营权等多项权力，与此同时，企业也通过各种规章制度，规定了运用这些权力的规则流程。但是，这些规则流程只是原则性的规定，它不可能细化到每一项具体管理活动中，因此，如何遵守这些规则仍然取决于管理者的内心信念。在企业道德资本的经营过程中，如何加强企业管理层的职业道德、职业精神，把企业核心价值观念、行为规范内化为企业管理者的自觉道德要求，使他们成为具有高度责任心和良好职业道德的管理者，是企业道德资本经营的一项重要任务。

三是企业员工道德的培养。企业员工的道德水平是企业形象的体现，也是企业核心竞争力的重要组成部分。企业道德资本的人格化，就是要通过系统的道德教育活动，不断提升广大员工的道德素质，增强他们对于企业的责任感、使命感，树立主人翁意识，使他们把自己的个人理想与企业的目标结合起来，激发他们的创造活力。在对企业员工的道德塑造过程中，要坚持物质利益与精神激励相结合，避免空泛的道德说教，尊重保护好与员工的各项合法权益，关怀员工的困难和需求，为员工解决实际问题。要坚持以人为本，尊重满足员工的多层次需要，创造和谐的劳动关系，营造积极向上、轻松愉悦的工作环境，建立有效的激励机制，通过榜样激励、民主激励、反馈激励、情感激励和领导行为激励，使员工看到企业价值观的生动体现，使企业中的每一个人受到尊重、每一个人的劳动得到承认，从而逐渐培养起员工对企业的感情，激励员工的工作动机，使其潜能得到最大限度的发挥。要发挥企业文化建设的作用，通过各种文化手段，潜移默化地对员工进行引导，使他们明确企业的共同目标和共同信仰，激发员工工作的热情，促使员工追求更加卓越的目标。

三、道德资本的制度化

制度问题带有根本性。所谓制度，在政治学、社会学中包含了"机构"含义，也表示规范化、定型化的行为方式。① 在制度经济学派中，制度被理解为要求大家共同遵守的办事规程或行动准则。诺斯认为，"制度是社会的游戏规则"②，可分为正式制度、非正式制度和执行机制三种类型。正式的制度是通过某种组织而形成的正式规章、规则、法则等，非正式制度是指风俗习惯、伦理道德、信仰信念等社会行为规范。③ 执行机制是指制度的运行方式，这三部分是一个不可分割的整体。制度是人类社会生产实践的产物，马克思指出："人们在生产中不仅影响自然界，而且也相互影响。他们只有以一定的方式共同生活和互相交换其活动，才能进行生产。为了进行生产，人们相互之间便发生一定的联系和关系；只有在这些社会联系和社会关系的范围内，才会有他们对自然界的影响，才会有生产。"④ 汤因比认为："制度是人和人之间的表示非个人关系的一种手段，在所有的社会里，因为即使是最小的原始社会也是建筑在较宽广的基础上，无论如何大于个人直接接触的那个狭窄范围"，"原始社会有这样一些制度——表现为每年农业周期的宗教；图腾崇拜和外婚制度；戒律，进入社会的仪式和划分年龄级别；在某年龄级别按性别分居，住在不同

---

① 参见［英］戴维·米勒、韦农·波格丹诺编：《布莱克维尔政治学百科全书》，邓正来译，中国政法大学出版社 1992 年版，第 359 页。
② ［美］道格拉斯·C.诺思：《经济史中的结构与变迁》，上海三联书店 1997 年版，第 225 页。
③ 参见［美］道格拉斯·C.诺思：《经济史中的结构与变迁》，上海三联书店 1997 年版，第 373—375 页。
④ 《马克思恩格斯选集》第 1 卷，人民出版社 1995 年版，第 344 页。

的居住点"。①　由此而论，在制度形成演变过程中，存在不同的生成方式，如果说最早的制度是来源于合理安排生产活动的需要而形成的所谓的生产关系的话，那么在此基础上的大部分制度则来源于人为的制定。在此意义上，诺思所说的"游戏规则"，虽然没有从根本上解释人类社会制度产生的根源，但却揭示了制度安排不足的危害。道德资本的制度化，就是通过制度安排来实现道德资本的价值，主要包含以下三方面内容：

一是把不成文的道德规范转化为成文的制度准则。道德是通过风俗习惯、社会舆论维系内心信念的行为规范。与成文的规章制度相比，道德规范是一种软约束，有许多道德失范行为虽然会受到社会舆论的谴责，但并不能对行为者本身进行实质性惩戒。道德资本的制度化，首先是把一些约定成俗的道德理念和价值规范转变为企业的行为准则，就是让道德的软约束和制度的硬约束结合起来，通过制定各种行为规范和职业道德规范，提高企业文化的约束力，让员工明确知晓什么是应该做，什么事不应该做，什么是应该提倡的，什么是应该反对的，而且对行为的后果有明确的预期，增强道德规范对于人们行为的外在约束力。如就诚信观念来说，虽然在道德领域，不讲诚信行为会受到社会舆论的谴责，但却没有相对应的惩罚措施，个人也不会因此而受到明显的损失。而作为企业组织的成员，其失信行为却能够对企业形象和声誉造成极为消极的影响，所以对于企业来说，不仅要在道德教化中为管理者和员工灌输诚信理念，更重要的是要通过制度安排，建立一套诚信规范体系，把诚信观念细化为具体行为准则，如建立诚信档案制度、诚信荣誉制度、诚信管理制度、诚信评价制度等，从制度上保证诚信观念落到实处，也让员工在遵守规范中养成良好的

---

① ［英］汤因比：《历史研究》（上），上海人民出版社1986年版，第59—60页。

习惯。

二是建立对道德行为的激励和惩罚机制。道德的制度化，不仅是把道德要求上升到制度层面，因为在任何情况下，制度规范不可能涵盖所有的道德要求。因此要培育企业和员工的良好道德，就要建立一种奖惩机制，对于员工的道德行为给予物质和精神的奖励，对员工的道德失范行为予以惩戒，通过惩恶扬善，达到道德引导的目的。如企业可以建立一种"道德责任考核制度"，每年组织员工对管理者的道德状况进行评估打分，促使管理者以身作则，自觉遵守各项道德规范；如可以开展与"生产标兵"评选相类似的"企业道德模范""文明班组"评选制度，对每年在道德领域和精神文明建设中作出突出贡献的个人和群体进行奖励，引导广大员工争做道德模范；等等。

三是重视制度的道德。任何一种制度设计都是基于某种价值理念，但制度并不总是善的制度，有的制度从一开始就决定了其"恶"的属性，如历史上臭名昭著的美国南部"蓄奴制度"；也有一些制度起初虽是善的，但是随着时间、环境、对象的改变，会转变为不合时宜的制度。对于企业而言，制度的建设固然重要，但在各项制度建设中，必须考虑制度的道德属性，道德资本制度化的另一重含义，就是要在企业制度设计、制度安排中体现制度的道德。

首先，企业制度的建构要遵循"以人为本"的原则。制度是用来管理人的，也是由人来执行的，把人当做人来看，这是制度设计的最基本原则。那种把人当做工具、当做"物"来管理的制度，不是良善的制度，是不道德的。现实中最典型的案例是"富士康跳楼事件"，2010年以来，位于深圳的富士康公司连续发生员工跳楼事件，随着政府和媒体调查的深入，造成跳楼事件的深层次原因逐渐浮出水面。最主要的原因在于，富士康在生产经营中采取了一种不合理的加班激励制度，虽然富士康并没有强迫工人加班，但工人为了获得更高的报酬，不惜连续加班。单调枯燥的流水作业，再加上没有任何文化娱乐活动调节，使工人变成了"机器"，在巨大的工作压力下，很容易导致工人的心理问题，由此发生了一系列的跳楼事件。富士康由之被称为"血汗工厂"，因此，企业制定制度决不能单纯从企业利润的立场出发，而要充分考虑到员工的身心健康，要把人当做人来看。

其次，企业各项制度的制定和执行要坚持"公正原则"。公正，是制度首要的德性，也是确保制度权威性的前提和基础。有学者认为，"制度公正"，"是指规范化、定型化了的正式行为方式与交往关系结构的公正性"。这其中，有着"两种具有微妙差别的理解：其一是指制度的公正，强调制度本身应当是公正的；其二是指公正的制度化，强调公正的理念与要求应当具体化为制度"①。在本书作者看来，前一个方面的理解更倾向于制度的形式，后一个方面更倾向与制度的实体内容，这两个方面可以化约为以下两种理解：首先，要确保制度公平性，即制度一经确立便对所有人具有普遍的约束力，任何人在制度面前一律平等，没有例外；其次，确保制度的正义性，制度设立的目的不是出于某一部分人的特殊利益，而是出于维护和实现社会公共利益。

最后，确保制度的权威性和执行力。制度一经确立，就变成对所有人具有约束力的规范性要求，要保证制度的权威性，制度规定就必须赏罚分明，不仅要对人的行为提出明确的规范性要求，而且要对违规行为的处理有明确的规定，以此确保制度的效力。在制度执行过程中，企业领导者的行为具有示范作用，所谓"其身正，不令则行；其身不正，虽令不从"。领导者要带头维护制度的权威，自觉遵守制度的各项规定，不能因为领导特权而凌驾于制度之上。

---

① 高兆明：《制度公正论》，上海文艺出版社 2001 年版，第 30 页。

第三章

企业责任与社会和谐

——2006 年 10 月，党的十六届六中全会通过的《中共中央关于构建社会主义和谐社会若干重大问题的决定》中明确指出，要在积极开展和谐创建活动中，"着眼于增强公民、企业、各种组织的社会责任"。

——2006 年 2 月，首届"中国·企业社会责任国际论坛"在北京举行，大会的主题是"全球责任，共创和谐"。国务院侨办副主任陈玉洁女士做了题为"企业责任是社会和谐的内在要求"的致辞，在致辞中她说道："一方面表达了中国有关部门和企业承担社会责任的决心，一方面也呼吁国际组织和跨国企业重视和承担对发展中国家环境、生态、劳工等方面的责任。"大会呼吁大家携手努力"承担各自责任"，实现"人与自然的和谐相处，经济与社会发展的人类崇高理想"。

——2008 年 4 月 28 日，中国银行正式对外发布 2007 年度企业社会责任报告。在北京奥运会即将到来之际，作为 2008 年北京奥运会唯一银行合作伙伴，中国银行以这样独特而富有意义的方式向奥运献礼，体现出中国银行对企业社会责任工作的重视，也再次表达了中国银行对积极履行企业社会责任，参与构建和谐社会的郑重承诺。

这份以"恪尽企业责任，共建社会和谐"为主题的《中国银行2007 年度企业社会责任报告》是中国银行首份企业社会责任报告，从支持经济发展、坚持合规经营、保护员工权益、支持保护环境、倾心回报社会、赞助北京奥运六个方面展现了中国银行从 1912 年正式成立起坚持以服务公众、造福民生和振兴民族金融为己任，历经各个历史发展时期，为国家建设和社会发展作出的重要贡献。这份报告既是对历史的回顾与总结，也是对未来的展望和承诺。①

以上三个案例从政府、社会、企业三个层面表达了我们对于企业责任与社会和谐的内在关系理解，也在某种程度上向我们展示了当代中国企业社会责任运动的方向。历史地看，企业社会责任运动的兴起，是与经济发展和社会进步紧密相关的。早在 1790 年，英国消费者就不满意东印度公司使用奴隶生产，发起了抵制购买该公司食糖的运动，这一事件被称为第一例社会责任行动。从那时起到现在，企业社会责任运动便始终与经济社会发展紧密相连，并逐步在全球范围内产生深远影响。改革开放以来，特别是进入 21 世纪以来，企业社会责任也成为中国企业界、理论界和社会各界关注的高频词汇。

第一节　企业社会责任的理论分析

在西方企业伦理研究中，企业社会责任问题是一个重点。1924年，英国学者欧利文·谢尔顿（Oliver Sheldon）第一次提出企业社会

---

① 参见中国银行：《恪尽企业责任，共建社会和谐》，2009 年 11 月 12 日，http：//finance. people. com. cn/GB/8215/137729/8326330. html。

责任（Corporate Social Responsibility，简称 CSR）概念，由此开启了企业社会责任的滥觞。他认为："企业不能把最大限度地为股东盈利或赚钱作为自己的唯一存在目的，还必须最大限度地增进除股东之外的所有其他利益相关者的利益。"① 近百年来，西方企业社会责任在理论和实践层面不断推进，形成众说纷纭的理论流派和轰轰烈烈的企业社会责任运动。

一、企业社会责任的概念

企业社会责任是由企业与社会责任组成的合成词，要准确理解这一概念，我们需要先从责任概念说起。

（一）责任

一般来讲，责任（Responsibility）一词有两种基本含义：一是在职责范围内应承担的任务；二是应当承担的过失。责任也是一个多学科概念，伦理学上的责任是指职务和任务，是一种普遍存在的社会关系、行为要求和心理体验②。在西方哲学史上，责任是一个很重要的概念。古希腊的波西多纽曾经写下了《责任论》一书；苏格拉底也认为责任是"善良公民"所应该具备的本领和基本才能；柏拉图则把人分成等级，等级不同承担的责任也不尽相同；在亚里士多德看来，尽管人有时候会因为被迫或无知而作恶，但即便如此，人还是应该对自己的行为负责。"如果我们认为作恶者对于他的无知应当负责

---

① Oliver Sheldon：*The philosophy of management*. London：Sir Isaac Pitman and Sons Ltd1，first published 1924，reprinted 1965：pp. 70-99.
② 参见罗国杰：《中国伦理学百科全书》，吉林人民出版社 1993 年版。

任时，则这种无知本身是受法律惩罚的。"① 近代西方也有很多学者
对责任展开讨论：培根将责任理解为维护整体利益的善。康德认为，
"责任就是由于最终规律而产生的行为必要性"，人民履行自己的责
任就是善的美德，违背责任就是恶德。同时，责任亦是一种力量，推
动着社会的进步，促进民族的发展。在其《道德形而上学原理》中，
康德还对责任进行了分类，即对自己的完全责任——珍爱生命；对自
己的不完全责任——追求完善；对他人的完全责任——诚信；对他人
的不完全责任——慈善。

从逻辑上看，责任关系是由责任主体、责任客体和责任内容构成
的。承担责任的主体是人，这里的人既有个体的人，也有集体的
"人"如某种社会组织；责任的客体是指主体应当负责的对象，从人
与世界的关系来看，他人、社会、自然都可以作为责任的客体；责任
的内容非常广泛，包含经济、政治、法律、道德等方面。形成责任关
系的原因主要有两个方面：一是自然发生的责任关系，即天然的责任
关系，如父母养育子女的责任，如人对自己生命的责任，这种责任是
不需要去论证的，带有绝对命令的意味；另一种是责任关系来自约
定，如经济活动中的借贷关系，人常说"借债还钱，天经地义"，但
这种责任却是来自约定，即这种关系从一开始就包含了"还钱"的
承诺，如果没有这种"承诺"，那就不是"借贷"关系了，借债者在
享受了"借债"权利的同时，必须承担还债的义务。

（二）社会责任

对于社会责任，可以有两种理解：一种是就责任的客体而言的，
即某一种责任主体所指向的对象是社会，是责任主体对社会应当担负

---

① 转引自谢军：《责任论》，上海世纪出版集团 2007 年版，第 24—25 页。

的责任；另一种是指责任的内容而言的，是说主体对客体负有某种社会性的责任。实际上，我们所谓的社会责任，兼具以上两个方面的含义。社会和个人都是相对独立的实体，在社会责任问题上，既有社会对个体应承担的责任，也有个人对社会的责任要求。但这里所着重强调的是个体或企业对社会承担的责任要求，也就是企业应该以一种对社会有利的方式去开展经营活动，应该兼顾企业和社会的双重需求。社会责任又可分为"积极的社会责任"和"消极的社会责任"。积极责任也叫做预期的社会责任，它要求个体采取积极行动，促成有利于社会（不特定多数人）的后果的产生或防止坏的结果的产生。消极责任或者说过去责任、法律责任，则是在个体的行为对社会产生有害后果时，要求予以补救的责任。

（三）企业社会责任

从企业社会责任理论的发展过程看，由于不同时期人们的认识不同，以及不同的学者对于社会责任的理解角度不同，目前对于企业社会责任还没有统一的定义。

1924 年，美国学者奥利弗·谢尔顿在（Oliver Sheldon）首次提出了"企业社会责任"的概念。他提出，企业经理们需要采用三个社会标准来进行管理："工业的政策，情况和方法应当有助于公共福利；管理将努力达到整个社会最高的道德标准，并将社会正义应用到工业实践上；管理应当导致普遍的伦理标准和社会正义的提高。"①被称做"企业社会责任之父"的霍华德·博文（Howard Bowen）在《商人的社会责任》中认为："企业社会责任是指商人有义务按照社

---

① Oliver Sheldon. "The Social Responsibility of Management", *The Philosophy of Management* [M]. London：Sir Isaac Pitman and Sons Ltd. ,1924：115-118.

会所期望的目标和价值，制定政策、进行决策或采取行动，如果公司或企业在决策中包含了更广泛的社会目标，那么其商业行为就会带来更多的经济和社会利益。"① 戴维斯（KeithDavis）认为，企业社会责任是指"企业考虑或回应超出狭窄的经济、技术和立法要求之外的议题，实现企业追求的传统经济目标和社会利益"②。卡罗尔（Carroll）指出，企业的社会责任包括在某一特定时间条件下社会所赋予企业的经济、法律、道德以及人道主义的期望。③ 安德鲁·吉耶尔认为："企业社会责任（GSR）——有时也指企业公民或者企业良心——可以定义为这样的企业而行为：企业的行为目标在于取得社会效益方面的成就，它要超越并高于股东利润最大化的目标，并不局限于只满足所有的法律义务。"④ 社会责任国际（SRI）的表述是：企业社会责任区别于商业责任，它是指企业除了对股东负责，即创造财富之外，还必须对全体社会承担责任，一般包括遵守商业道德、保护劳工权利、保护环境、发展慈善事业、捐赠公益事业、保护弱势群体，等等。

我国学者卢代富认为，企业社会责任就是指企业在谋求股东利润最大化之外所负有的维护和增进社会利益的义务。企业社会责任包括对雇员的责任，对消费者的责任，对债权人的责任，对环境、资源保护与合理利用的责任，对所在社区经济发展的责任，对社会福利和社

---

① 参见 Bowen, H. *Social Responsibility of the Businessman* ［M］New York：HarPerandRow，1953. 6。
② Davis, K., "Can business afford to ignore social responsibilities?" *California Management Review*, (2：3), pp. 70—76.
③ Carroll, A. B. "A Three-dimensional Conceptual Model of Corporate Performance" ［J］. *The Academy of Management Review*, 1979, (4).
④ 安德鲁·吉耶尔：《企业的道德：走进真实的世界》，张宵译，中国人民大学出版社2010年版，第71页。

会公益事业的责任。①

我们认为，所谓企业社会责任，是指企业作为一种特殊的社会组织在其生产经营活动中应该为社会承担的职责和义务。从责任关系的主体来看是企业，从责任关系的客体来看，是企业生产经营活动所涉及的对象。从责任关系的内容来看，企业社会责任包含广义和狭义两个方面：广义的企业社会责任包含了企业为股东创造利益的责任，狭义的企业社会责任则主要指企业对于其他社会成员包括组织和个人的责任。广义的企业社会责任其内涵与外延基本上是一致的，狭义的企业社会责任外延主要指企业与利益相关者的责任，如与周边企业的关系、与环境的关系、与商业伙伴的关系等。

二、企业社会责任的对象

企业社会责任是一种超越了传统企业中心主义和以单纯"利润中心"主义的新的思维范式，强调企业与各种利益相关者的和谐共生，是企业社会责任最主要的理论特色之一。20 世纪 30 年代在著名的"贝利—多德论战"后，企业应当承担社会责任的观点始终是一个主流的思想，从 20 世纪 50 年代中期开始，在与股东利益至上理论不断争论中，利益相关者理论形成了一套相对完整的理论体系。

（一）企业利益相关者的界定

1929 年，通用电气公司一位经理在其就职演说中最早使用了"利益相关者"一词。1963 年，斯坦福大学研究所明确地提出了"利益相关者"的定义，把利益相关者界定为对企业生存发展发生影响

---

① 参见卢代富：《企业社会责任的经济学与法学分析》，法律出版社 2002 年版。

的对象，即"是这样一些团体，没有其支持，组织就不可能生存"①。此后 30 年间，学者们从不同的角度对利益相关者进行定义，其中以弗里曼的观点最具代表性。弗里曼强调利益相关者与企业的双向互动关系，认为"利益相关者依靠企业来实现其个人目标，而企业也依靠他们来维持生存"，"利益相关者是能够影响一个组织目标的实现，或者受到一个组织实现其目标过程影响的所有个体和群体"②。1984年，弗里曼在其经典著作《战略管理：利益相关者方法》中，将"利益相关者"具体分为六类：股东、雇员、消费者、供应者、社会和政府，对于不同类别的利益相关者，企业与其存在不同的"社会契约"，有着不同的责任。弗里曼的界定极大地丰富了利益相关者的内容，成为关于利益相关者的经典定义。

（二）为什么要为利益相关者负责

利益相关者理论最初是针对企业投资收益分配问题而提出的。早期的利益相关者理论把利益相关者看做为企业供应资源或购买产品、服务的个人或组织，认为企业财务目标的实现离不开各种利益相关者的参与，因而企业在经营管理过程中不能单纯考虑股东的利益。随着企业社会责任理论研究的深入，特别是现代公司制度的发展，中期的利益相关者理论引入了"专用投资"的概念，即把利益相关者也看做企业的投资人，他们与股东一样承担参与了企业的经营并为企业发展付出了代价或承担了经营风险。如克拉克森认为，利益相关者"在企业中投入了一些实物资本、人力资本、财务资本或一些有价值

① 杨瑞龙、周业安：《企业的利益相关者理论及其应用》，经济科学出版社 2000 年版，第 128 页。
② 转引自夏赞才：《利益相关者理论及旅行社利益相关者基本图谱》，《湖南师范大学社会科学学报》2010 年第 5 期。

的东西，并由此而承担了某些形式的风险；或者说，他们因企业活动而承受风险"①。我国也有学者认为，利益相关者"是指那些在企业的生产活动中进行了一定的专用性投资，并承担了一定风险的个体和群体，其活动能够影响或者改变企业的目标，或者受到企业实现其目标过程的影响"②。在此情况下，包括员工、消费者、供应商、政府、社区在内的利益相关者与企业股东一样，都被视为企业投资人，因而企业的决策不能不考虑他们的利益。与传统利益相关者理论相比，"专用投资"的利益相关者理论进一步揭示了为什么企业要为利益相关者负责的合法性问题，但这一理论仍然是基于一种外部性的原因。

真正从根本上彻底解决这一问题的，是"综合契约论"的利益相关者理论。社会契约理论是西方政治哲学的经典理论之一，这一理论解释了国家何以产生及公民与国家的应然关系问题。随着社会经济的发展，人们对企业性质的认识也不断深化，一些学者借用社会契约论的解释框架来说明企业产生的原初动因。美国管理学家多纳德逊和邓非提出了"综合性社会契约"概念。在他们看来，"企业是社会系统中不可分割的一部分，是利益相关者显性契约和隐性契约的载体"③。这也就意味着，企业本身是契约的产物，企业从诞生的那一天起，就存在对社会的责任承诺，社会赋予企业追求利润的权力，同时也要求企业承担相应的责任。应该说，企业社会契约理论为企业承担社会责任提供了有力的逻辑支持，从发生学上解决了企业为何要承担社会责任的问题。但是，企业社会契约理论也存在很大的局限性，

---

① Clarkson M B E. "A Stakeholder Framework for Analyzing and Evaluating Corporate Social performance". *Academy of Management Review*, 1995, 20 (1): pp. 92–117.

② 李维安、王世权：《利益相关者治理理论研究脉络及其进展探析》，《外国经济与管理》2007 年第 4 期。

③ Donaldson, T. & Dunfee, T. W. "Toward a unified conception of business ethics: Integrative social c." *Academy of Management Review* 1994, (2).

社会契约论本身的抽象性，很容易导致企业角色的混乱，因为企业毕竟不能完全等同于其他社会组织，消弭企业组织的经济特性，很容易导致企业承担社会责任的无限扩大化。

（三） 如何为利益相关者负责

早在 1932 年，哈佛法学院的多德教授就提出，"现在有这样一种认识正在日益增长，那就是，不仅商业活动要对社会承担责任，而且控制商业活动的公司经营者们应当自觉自愿地按照这种方式予以经营以践行其责任，而不应坐等法律的强制"①，但这一呼吁一直到经过利益相关者理论的论证之后才获得了"合法性"。既然利益相关者与企业是一种融合共生的关系，那么所谓企业社会责任就包含了一个硬币的两面。一方面，企业在发展过程中要不断满足利益相关者的要求；另一方面，企业社会责任也即利益相关者的责任。所以，利益相关者必须要共同管理企业，这也是保证执行连接于企业的各种利益相关人之间的显性和隐性契约，从而承担社会责任的实现机制②。这种双重关系使企业突破了单纯从经济效益看待自己价值目标的局限，因而评价企业经营状况的时候，就不能用单纯的经济效益指标，而需采用"企业社会绩效指标"。也就是说，只有那兼顾企业与利益相关者，并正确处理好二者关系的企业才是真正有价值的企业。而只有在这样的评价标准之下，企业才能在制定发展战略和经营活动过程中，站在全局的高度考虑所有相关者的利益。

总的来看，利益相关者理论为企业社会责任研究提供的是"一种理论框架"。它明确了企业社会责任的维度和对象，阐明了企业承

---

① 刘俊海：《强化公司的社会责任》，载王保树主编：《商事法论集》，法律出版社 1998 年版。
② 沈洪涛、沈艺峰：《公司社会责任思想》，上海人民出版社 2007 年版。

担社会责任的实现机制；促进了企业社会责任的定量分析，进一步丰富了企业社会责任的理论基础。但利益相关者理论也存在明显不足。一是利益相关者理论有可能分散了企业的经营目标。由于不能专注于经济活动，从而有可能导致经济资源配置和社会资源配置的双重低效率，而这对于整个社会发展是有害的，这一点也正是是弗里德曼不同意企业履行社会责任的原因。二是利益相关者的界定过于模糊，没有一个统一的划分标准。对于企业所涉及的十几种利益相关者，目前还没有一种公认的理论和方法能够科学地衡量其权重，无法判断其轻重。而且由于涉及的利益相关者太多太杂，要想将他们的情况意见进行系统统计，可行性是很小的。再加上各企业有各自不同的实际情况，想要用这项理论来指导实践目前来看是不可能实现的。

三、企业社会责任的内容

关于企业社会责任内容，有多重考量的向度，具有代表性的如卡罗尔（1979 年）主要从"期望理论"出发，构架了企业社会责任的金字塔模型。他认为企业社会责任包含了经济、法律、伦理、慈善责任，并且这四种责任构成一个金字塔结构，但这种理论主要是基于社会对企业的期望。利益相关者理论认为，企业承担的责任，主要是针对不同利益相关者而言的，根据利益相关者的类型，企业的社会责任有以下几个方面。

（一）企业对自然的责任

自然环境是企业存在和发展的前提，良好的环境为企业发展提供必要的物质条件，因而是企业最重要的利益相关者之一。在传统工业社会中，人们认为自然只是认识和改造的对象，自然资源是取之不尽、用之不竭的，因此对自然资源采取掠夺式的开发利用。这种生产方式导致了全球范围内的资源枯竭、气候变化、生态灾难、环境污染等问题，不仅严重地破坏了自然界的平衡，也对人类的自身的生存环境造成了灾难性影响。由此也导致人们对人与自然关系的深刻反思，许多学者认为，造成这种状况的根源在于人类中心主义的价值观，人类应该重新确立自己与自然关系的坐标，树立人与自然和谐相处的伦理价值观，尊重自然、敬畏自然、爱护自然，变自然的征服者为自然的保护者。

企业是物质产品的创造者，企业的生产资料来源于自然，生产过程中产生的"三废"也是造成环境污染的主要根源。因此，企业要承担起对于自然的责任，最重要的就是从节约资源和保护环境入手，严格执行各项环保标准，积极响应政府号召，转变生产方式，设法改变产品的工艺流程，提高技术含量，降低污染指数；大力发展低碳经济、循环经济，走资源消耗少、环境污染小、经济效益好的发展道路。在对企业经济效益进行考量的时候，要加入环境指标，要树立绿色 GDP 的意识，坚决拒绝以破换环境为代价换取企业的经济效益。

（二）企业对政府的责任

政府是企业的重要利益相关者。政府通过立法和行政，建立和维护良好的市场经济秩序和和谐的社会环境，为企业发展创造良好的外部条件。作为社会公民的企业，是国家、社会的重要成员，必须处理好与政府的关系，应主动接受政府的监督管理，并在实现自身发展的过程中，主动承担对政府的社会责任。

第一，依法经营、照章纳税，这是企业对政府最基本的社会责任，也是企业作为一个社会成员最起码的底线要求。首先，企业在生产经营活动中，必须遵纪守法，依法经营，不能超越法律的界限，企业要树立遵纪守法光荣、违法乱纪可耻的荣辱观念，杜绝违法违规经营，做守法公民。其次，企业要照章纳税，杜绝各种偷税漏税行为。企业作为社会的物质生产部门，是社会财富的创造者，但企业创造的物质财富不仅仅属于企业，因为包括政府在内的各种利益相关者都为保证企业创造财富提供了条件。政府作为社会资源的管理者，为保证企业经营的健康市场秩序和良好社会环境需要付出成本，这些成本只能通过企业税收的形式实现。与此同时，政府通过价格、利率、税收和社会福利政策实施社会财富的再分配，保证社会公正。因此，企业依法经营、照章纳税，是一个社会正常秩序得以运行的物质基础，也是企业能够存在的基本条件。

第二，自觉按照政府对于经济社会发展规划制定企业发展战略，把企业的目标与整个社会的发展总体目标统一起来，这是企业发展的重要动力，也是企业的重要社会责任。在现代国家，许多政府都通过制定经济社会发展规划，实现对经济社会的宏观引导，实现经济社会的协调发展。企业作为社会经济活动的承担者，除了要按照市场经济的规律，自主组织企业的生产经营外，也要尽可能充分考虑到国家、社会的长远需要，在考虑企业发展规划时，要尽可能兼顾二者需要。对于一些虽然暂时经济效益不明显，但却有利于国家和社会长远发展的项目，有利于群众根本利益的项目，要勇于承担，敢于尝试。

第三，自觉为政府分忧解难，支持社会公共事业和公益事业。政府不仅是社会的管理者，更是服务者，随着时代的发展，政府的服务职能越来越凸显，建设服务型政府，是现代政府职能转变的方向。企业要积极为政府排忧解难，支持参与教育、医疗卫生等公共事业，以及政府组织的社会公益活动中，帮助弱势群体，为推动社会和谐贡献力量。

（三） 企业对消费者的责任

在企业的诸多利益相关者中，企业与消费者的关系是一种矛盾关系。一方面，消费者与企业代表了"买"与"卖"的两端，始终存在对立的一面；另一方面，"买"与"卖"又是相互依存的，"卖"方利益只能通过"买"方来实现，而"买"方的需求只有通过"卖"方的产品才能够得到满足。买卖双方的地位又会随着供求关系的变化发生转变，当商品供不应求时，卖方占据主导，当商品供过于求，或者市场上存在相同的替代产品时，买方又占据主导地位。但是，不管买卖双方的地位发生如何变化，作为商品生产者的企业，都对消费者具有"绝对命令"式的基本责任。

第一，向消费者提供安全可靠产品的责任。消费者购买某种商品是因为这种商品的使用价值能够满足消费者的某种需求。作为生产者来说，它必须保证商品使用价值的可靠性和有用性，这是双方达成交易合约的前提。如果企业提供的产品存在安全隐患、质量问题或者与产品承诺不一致的情况，可以看做是企业的违约行为，就意味着双方交易的失败，这时消费者可以追回企业已收取的商品价款，并具有要求赔偿的权利，而企业也必须承担其违约的责任。严格地说，向消费者提供安全可靠的产品，是企业自己在交易合约中的邀约承诺，是按照承诺必须承担的法定义务，而并不是一种道德行为。

第二，尊重消费者的知情权和自由选择权的责任。消费者的知情权是指，消费者在购买商品前，具有了解和清楚商品的质量、性能、形态等信息的权利，企业有责任为消费者如实提供有关商品的全部信息。消费者的自由选择权是指，消费者在购买商品的过程中，对于选择什么商品、选择购买或者不购买，都完全由自己决定，企业可以为消费者的抉择提供建议，但不能强卖。消费者的知情权和选择权是密切相连的，只有全面的知情权才有自由的选择权。如果企业在产品的广告、宣传材料和说明书中过分夸大产品功效，隐瞒产品的不足，就容易误导消费者，造成了交易过程中的严重不公正，侵犯了消费者的知情权和自由选择权。在服务顾客的过程当中，不应侵犯顾客隐私权，更不能遗失或泄露顾客资料；同时企业应该了解顾客满意度，并对顾客抱怨或客诉有善意的回应。

（四） 企业对员工的责任

员工是企业的生产者，也是企业的重要利益相关者。在资本主义生产资料私有制条件下，企业与员工之间的关系主要是雇佣与被雇佣的关系。在社会主义市场经济条件下，企业与员工的关系根据企业性质的不同存在多重关系。但不管何种所有制形式，企业对员工的责任主要包括以下几个方面。

经济责任。企业与员工的基本关系是建立在劳动契约基础上的经济关系，即劳动和雇佣关系。企业要按照劳动合约要求，给付劳动者的劳动报酬，保障劳动者的劳动权益和经济权益，这是企业对员工最基本的经济责任。

法律责任。除了经济关系外，企业和员工之间还存在法律关系。宪法、民法都明确了员工自然人和企业法人在法律上的平等地位，这是二者最基本的法律关系，除此之外，如劳动法、安全生产条例等对员工的择业就业权、劳动报酬、教育培训、休息休假、安全卫生、保险福利等方面的权利进行了明确规定。保障法律、法规规定的这些劳动者权益，是企业对员工的基本法律责任。

道德责任。在经济和法律关系的基础上，企业与员工之间还存在道德关系，最主要的是指企业与员工要相互尊重、信任，员工要忠实履行自己的职责，为企业服务，企业要保障员工各方面权益，为员工才能的发展和完善提供机会。一是企业要为员工提供安全、健康的工作环境。企业必须严格执行劳动保护的有关规定，为员工提供安全健康的工作环境和条件，尊重和保护好员工的生命权、健康权，这是企业首要的道德责任。二是企业平等对待每一位员工。在就业、升迁、教育培训中等涉及员工权益和发展的活动中，不因性别、年龄、民族、肤色和信仰等因素，划定人为限制，反对任何形式的歧视政策。为所有员工提供自我发展和完善创造平等条件。三是为员工参与企业民主管理提供机会。员工是企业的劳动者，在生产经营活动中处于被管理者的地位，但同样具有参与企业管理的权利。要保障员工的合法权益，就要在企业的重大经营决策、企业的未来发展等重大问题上征询员工的意见，重视员工的愿望和要求，尊重员工民主管理企业的权利，这样能够调动员工的劳动热情和工作的积极性，有助于工作效率的提高。

（五）企业对与其他企业的责任

在市场经济体制中，存在着无数的市场主体，任何一个企业都是市场中的一个主体，要与其他企业通过市场机制发生作用；任何一个企业，也只是整个产业链中的一个环节，存在与生产链上下游企业的合作关系。在此意义上，企业与企业的关系基本上可以分为两种：一种是竞争关系。当某一企业生产的产品与其他企业的产品存在同质性时，这两个企业就有可能产生竞争关系，因为，就某一产品而言，其市场的容量是一定的，为了争夺消费者，尽可能地占领市场，企业必须在与其他企业的竞争中胜出，否则，就会被市场淘汰，这是由价值规律决定的。另一种是合作关系。在现代工业化大生产的条件下，任何企业都不可能独立全部完成从原料、加工到销售的全部环节。市场经济的最大优势，便是实现资源的优化配置，每一个企业经营的领域不同，经营的优势也不同，市场经济通过市场手段把最具有优势的企业结合起来，从而以最优效率和最大效益为社会提供物质产品和服务。因此，不同企业之间，特别是生产链、供应链上下游企业之间是一种合作关系。而不管是企业的竞争者还是合作者，都是企业的利益相关者，企业对它们都负有责任。

第一，对于竞争者的责任。市场经济是竞争经济，正是由于竞争压力的存在，才能促使企业不断降低生产成本、提高生产效率、推动技术创新，从而使企业充满活力，也才能为社会提供更加高质价廉的产品。但竞争不是无序的竞争，企业之间的竞争必须保障手段的正当性，即不能以任何非法的或者不道德的手段损害对手的利益，竞争双方也不能损害包括消费者在内的第三方利益。要杜绝恶性竞争，自觉维护公平合理的市场秩序。

这方面的一个典型案例是，2010 年爆发的腾讯 QQ 与奇虎 360 之争。作为国内互联网客户端软件排名第一和第二的两家公司，为了争夺市场的垄断权，展开了一场前所未有的互联网之战。在这场两家企业的争斗中，各自都推出了具有阻止对方软件运行的软件，迫使广大用户面临二选一的选择，引起网友极大愤怒。此事件虽然最后在工信部的调解下双方握手言和，360R 软件和 QQ 软件也再次实现了互相兼容，但这场争斗却极大损害了广大网民的利益。

事实上，两家公司都忘了，虽然这场争斗是两家企业之间发生的，但战场却是几亿用户的桌面，在这场争斗中，并没有赢者，在互相攻讦、揭短，乃至谩骂的过程中，也引发了网民们对它们的厌恶。我们可以设想，如果当时，有第三家企业正好开发出一款可以同时兼容双方软件的平台，那消费者便会义无反顾地抛却它们。因此，恶性竞争没有赢者。

第二，对于合作者的责任。合作是现代化大生产的必然要求，是企业能在激烈的市场竞争中得以生存的必要条件。只有通过与其他企业的联系与合作，企业才可以与其他企业广泛地进行原料、资金、技术、人才、信息等方面的交流与互享，以实现扬长避短，从而使自己的优势得到更加充分的发挥。所以，企业要承担对合作伙伴的社会责任，除依据契约履行相应的经济义务外，还要自觉遵守商业道德，恪守商业诚信，与合作伙伴一起共同创造和谐的市场秩序。

第二节　企业社会责任的伦理向度

企业社会责任包含着深刻的伦理内涵。一方面，责任一词本身是伦理学概念；另一方面，企业社会责任也包含着特殊的价值理念，从而使企业社会责任区别于其他类型的责任。在某种程度上说，这些价值理念是企业社会责任的灵魂和精髓，渗透在企业对不同类型利益相关者的责任中，也贯穿在企业社会责任的全过程。

一、以人为本

在中西方文化中，"以人为本"都有着深厚的历史渊源。在西方历史上，古希腊的普罗泰格拉提出"人是万物的尺度"的命题，在启蒙运动中康德打出"人是目的"的旗帜，使人的主体性得到了充分的表达。在中国历史上，历朝历代的思想家关于"民惟邦本"的思想不绝如缕。从周公的"敬德保民"到孔子的"仁者爱人"，从到孟子的"与民同乐"到唐太宗李世民的"民可载舟，亦可覆舟"，充分体现了中国古代思想家、政治家对于"民本"思想的重视。马克思、恩格斯对于"人"有很多论述，关于人的本质与人的异化问题、关于人民群众是历史的创造者、关于人的自由而全面的发展，等等，为我们理解"以人为本"提供了重要的指导。我们认为,对于"以人为本"的理解,既不能等同于中国古代的与"官本"相对的"民本"思想,也不能等同于西方历史上与"神本"相对的"人本"思想。从企业社会责任的角度而言,通常说的"以人为本",是指企业的经营理念、目标、管理原则和方法,都是以人为出发点,以人作为基础,以人作为目的。

第一,"以人为本"的"人"不是抽象的人,而是具体的"人"。这里所谓具体的人,就是指企业员工、消费者,以及企业经营活动中涉及的其他人。因为责任不是抽象的,责任的对象总是指向具体的人,离开具体的人空谈责任是没有意义的。企业以人为本,具体而言,就是企业不仅要关心股东的利益,也要关心其他利益相关者,包括顾客、员工、生意上的伙伴如上游供应商与下游经销商、自然环境与所在的社区甚至整个社会的利益,并对他们负起责任。

第二,人是根本。就把人看做是一切实践活动的出发点。具体到企业来说,就是把人看做是企业发展最根本的依靠力量。马克思曾说,人是生产力中最活跃的因素。在知识经济时代,人才在经济社会发展中的作用越来越凸显,企业的发展最终依靠力量是人,人力资源是企业最宝贵的资源,人才的优势是企业最核心的竞争优势,企业的生产资料、资金、技术作用的发挥,最终都需要人来实现。因此,在企业生产经营活动中,要改变"见物不见人"的落后管理观念,树立员工是企业主人的理念:通过满足员工物质和精神上的需要,创造和谐劳动环境,调动员工的主人翁意识;高度重视人才培养和人力资源开发,激发员工的责任感使命感和创造潜力,使员工成为促进企业发展的动力源,把企业的发展建立在依靠劳动者素质不断提高的轨道上来。

第三,人是目的。"人是目的",这是康德在启蒙运动中提出的响亮口号。人是目的，就是人类的一切实践活动的终极价值目标都是为了满足人的需要，实现人的全面发展。在企业经营活动中强调人是目的：就是企业在经营活动中，应当尊重劳动者的价值，维护劳动者的合法权益，不断改善企业工作环境与员工生活环境；就是要注重对企业员工的感情投入，为员工创造愉快、和谐的工作气氛，以促进员工每个人的全面性发展。要尊重人的价值，为员工自我实现创造条件，搭建平台，让员工在实现个人价值的同时，为企业和社会创造价值。人是目的的另一个方面，是企业要正确处理好与消费者的关系，要把为消费者创造卓越产品，满足消费者的需要作为第一要务，树立顾客至上的观念，在产品的设计、生产、销售各个环节，都要体现尊重和实现消费者多方面需求。同时，树立为顾客负责的思想，建立健全产品的服务体系，使消费者买得放心，用得安心，解除消费者的后顾之忧。

许多案例表明，"以人为本"是企业获得成功的关键要素。惠普公司前总裁卡莉·菲奥里纳说："惠普的精髓，就是我们的创造力、我们的核心价值以及行为准则的精神。"她认为企业发展的核心问题不是技术而公司的企业责任。惠普公司的核心经营理念包括五个方面：一是信任和尊重个人，尊重员工；二是追求卓越的成就与贡献，追求完美的和最好的；三是在经营活动中坚持诚实与正直，不可以欺骗用户，也不可以欺骗员工，不能做不道德的事；四是依靠团队精神来达到目标，公司的成功是靠集体的力量来完成的，并不是靠某个个人的力量完成的；五是鼓励灵活性和创造性，要不断创新，做事情要有灵活性。归纳起来就是"以人为本"。"以人为本"的惠普之道结出了丰硕的成果，造就了惠普在业界的良好信誉，被美国人誉为"使硅谷诞生的公司"。

在社会主义市场经济条件下，企业坚持"以人为本"，不仅是企业发展本身的需要，也是企业贯彻落实科学发展观的要求。"以人为本"作为企业社会责任的价值理念，体现了科学发展观的内涵，是推动企业发展和社会和谐的重要价值原则。

二、正谊谋利

"正其谊不谋其利，明其道不计其功"，这是西汉董仲舒在阐述其义利观时说的一句话，集中阐明了董氏"重义轻利"的伦理思想。董氏原文是这样说的："正其道，不谋其利，修其理，不急其功。"（《春秋繁露·对胶西大王不得为仁》）"政其谊不谋其利，明其道不计其功"语出班固《汉书·董仲舒列传》，可能是由班固加工过的。董仲舒讲这句话的原意，是要统治者树立义重于利的观念，不要与人民争利。在这里"谊"即"义"，"正其谊不谋其利，明其道不计其功"的意思是说，一个人的行为及其动机应以符合道义为价值取向，而不应以计谋功利为动机和目的。后世学者曾对董氏这一说法提出质疑，如清初颜元认为，讲道德而"全不谋利计功，是空寂，是腐儒"（《习斋先生言行录》卷下）。针对董仲舒的命题，他提出人应该"正其谊以谋其利，明其道而计其功"（《习斋先生言行录》卷下）本书所谓的"正谊谋利"也是这个意思。具体而言，是指企业应该以符合道义的方式追求利益，也就是企业利润要具有"合法性"。在这里，"正其谊"主要有以下几层含义。

第一，目的正当，也就是企业经营战略目标的合法性。如何确立企业经营的战略目标，确立一个什么样的战略目标，是关系企业长远生存发展的根本问题。合理的经营战略目标，能够为企业的发展指明方向，企业不断发展壮大的过程，也是不断实现目标的过程。许多案例表明，那些能够"基业长青"的企业，总是那些放眼世界、放眼未来，把企业发展战略基于实现人类社会进步，为公众创造幸福生活的目标之上的企业。许多企业都把其战略愿景和目标写入公司的价值观中。例如，日本三菱公司："放眼世界、努力改进经营管理、发明新技术。"日本电信电话公司："着眼于未来的人间企业。"TDK（东京电器化学工业株式会社），生产厂："创造——为世界文化产业做贡献，为世界的TDK而奋斗。"等等。再如中国的海尔集团，多年来致力于做全球白色家电第一品牌，从一个名不见经传的电冰箱小厂，发展为享誉全球的知名家电企业，也成为振兴民族工业的标杆企业。与之相反，有的企业在制定战略目标的时候，因过分关注企业本身的利润，不能确立远大的抱负和为民造福的理想，使企业沦为赚钱的工具，这些企业是注定不能长久的。

第二，手段合法。就是指企业在追求自身利益的时候，不能采取非法的和不道德的手段。首先是企业必须依法经营，要严格遵守宪法和法律的规定，遵守政府的各项规章条例，运用合法手段实现企业利润，不能以非法手段牟取暴利。市场经济是竞争经济，如何在激烈的市场竞争中脱颖而出，是企业面临的现实问题。有的企业为了战胜对手，不惜采取各种非法手段，不仅损害了竞争对手的利益，也干扰了正常的市场秩序，甚至损害了国家和社会的利益。在社会主义市场经济条件下，企业是自主经营、自负盈亏、自我约束、自我发展的经济实体和平等的市场竞争主体，在社会主义制度条件下，市场竞争的根本目的在于激发企业的经营活力，提高生产效率，为社会提供更多更好的产品和服务，而不是在竞争中消灭对手。因此，这种竞争绝不是在资本主义条件下尔虞我诈、你死我活的竞争，在社会主义市场经济条件下，所有的企业，不管是什么性质，相互之间不仅是经济活动的竞争者，也是合作者。企业之间的竞争主要是通过内涵式的发展来实现的，即通过技术创新、管理创新，不断提高资源的利用效率、提高产品和服务质量，增强自己的竞争实力。企业要在竞争中协作，在协作中竞争，以充分实现不同企业之间的优势互补，从而提高整个社会的经营效益和财富总量。因此，企业应当树立公平、协作的竞争观念，运用正当的手段参与市场竞争，反对用不道德、不正当的竞争手段，如盗取商业机密、金钱贿赂等来达到目的。

第三，结果正义。就是企业在以合法手段实现利润之后，企业在税后利润的分配上要具有合理性。首先，在职工工资的分配上要坚持效率与公平兼顾的原则。所谓效率原则，就是按贡献来分配，要对企业发展作出突出贡献的人员进行奖励，在企业员工的收入分配上要适度拉开差距，不能搞平均主义。与此同时，也要兼顾公平：一是企业内部的公平，即企业内部员工的收入差距不宜过分拉大，企业决策层、管理层、普通员工的工资不能相差太悬殊。二是企业与外部的公平。由于地区、行业以及经济效益的差别，不同行业之间，同一行业内部的不同企业之间的工资收入相差很大。企业在进行利润分配时，要充分考虑到这些差距，充分考虑到社会影响。如 2007 年平安公司高管超过 6000 万的年薪，创国内企业高管薪酬的新纪录，引起公众广泛争议，也使人们越来越关注企业高管的收入问题。2012 年，山西煤老板邢立斌 1500 万嫁女事件，也引起网民和社会热议。这些问题不得不引起我们深入的思考，对于一个企业来说，是不是应该把这些钱放到更需要的地方。

三、追求共善

善的概念来源已久，在古希腊，柏拉图的《理想国》、亚里士多德的《尼各马可伦理学》都曾论述过这个概念。他们都把善作为一种完满的状态。英国哲学家托马斯·希尔·格林提出"共同善"的思想。在他看来，个人与他人、个人与社会是相互依存的，每个人的善相互蕴涵构成的一个整体，这就是"共同善"，而且，"共同善"包含在个体善之中，是一种一般与特殊的关系。我们在此借用格林的这一概念，是想表达一个这样的理念，即企业并不是一个"单子"式的存在，企业社会责任也不仅是某一个企业的善，而是一种"共同善"。企业社会责任的"共同善"理念，主要包含两层含义。

一是企业与其他利益相关者的关系是一种相互依存的、共荣共生的关系，企业承担社会责任，并不是企业额外的负担，而是一种源于企业生存格局的必然。因此，企业在发展过程中要尊重和保护好其他利益相关者的利益，实现共同进步、和谐发展。

二是"共同善"是一种整体善，即企业社会责任建设中要有一种整体观念和大局意识，既要考虑到每一个利益相关者的特殊性，也要考虑到经济社会发展的整体性、长远性，不能为了局部利益损害整体利益。

四、可持续发展

1972 年，在斯德哥尔摩召开的联合国人类环境研讨会提出了"可持续发展"（sustainable development）的概念。1987 年，世界环境与发展委员会在《我们共同的未来》报告中第一次详细阐述了可持续发展的内涵。所谓可持续发展，就是建立在社会、经济、人口、资源、环境相互协调和共同发展的基础上的一种发展，它要求在满足当代人发展需求的同时，不能损害后代人的发展。可持续发展观念是人类对工业文明反思的一个成果，体现了一种全新的发展理念。

第一，可持续发展要求企业树立正确的自然资源观。在传统工业发展模式中，地球上的资源被看做是取之不竭、用之不尽的。因此，企业在生产过程中不考虑资源的约束力。现在，由于人类过度无节制地开发资源，地球许多资源已经面临枯竭。树立正确的资源观，就是要求企业在生产经营活动中，一方面要节约资源，不断提高资源的综合利用效率；另一方面，是要通过技术创新不断开发新的可代替资源、再生资源，以解决资源短缺的矛盾。

第二，可持续发展要求企业树立正确的生态环境观。在传统工业发展模式中，自然被当做人类征服的对象，人们一方面向自然过度索取，另一方面又向环境过度排放废弃物。现在由于人类无限度地向环境排放废水、废气，已经造成了严重的环境问题，气候变暖、物种灭绝、冰川融化等已经成为危及人类生存的全球性问题。可持续发展，要求企业重新认识人与自然的关系，树立一种生态观念，把企业看做是整个人类自然生态和社会生态的一个分子，处理好企业发展与保护生态环境的关系，企业要负起环境方面的责任，切实落实节能减排责任，发展循环经济，加快形成低投入、低消耗、低排放和高效率的节约型发展模式。对于企业而言，要大力发展清洁生产技术、循环生产技术，降低资源消耗，提高资源利用效率，尽可能做到"零排放"，生产"环境友好产品"，实现环境和资源的永续利用，实现经济、社会、环境的协调发展。

第三，可持续发展要求企业树立代际公平观。所谓的代际公平，就是在实现当代人发展的同时不损害后代人的发展，这是可持续发展的要求。从企业发展来看，企业要树立长远的战略目标，不断提高经济效益，增强竞争能力，扩大企业规模，尽可能保持发展的永续性。同时，企业发展目标必须与社会发展目标相协调，也就是说，企业要在社会可持续发展的前提下保持自身的可持续发展，不能因为企业本身的利益牺牲社会整体利益和后代的利益。因此，企业要在责任、公平与效益之间找到平衡，要从确保人类可持续发展的高度来制定企业发展战略，开发技术、研究产品，尽早淘汰浪费资源、破坏环境的落后的产能和技术，实现企业的转型发展，不断增强企业可持续发展的能力。

第三节　企业社会责任的主要功能

K.E.凯斯在《经济学原理》中谈道："企业不仅是谋求利润最大化的经济组织，也是包括社会、心理及政治等诸方面的复合型社会机构"。人格化后的企业，在承担相应社会责任的同时，也会使社会的面貌发生改变。企业的利益相关者包括企业的股东、员工、消费者、供应商等交易伙伴，也包括政府部门、当地社区，几乎覆盖了整个社会。企业的经营活动不单纯是一种经济行为，它无时无刻不在传播着企业的经营理念，对社会产生巨大的影响。企业社会责任的功能是指企业在履行社会责任中产生的社会效用。企业是整个社会系统中的一个子系统，企业履行社会责任不仅对企业自身产生影响，也对社会系统产生显著和潜在的影响。具体而言，企业社会责任主要有以下功能。

一、价值导向

所谓价值导向，就是某一种价值观念对人的思想观念、价值取向产生影响，并引领、指导人的行为方式的功能。在现代市场经济条件下，几乎所有企业都确立了自己的核心价值观，企业履行社会责任，也是在践行企业的价值观，对于企业员工、消费者以及其他利益相关者都具有价值导向的作用。

第一，企业通过企业文化建设向员工传递企业的价值观念，促使员工认同企业价值观，对员工的行为具有显著的价值导向作用。企业文化是指企业在长期生产经营实践活动中形成的，并为全体成员遵循的共同价值观念、道德规范和行为准则的总和。在企业文化中，企业价值观是核心，它不仅表达了企业的根本宗旨、愿景和原则，也明确了企业倡导什么、支持什么、反对什么，从而为企业所有人员提供了价值评判标准，并对人的行为产生影响。不同类型的企业文化对于员工的行为方式会产生不同的影响；如果一个企业文化是以效率为核心价值理念的，那么这个企业的员工就具有强烈的时间意识，并在工作与生活中都看重效率；如果一个企业文化的核心价值理念比较重视创新，那么这个企业的员工有可能思想活跃，并在行为方式上表现出更多标新立异、与众不同的风格。

第二，企业通过广告宣传、产品营销，引导消费者的消费观念，对消费者具有价值导向作用。企业是为社会公众提供产品和服务的组织，企业销售的商品一方面具有物质形态的使用价值，另一方面也凝结着企业的价值观念和经营理念。现在，许多企业都通过电视、报纸、网络等大众传播媒介进行广告宣传，扩大企业及其产品在消费者中的美誉度，引导更多的消费者购买企业的产品。在连篇累牍、目不暇接的广告面前，许多消费者已经丧失了判断能力，广告已经成为一种"意识形态"，对消费者的消费观念，乃至生活方式产生巨大的影响。最具说服力的案例是苹果手机的风靡。在乔布斯的领导下，美国苹果公司开发出了一款名为"iPhone"的手机，这款手机由于卓越的性能、便捷的操作、良好的界面风格很快成为年轻人的"宠物"。苹果手机的价值早已超越了手机本身的意义，拥有一部苹果手机，不仅是拥有一个通讯工具，而是代表了一种时尚的生活方式。

第三，企业通过积极组织和参加各种公益活动，在树立企业良好形象的同时，对社会价值观念产生潜在影响。积极参加各种社会公益活动是企业履行社会责任的表现，通过这些活动，企业在社会和公众中树立了良好的口碑和形象，有利于增加消费者对于企业产品的认可。与此同时，企业的公益行为也对社会的价值观念产生了潜在的影响，特别是一些已经具有相当知名度的企业，其行为具有广泛的示范效应。这方面最典型的案例如比尔·盖茨，作为微软的创始人，富可敌国的世界首富，盖茨决定把他财产的大部分捐献出来，支持世界的慈善事业，现在，整个非洲的艾滋病患者都吃的是盖茨免费提供的药品。如果说盖茨在创业时期为年轻人树立了一个从白手起家到富甲天下的成功人士偶像的话，那么退隐之后的盖茨却给人们树立了另一个榜样，人生还有更高的追求和境界。

二、社会整合

所谓社会整合，就是将社会不同的因素、部分结合为一个统一、协调整体的过程及结果。社会学意义的社会整合是指社会不同的因素、部分结合为一个统一、协调整体的过程及结果，亦称社会一体化，它是与社会解体、社会解组相对应的社会学范畴。社会整合的可能性在于：第一，人们存在共同的利益，人的本质是社会关系的总和，不管人如何强调个体的独立性，每一个个体都是更大的共同体的一员，具有共同利益；第二，存在人们在长期的历史过程中形成的一系列对人们发挥控制、制约作用的文化、制度、价值观念和各种社会规范。社会是由不同的人和群体组成的联合体，需要通过某种方式而彼此衔接，从而实现信息系统的资源共享和协同工作。社会整合的精髓在于将零散的要素组合在一起，并最终形成有价值、有效率的一个社会。企业是人与社会之间的一个重要中介，企业社会责任在社会整合中的作用主要体现在两个方面。

第一，企业社会责任的内部整合功能。企业作为一种特殊的社会组织，是由各种要素在一起构成的。企业经营管理的目的就是将企业的人、财、物进行有效整合，使之发挥整体效能。但就企业内部而言，仍然存在各种不同的利益冲突，如部门与部门之间、管理者与员工之间、生产与销售各个环节之间，都存在利益不一致的状况，这种相互冲突的状态如果得不到有效整合，势必会造成企业的"内耗"，影响企业的经营效率。与此同时，企业作为一种人群组织，也存在不同的观念和意见冲突，这些不同的意见分歧、观念冲突对于企业的凝聚力具有潜在的"离心"作用，如果不能进行有效整合，会对企业文化产生消极影响。加强企业社会责任建设，能够有效培育企业的团队精神和合作理念，抵制个人主义、部门利益对于企业整体的"离心"倾向，增强员工的归属感和责任感，增强企业的凝聚力，使员工心往一处想，劲往一处使，为企业发展提供强大精神动力。

第二，企业责任的外部整合功能。企业责任的外部整合功能，主要是指企业通过履行社会责任有利于降低企业与各种利益相关者的交易成本，以及政府的社会管理成本，它可以促进各种利益相关者的相互信任和合作，是社会有效整合的"黏合剂"。企业是经济组织，作为市场主体，在经济交往活动中，最重要的责任就是"诚信"。"人无信不立"，诚信是企业社会责任之基，一个不讲诚信的企业，就算是捐出再多的款，也会被人们认为是作秀。一个勇于承担社会责任的企业，必定是讲求诚信的企业，企业信用理念的普及和践行，能够促进社会信用体系的形成，提高社会的守信度，大大降低社会整合的成本。除此之外，企业承担社会责任，还可以帮助政府减轻就业、环保，以及在公共事业发展上的压力，有利于保持社会和谐稳定。如在就业问题上，企业通过积极吸纳社会劳动力、进行就业岗前培训等，为自己扩大再生产进行人力资源储备的同时，也减轻了社会的就业压力。又如，为帮助政府解决贫困地区的问题，弥补贫困地区资金的不足，企业可以加大对贫困地区的资源开发力度，这既可使企业获得新的增长点，又能帮助当地群众脱贫致富，使政府、企业和当地群众获得多赢格局。

三、公民塑造

在中国从传统社会向现代社会转型的过程中，如何塑造现代意义上的公民，的确是百年来中国政治发展和社会进步的一个突出问题。从梁启超的"新民说"到孙中山的"训政"大抵都是针对这一问题的。中国共产党建立的新中国，使得中国人真正获得了法律意义上的公民资格，也在保障公民生存权和发展权方面取得了前所未有的成就，但总体上看，中国人的公民意识仍然是比较薄弱的。美国学者迈克尔·爱德华兹在《公民社会》一书中对中国公民社会的发展状况作出了这样的评价："一些社会（如中国）正在取得进步，尽管其结社（公民）生活还很弱——至少从西方的叫视角看……"造成这种状况的原因是多方面的，但正如爱德华兹所指出的那样，公民生活的缺乏，无疑是公民意识淡薄的重要原因之一。从这个意义上看，企业社会责任的培育，对于中国的政治文明建设也是具有重要作用的。

第一，企业社会责任为培养公民意识提供了有利的组织条件。企业社会责任的实施有赖于一整套的制度安排和规则体系。这些制度规范标识了企业行为的原则和边界，明确告诉人们作为企业公民的权利和义务。这一系列制度、程序、规范，乃至文化，不仅对企业行为形成了约束机制，在实现组织目标的过程中，也对企业员工形成了约束机制。在所谓的公民意识中，规则意识是很重要的一条，一个合格公民的前提是守法公民。在国家与公民的框架内，法就是国家制定的规则。企业社会责任所制定的这一系列规则，有助于培养员工的职业精神和规则意识，而对规则的遵守在形成习惯以后就可以为他们成为一个合格社会公民打下基础。

第二，企业社会责任为培养公民意识创造了实践基础。杜威曾经说过，教育即生活，民主的意识是在民主生活中获得的。企业社会责任对于公民意识培养的重要意义还在于，它实际上在企业这个小的组织内部创造了一个公民生活的场景。企业社会责任强调尊重员工的意愿和能力，制定公开、平等、竞争、择优的用人机制，以科学的奖惩机制来约束和鼓励员工的行为，有利于激发员工的主体意识和公正观念；企业社会责任强调权利与义务的对等，有利于激发员工的权利意识、平等意识，在员工中形成权利与义务相一致的观念；企业社会责任强调实行民主管理，注重提高员工参与企业管理的积极性，在企业内部营造了良好的民主氛围，有利于增强员工的民主观念。这些观念的养成，是合格公民的前提，而企业培养的这些"组织公民"，又在社会生活中不自觉践行公民理念，从而为整个社会的公民意识提高奠定了基础。像联想、华为这样的企业，在组织构建的时候，就确立了一套企业内部公民生活的范式，因此，他们对社会的贡献不仅仅是GPD，还包括大量合格的社会公民。

第三，企业社会责任为培育良好公民意识提供了文化土壤。企业社会责任不是一套制度规范或者出于利益考量的理性行动，而是出自道德责任的一种选择，它实际上代表了一种企业的人文情怀和精神。在利益原则无孔不入的今天，企业社会责任所包含的这种超越功利主义的人文主义理念，具有弥足珍贵的价值。当企业的管理者发自内心地尊重和关心自己的下属时，也让员工体会到了珍视彼此的价值。当一个团队为组织目标不懈努力并成功之后，团队成员不仅收获了成功的快乐，也收获了合作的幸福；当企业为落后地方、为弱势群体伸开援助之手，担负起责任的时候，员工会因企业的行为而体验到一种社会关怀的温暖；当企业为生态环境、资源保护作出行动的时候，员工会体会到作为"地球公民"的责任感。因此，企业社会责任所提供的文化是一种超越了功利主义的文化，它唤起的是每一个人心中的人文主义情怀，而对于一个好公民来说，这种情怀是必不可少的。

第 四 章

发达国家企业社会责任建设的经验与启示

企业社会责任问题起源于西方，是伴随着资本主义经济活动过程不断发展的。以美国、日本和欧盟为代表的西方国家在企业社会责任的理论、制度和实践中积累了许多成熟的宝贵经验，考察西方企业社会责任建设的历程，对推动我国的企业社会责任建设有重要启示作用。

第一节　发达国家企业社会责任建设的实践

西方企业社会责任的概念是在 20 世纪初提出的，但实际上，早在工业革命时期，1851 年，提图斯·索尔特（Titu Ssalt）实施"慈善家的住房建设"计划时，就提出"商人应肩负社会责任"的观点。1899 年，美国钢铁集团的创始人安德鲁·卡内基（Andrew Carnegie）在《财富福音》一文中写道："富人有回馈社会的义务，应该捐献财富为社会谋福利。"应该说，企业社会责任的观念一直伴随着西方的工业化和现代化进程，并在不同历史时期、不同国家和地方具有不同的特点。

一、美国企业社会责任的实践

美国的企业社会责任实践起步较早，1924 年，谢尔顿就提出了企业社会责任概念，从 20 世纪初开始，在政府、企业和各种社会组织的共同推动下，逐步形成了具有广泛影响的企业社会责任运动。20 世纪 70 年代以来，美国政府、企业和社会各界对企业社会责任问题越来越重视，并通过多种方式推动企业社会责任建设，在近百年来的实践中，美国企业社会责任建设主要围绕以下几个方面展开。

（一） 社会责任立法

企业履行法律责任是企业经营活动的底线，为确保企业生产经营活动的各个层面和环节都能在法律规定的范围内进行，美国联邦和各州立法部门出台了大量与企业社会责任有关的法律法规，从立法层面推动企业社会责任建设。20 世纪 80 年代之前，美国已经基本建立了比较完整的企业相关法律，这些法律涵盖了企业生产经营活动和社会责任建设的方方面面，主要包括四个部分：

一是公司基本法律体系。主要包括《公司法典》、《商业公司法》等，这些法律对企业设立的条件，经营活动的原则、范围，企业的基本权利义务等进行了规定。1912 年颁布的《税法》规定了实施慈善捐赠的个人纳税者可享受减扣所得税的待遇。

二是利益相关者法律体系。早在 1890 年，美国国会就通过《抵制非法限制与垄断保护贸易及商业法》，即著名的《谢耳曼法》，这是世界上最早的反垄断立法。这项法律的目的是为了避免因企业垄断而损害正常市场秩序，在历史上，美国联邦政府曾利用《谢尔曼法》

成功地肢解了标准石油公司、美国烟草公司和美国电报电话公司等三个最有名的垄断托拉斯。在著名的波音公司与麦道合并、微软拆分等案例中，《谢尔曼法》都发挥了重要作用。除此之外，《统一商法典》和《联邦破产和重组法令》等包含了公司债权人利益保护的条款。在保护员工利益方面，20世纪30年代罗斯福新政期间，联邦政府先后公布了《国家劳资关系法》、《社会保障法》、《公平劳动标准法》等法律，对职工的集体谈判权、工人的最低工资和最高工时、平等就业、职工健康安全等进行了明确规定，大大加强了职工在公司中的地位。同时，这些法律对公司应该承担的责任也进行了相应的规定，如《社会保障法》就规定符合条件的公司必须实行失业保险，1939年还规定对公司交纳的失业保险金实行"成绩评定制"，从而限制了公司随意解雇职工现象的发生。1974年9月2日，美国总统福特签发《雇员退休收入保障法》、《职业安全和健康法》，强调企业对员工的责任。在消费者利益维护方面，20世纪20年代，美国先后颁布了《国家交通与机动车辆法》、《消费者产品安全法》、《食品、药品和化妆品法》、《可燃纺织法》、《包装消毒法》、《联邦肉品监察法》等，对公司的产品质量责任和损害赔偿责任等做了明确规定。

三是环境法律体系。美国环境保护立法迄今已有一百余年历史。针对工业化发展中日益严重的环境污染问题，早在1899年，美国政府就颁布了《河川港湾法》，1907年通过《清洁空气法》、《水污染防治法》，1912年又通过《公众保健法》，1924年实施《油污防治法》等。第二次世界大战后，随着高速发展的经济，环境污染日益严重，美国联邦政府于1970年颁布《国家环境政策法》，作为美国国家环境基本法。这部法律在环保理念、制度安排和程序实施等方面有很多前瞻性规定，对美国乃至其他国家的环境立法具有深远的影响。

值得注意的是，20世纪80年代末期，美国的企业立法建设重视将法律的外部约束与内部控制有机结合，逐步实现了《公司法》自身设计的突破。如 1989 年，宾夕法尼亚州首开公司法变革之先河，对其《公司法》进行修正，要求企业的经营者为"利益相关者"负责，而不仅仅是对股东一方利益负责。"截止到 1998 年，30 个州的《公司法》对公司的社会责任作出肯定性规定。"[①] 进入 21 世纪以来，特别是安然等公司丑闻后，美国政府又颁布了一系列法案，严肃公司的道德准则，进一步加大了对侵害相关者利益的企业的处罚力度。

（二） 社会责任管理机构

在美国企业治理模式中，社会责任管理被视为与财务管理、人力资源管理等同等重要的业务。美国企业的社会责任管理机构主要由企业伦理委员会（有的企业称为企业治理委员会）、企业伦理办公室、企业伦理责任官构成。

企业伦理委员会。公司治理机构上，为了更好地实施企业社会责任的管理，许多企业设置了直属董事会领导的专门委员会负责社会责任管理。以下是美国公司的一般结构框架图[②]。

在这个框架中，公司治理委员会，在有的企业也称企业伦理委员会，是专门负责公司伦理道德事务的最高机构。"公司治理委员会的出现更为公开地证明了企业对道德实践的承诺。该委员会（由董事会成员与专家出任）负责监督企业的道德业绩，监督对企业内部伦理守则的遵守情况以及对所有联邦政府和州政府的企业行为管理条例的遵守情况。"[③] 建立委员会的目的是为总裁和管理决策提供伦理监

---

① 汤春来：《美国公司社会责任的流变及其启示》，《法学论坛》2006 年第 3 期。
② 参见［美］安德鲁·吉耶尔：《企业的道德——走进真实的世界》，张宵译，中国人民大学出版社 2010 年版，第 97 页。
③ ［美］安德鲁·吉耶尔：《企业的道德——走进真实的世界》，张宵译，中国人民大学出版社 2010 年版，第 97 页。

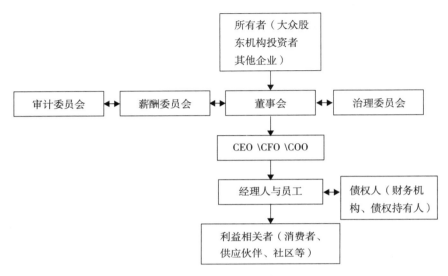

美国公司的一般结构框架图

督和政策导向，例如，洛克希德·马丁公司 1995 年成立了道德和商业行为指导委员会，"委员会成员有财务总监（委员会主席）、经营部门的高级管理人员，还有像人力资源管理、法律咨询、审计、沟通计划等职能部门的副经理"①，委员会定期召开会议，专门就企业伦理道德建设方面的问题进行讨论。当企业作出重大决策时，该委员会要依据一定的道德基准，评估相关决策的道德问题。

企业伦理办公室。在公司伦理委员会之下，美国许多企业设立伦理办公室，作为企业伦理管理的常设机构。1985 年，通用动力公司，即后来的美国第二大防务承包商，最早设立企业伦理办公室，其最初的动因是，当时的美国的海军部长出于对一些由政府间接支付的费用的合理性的担心，要求通用动力公司为它的所有员工制定一套严格的

① 参见［美］琳达·K.屈维诺、凯瑟琳·A.尼尔森：《商业伦理管理》，何训译，电子工业出版社 2010 年版，第 247 页。

道德行为规范，并对其严格实施，对于违反者要加以制裁。通用动力公司由此专门设立了一个伦理办公室，并雇佣了专门的伦理官。现在，伦理办公室已经成为许多美国企业的常设机构，但根据企业规模和经营方式不同，采取了不同的管理形式，有的企业是一个集中的办公室，有的则是分散的几个办公室，"如洛克希德·马丁公司的伦理办公室有 9 名工作人员，由道德和商业行为规范副主席领导，并在其他五大领域内各有一个专职伦理副主任，对其领域内的道德和商业行为进行监督"①。

道德（伦理）责任官。企业伦理官是企业进行日常道德管理的负责人，"伦理官"（ethics officer）在 20 世纪 80 年代中期开始出现，其名称多种多样，如伦理规范主任、商业行为主任、内部审计主任、伦理规范协调员等。伦理官的具体任务是："（1）与员工、干部、领导等进行面谈，参与关于企业道德问题的讨论并提出建议；（2）对企业道德行为规范提出修改意见；（3）承担道德热线和道德委员会的管理职能；（4）向各层次的员工提供道德教育；（5）对企业实施的各种道德项目的有效性进行评价；（6）向媒体、投资者、消费者、市民、团体等说明本企业的行为等。"② 1991 年，美国成立了伦理规范官协会，"当时有四十多位伦理官齐集马萨诸塞州沃尔瑟姆市本特利学院商业伦理中心，参与了组织的建立"。1993 年，该组织召开第一次年会，截至 2005 年，"这个组织已经拥有一千多名会员，纳入《财富》100 强半数以上的公司，另外还有一些非营利性组织、市政机构以及来自世界各地的国际会员"③。

---

① ［美］琳达·K.屈维诺、凯瑟琳·A.尼尔森：《商业伦理管理》，何训译，电子工业出版社 2010 年版，第 246—247 页。

② 袁华、皮菊云：《美国企业社会责任实践研究》，《经济师》2007 年第 2 期。

③ ［美］琳达·K.屈维诺、凯瑟琳·A.尼尔森：《商业伦理管理》，何训译，电子工业出版社 2010 年版，第 245 页。

企业伦理道德委员会、伦理办公室和伦理（道德）责任官，构成美国企业履行社会责任和伦理管理的组织保证。在美国企业中，伦理责任官一般由副总裁级别以上的人担任，有权直接与最高管理层直接交流，还可以与专家学者交换意见。现在，美国企业社会责任管理已经日益科学化、规范化、系统化。除了设立专门机构之外，许多企业还制定完备的企业伦理项目计划、决策机制和执行程序。

（三） 企业行动宪章

企业行动宪章。在企业社会责任建设中，美国企业重视发挥制度规范的作用，政府制定的法律法规虽然为企业社会责任提供了基本的原则，但并不能直接指导企业行为。美国许多企业将社会责任条款明确地写进企业的规章制度中，制定了详尽的企业行动宪章（Business Conduct Code）或类似的道德守则（Code of Ethics）。

企业行动宪章是企业履行社会责任的指导手册，也是每个员工日常行为规范指南。"据美国伦理研究中心的研究显示：1964 年，美国约有40%的企业制定了企业行动宪章或类似的道德守则；1987 年，这个比重达到了87%之多；到了 20 世纪 90 年代中期，则有90%以上的企业都制定了企业行动宪章或类似的守则来规范其员工的行为。"① 如沃尔玛公司创始人山姆·沃尔顿（Sam Walton）在公司创立之初就制定了三条座右铭："顾客是上帝"、"尊重每一个员工"、"天天追求卓越"，可以说，这三条原则是沃尔玛企业文化的核心。MCI 公司的《伦理与企业行为守则》包括以下内容②：

★建立信任与信誉。言行一致。

---

① 袁华、皮菊云：《美国企业社会责任实践研究》，《经济师》2007 年第 2 期。
② ［美］安德鲁·吉耶尔：《企业的道德——走进真实的世界》，张宵译，中国人民大学出版社 2010 年版，第 220 页。

★尊重个人。彼此之间相互尊重，坦诚相待。

★营造一个可以进行开放式坦诚交流的企业文化。每个人都应当放心地说出自己的心声。

★高层垂范。管理层要以身作则。

★拥护法律。以国家的各项法律要求为基准。

★避免利益冲突。谨慎而自觉地处理各类利益相关者的利益。

★精确地设定衡量标准与报告结果。在短期与长期之间作出平衡。

★推崇实质重于形式。关注什么是重要的，而不是关注什么是方便的。

★忠诚。忠实于家庭、公司和自己。

★做正确的事。因为它是要做正确的事。

通过企业行动宪章的制定，把公司的相关信息传达给了员工，许多公司还会要求员工签署一份声明，说明他们已经阅读了公司的行为准则，并承诺在接下来的时间会遵守。如波音公司的道德守则就是企业员工所必须遵循的行为准则：这一守则承诺波音公司将以公平、公正、道德的原则来开展其所有业务；公司将遵循现行的法律法规；在业务执行过程中，以诚信作为处理同顾客、供应商、社会各团体和员工关系的基础；企业要求员工时时刻刻都以最高的道德标准严格要求自己，不允许做任何有损企业形象和声誉的行为。

（四） 伦理沟通与道德激励

许多美国企业都意识到，即便是再完善的制度安排，最终都需要员工的认同和执行，员工是企业成功的关键，也是其他利益相关者的出发点，因而，美国的大部分企业都重视加强伦理沟通与对员工的道德培养，采取了一系列具有针对性的伦理沟通和道德激励策略。

一是建立多样化的伦理沟通渠道。为了使公司的伦理信息得到广泛的传播和认可，美国的许多企业建立了多样化的沟通渠道。这些渠道包括企业网站、招聘手册、时事快报、新人材料，以及各种各样的小册子等。许多公司的网站公开发布有大量关于企业价值观、伦理政策问题的信息，如洛克希德·马丁公司在公司的外部网站上就有大量的有关伦理问题的信息，包括伦理原则、行为准则及年度伦理培训、伦理程序如何运行的信息，员工的"行为准则"被翻译成 16 种语言。"在默克公司的网站上，有意申请（加入公司）人首先被介绍去观看公司的价值观介绍"，除此之外，"网站的内容还关注雇员的满意情况，并且强调公司所获得的奖励与荣誉，其中包括被《财富》杂志列为'百家最适宜工作的企业'之一的荣誉"，以及被《职业母亲》杂志列为最适合女性行政人员的前 25 名公司之一。除此之外，许多美国公司在伦理沟通上不断创新手段，如"美国保险公司发明的一种叫做'伦理档案'的新的沟通方法。它可以让雇员以一种有趣的、互动的和持续的方式来学习伦理问题"，该公司伦理办公室还发明了一种叫做"德莱特"（dewright）的新角色，"德莱特经常卷入那些被作为头条新闻公布在企业内部网上的伦理困境中去，员工被邀请来对此事表达他们自己的反应——'德莱特'应该做些什么?"①

二是利益与道德双重激励。美国的企业在对员工的道德激励方面采取双重策略，一方面，许多公司在提高员工待遇方面采取了非常人性化的措施，前 100 家公司中："（1）有 53 家公司提供在职大学课程学习，91 家公司提供学费补助，其中 24 家公司每年学费补助超过

---

① 以上引文均见［美］琳达·K.屈维诺、凯瑟琳·A.尼尔森：《商业伦理管理》，何训译，电子工业出版社 2010 年版，第 245 页。

4000 美元；（2）有 45 家公司缩短了夏季工作时间；（3）有 72 家公司实施员工股票期权计划；（4）有 87 家公司设置远程办公岗位；（5）有 89 家公司压缩了每周工作时间安排。"① 这些措施不仅为员工提供了良好的福利待遇和发展空间，也有效地增加了员工对企业的情感认同和归宿感。与此同时，许多企业开发出多种对于员工进行有效精神激励的手段。例如，沃尔玛的"先进员工"评选活动，公司将"先进员工"的照片悬挂于总部以及各个商店的橱窗中，并对优秀的治理售货员授予"山姆·沃顿企业家"的称号。再如洛克希德·马丁公司，于 2003 年设立"董事长奖"，"对于在道德领域起了某种模范作用以及工作超过自己职责要求的个人给予奖励，并且是在有 250 名高级管理人员参加的董事年会上颁法此奖项"。② 这些有效的激励措施使员工获得了荣誉感和效能感，激发了员工为企业工作和奉献的积极性。

三是系统的伦理培训。企业非常重视对员工的伦理培训。美国的许多公司都重视对员工的伦理培训，并制定有详尽的伦理培训方案，从公司的新员工到高层管理人员都要接受全员伦理培训，针对不同的对象，采取不同的培训策略。如对新员工的培训，主要是让员工了解企业的价值观和伦理准则，提高员工在伦理事物方面的判断力。除此之外，有的公司要求全体员工每年都接受一定时间的基本伦理培训。在培训方式上，美国的企业所提供的方案多种多样，非常具有灵活性和针对性，如洛克希德·马丁公司专门开发出一种"新员工伦理定位"的课程，要求所有员工在聘用后一个月内完成；该公司还在 2005 年发起了一项叫做"伦理一分钟"的倡议，以及开办"伦理电

---

① 袁华、皮菊云：《美国企业社会责任实践研究》，《经济师》2007 年第 2 期。
② ［美］琳达·K.屈维诺、凯瑟琳·A.尼尔森：《商业伦理管理》，何训译，电子工业出版社 2010 年版，第 262 页。

影节"鼓励员工去制作一段以伦理为主题的小视频等。

花旗集团则发明了第一个企业伦理游戏——诚信的练习。在游戏的开始，主持人有一段开场白：

我们正在玩一个伦理游戏，我们想确信这引起了你的注意；

我们想确定你明白诚信对于企业的重要性；

你可以有机会在无风险环境中联系怎样作出伦理决策；

我们做这些的目的是，给你一个有关公司政策及行为规则的概述；

如果你认为在面临伦理困境的时候需要一些帮助和建议，我们也可以简要介绍所有对你有用的资源。①

可以看出，这项伦理游戏的目的，不是将一种现成的价值观念和伦理规范灌输给员工，而是通过创设各种道德冲突和伦理困境的情景，对员工提高面对道德难题时作出正确的伦理决策进行训练，这也是大多数美国公司进行伦理训练和道德实践拓展项目的重点。除此之外，启发式提问法伦理训练也被经常采用，"主要围绕6个问题展开：在哪里发生了什么？谁的行为对哪些人产生了不良影响？从道德的观点看有什么问题？在相同的情况下有无其他的选择方案？行为规范对该问题作出了什么规定？企业实施的各种道德活动能提供怎样的帮助？"②员工在回答这些问题的过程中，不断获得价值澄清，提高了伦理素养。

（五） 发布社会责任报告

定期发布社会责任报告，向社会公布社会责任信息，主动接受社

① ［美］琳达·K. 屈维诺、凯瑟琳·A. 尼尔森：《商业伦理管理》，何训译，电子工业出版社 2010 年版，第 266 页。

② 袁华、皮菊云：《美国企业社会责任实践研究》，《经济师》2007 年第 2 期。

会监督，是企业积极履行社会责任的表现。进入 21 世纪以来，美国许多企业都纷纷通过公布"企业社会责任报告"、"企业公民报告"、"可持续发展报告"等形式，向社会公开企业社会责任信息。在《财富》杂志 2008 年全球 100 强企业社会责任排行榜中，有 31 家美国企业榜上有名，占到将近三分之一，其中，通用电气名列第二，其他列入榜单的也大都是国际知名企业，如通用汽车、福特汽车、沃尔玛、埃克森美孚等大型跨国集团。美国企业的社会责任报告大多有规范的格式，大都依据"全球可持续发展报告协会"规定的报告原则，并由专业部门制作，在报告内容上主要依据"三重底线"，即经济、环境和社会底线理论，从企业利益相关者维度来安排。以 IBM 公司 2008 年公布的社会责任报告为例，该报告共分为六章：（1）员工：全球员工、全球公民；（2）社群：以系统化方式解决问题；（3）环境：以创新方式避免或降低对环境的影响；（4）供应链责任：承诺协同合作；（5）治理：管理风险，维护声誉；（6）公共政策：推动政策以因应社会挑战。在该《报告》中，IBM 还对此专门进行了说明："我们遵循'全球永续发展报告协会'（Glbal Reporting Initative，简称 GRI）发布报告的原则：重要性、永续性脉络、相关各方涵盖程度、完整性，以选择适当内容纳入这份报告。"同时，社会责任报告在企业网站公开发布，并承诺各项信息的完整和准确性。

（六）社会责任监察审计制度

美国重视对企业社会责任的监察和管理，并形成了相对稳定的程序化制度，通过加大外部约束力度，加强对企业社会责任的监督管理。在社会责任监察方面，主要由企业内部监察和政府的外部监察构成。企业社会责任的内部监察主要由公司外部董事占半数以上的道德委员会来实施，通过对照国家法律、社会道德规范、企业的社会责任行为规范，检查企业经营活动中有无违规行为，产生了哪些问题、应当改善的地方在哪里等，每年进行 1—2 次的检查，并根据检查结果提出整改措施。外部监察主要是通过政府进行的。对于那些无法用强有力的伦理文化来管好自己的企业来说，最后的防线就是法律措施和管制措施。20 世纪 70 年代后，美国政府相继出台 5 部关键法律用以阻止企业的非法行为，这五部法律是《涉外反贪法》（1977 年）、《国防工业倡议》（1986 年）、《美国联邦判决指南企业篇》（1991 年）、《萨班斯·奥克利斯法案》（2002 年）、《美国联邦判决指南企业篇修订案》（2004 年）。如根据《涉外反贪法》，"美国司法部对企业或其他商业机构每次违法的刑事罚款可达 200 万美元，对管理人员、董事、股东、职员以及代理人每次违反可被处以 25 万美元的罚款和 5 年的监禁，企业的累计罚款可达 2500 万美元，个人的累计出发可达 500 万美元和 20 年监禁"①。对于企业的社会责任审计主要是由第三方来进行的，主要包括投资基金组织、环境保护协会、消费者权益保护协会等社会公益监督机构。社会责任审计的目的在于全面、广泛地了解和掌握企业社会责任的履行情况，以保护各种相关者的利益，审计的内容主要是对企业财务报告中没有涉及信息，如对环境、员工利益进行评估。也有许多美国企业为了解自身履行社会责任的状况，进行内部审计，1986 年，由企业伦理中心在美国所作的一项研究表明，财富 500 强企业中的 43% 都在不同领域做过内部企业社会责任审计，内容具体涉及道德领域包括工作中的平等机会（89%）、遵守法律和社会规定（81%）、参与当地社区建设（67%）、工作场所安全（65%）、产品和服务质量（57%）、环境保护（55%）、遵守

---

① ［美］安德鲁·吉耶尔：《企业的道德——走进真实的世界》，张宵译，中国人民大学出版社 2010 年版，第 122 页。

国外的法律（50%）、产品和服务安全（44%）等。①

总的来看，美国企业社会责任的特点表现在以下四个方面。

一是企业履行社会责任的意识很强。早在 1969 年，亨利·福特二世就曾这样说道："企业与社会之间的契约条款正在发生变化……如今，我们被要求去为那些更大范围内的人类价值服务，对那些并没有与我们进行商业交易的社会成员来说，我们也要承认对他们的义务。"② 1981 年，由美国 200 家最大企业的领导人参加的企业圆桌会议在其"企业责任报告"中指出："追求利润和承担社会责任之间并不存在矛盾之处；相反，企业的长期生存还有赖于其社会责任，社会的福利又有赖于企业的盈利和责任心。"③ 2006 年，波音公司总裁詹姆斯·迈克纳尼（W. James McNerney Jr.）在接受《第一财经报》记者采访采时曾经这样说："像 3M 或者波音这样的跨国公司对 CEO 的期待有两个：一个是业绩，我们的股东、董事会和员工，大家都希望自己是一个成功的团队中的一员；另外，这些公司对于价值观和道德观都有很高的标准，我必须在这两方面都表现得非常出色才行。"④ 在这种意识主导下，许多美国企业都把企业社会责任实践作为提升企业形象的竞争手段。如 IBM 公司在其企业行动准则中申明，IBM 公司是"作为遵从高标准的道德观念进行公正的事业活动的企业"。惠普公司把自己的企业使命认定为"为人类的幸福和发展作出技术贡献"，强调"我们（公司）追求的真正目标是向公众提供某种独特

---

① 参见马力、柳兴国：《公司治理的道德审计现状与发展趋向》，《现代财经——天津财经大学学报》2005 年第 8 期。
② 转引自安德鲁·吉耶尔：《企业的道德——走进真实的世界》，张宵译，中国人民大学出版社 2010 年版，第 74 页。
③ 马力、齐善鸿：《西方企业社会责任实践》，《企业管理》2005 年第 2 期。
④ 波音公司董事长：《一手抓市场，一手抓道德》，2006 年 12 月 1 日，http：//mnc. peo-ple. com. cn/GB/54823/5112216. html。

的、有用的东西，从而为社会作出贡献，利润只是实现这一目标的工具"。① 另一方面，企业对于社会责任的重视来源于消费者的"货币选票"的外在压力，由于消费者在购买产品中的对企业社会责任的考量，使得企业清楚地认识到履行社会责任将会带来长期利益，履行社会责任将会成为获得民众认同的有效方式。

二是企业社会责任的践行具有灵活性。在长期的社会责任实践中，美国的企业根据企业自身的市场定位，文化传统以及发展愿景，形成了各具特色的社会责任实施策略，许多企业根据不同情况在其力所能及的领域灵活地实现各自的责任目标。例如，20 世纪 80 年代，为了应对艾滋病扩散带来的日益蔓延的社会忧虑，珍珍集团向市场投放了"配偶型"安全套，他们认为，人们对产品的需求，远远大于企业对利润的需要。再如，福特公司花费数百万美元进行广告宣传，提醒人们为体重超过 40 磅、身高低于 4.9 英尺的儿童提供加高座椅，并免费赠送了 100 万个座椅，其目的是唤醒人们的安全意识。美国西南航空公司通过资金援助和员工志愿者方式，支持"麦当劳叔叔之家"，他们认为，向社区回馈是企业使命的一部分。② 美国著名化妆品公司 The Body Shop（美体小铺）的创办人，也是人权运动先驱安尼塔罗迪克（Anita Roddick）爵士承诺，该公司不在动物身上做化妆品的实验，等等。美国企业这种灵活自主履行企业社会责任的方式，充分体现了美国人的实用主义传统。实际上，这样的社会责任行为使得每一个企业能够发挥自己的特长和优势，提高了社会责任的效率，而如果无数个企业的优势充分发挥出来，就会形成整个社会的整体效

---

① 以上引文均参见袁华、波菊云：《美国企业社会责任实践研究》，《经济师》2007 年第 2 期。
② 参见［美］安德鲁·吉耶尔：《企业的道德——走进真实的世界》，张宵译，中国人民大学出版社 2010 年版，第 84 页。

能，这一点值得我们借鉴。

三是主要依靠企业自律，缺乏统一领导。美国是一个联邦制的国家，虽然联邦政府代表全体公民行使国家权力，但各州仍然有很大的自主权，在立法、行政、司法各领域都有自己的一套机构和规制。联邦政府没有一个专门机构对企业社会责任进行统一管理，由于各大州之间、各企业之间的现实情况不同，企业社会责任缺少相互协调配合的核心力量。企业履行社会责任主要靠自律，这样做的好处是企业有很大的自由裁量权，但是当面对重大或突发的经济、社会、环境问题（如经济危机、自然灾害、气候变化等）时，却难以在短时间内形成合力，从而弱化了应对这些重大问题的能力。同时，由于政府缺乏统一监管，一些企业很容易钻政策漏洞，如安然公司、世界通信公司就是由于缺乏监管造成的典型案例。与此同时，由于政府监管不力，也导致美国企业在世界企业社会责任排行榜中并不出色。在 2008 年美国《财富》杂志发布全球前 100 名企业社会责任排名中，欧洲企业的表现要优于美国。

二、日本企业社会责任的实践

日本作为世界经济最发达的国家之一，在企业社会责任建设上起步较早。许多日本大企业认识到了社会责任对企业发展的促进作用，"第二次世界大战后由丸山敏雄创立的日本伦理研究所大力倡导伦理实践，企业伦理就是其中的一个重要组成部分"①。1956 年，日本经济团体联合会通过的《经营者随社会责任的觉悟及实践决议》首次提出了企业的"社会责任"观念。20 世纪 70 年代后，日本先后出台

---

① 吴新文：《国外企业伦理学：三十年透视》，《国外理论动态》1996 年第 3 期。

了一列社会责任准则和评价标准。如 1973 年日本经济团体联合会制定的《行动宪章》，其中明确提出了完成企业社会责任的 7 条原则；1974 年日本生产性本部制定的《综合社会责任指标》；1974 年日本经济新闻社发表的《企业社会责任贡献度评价标准》等。① 2000 年后，政府开始导入企业社会责任体制管理，制定出台了一系列严格的节能降耗和环境保护法律与标准，对产业部门、运输部门、民生部门提出明确的节能义务要求。在多年的发展过程中，日本形成了具有浓郁的本土文化特色的企业社会责任建设策略。总体上看，日本企业社会责任主要从理念、组织和实践三个方面来推进的。

一是重视企业核心价值理念建设。受民族传统文化的影响，日本企业高度重视对企业核心价值理念的挖掘和升华。1932 年，松下幸之助在松下公司创业纪念日上的致辞中曾说："我领悟了，实业人的使命，就是克服困难，使社会富裕起来。生产的目的是丰富大众日常生活的必需品，改善及扩大其生活内容。我松下电器制作以完成此使命为最终目的。"许多企业通过系统梳理创始人及历代领导人的责任理念，挖掘企业文化传统中的核心理念，逐渐形成了符合企业战略、业务和文化特色的社会责任观。如理光的"三爱"（爱国家、爱友邻、爱工作）；NEC 的"自然（Nature）、教育（Education）和社区（Community）"；三井物产的"良心仕事"；等等。在此基础上，各企业通过积极开展理论研讨工作，整理企业的使命（Mission）、愿景（Vision）和价值观（Value），建构了企业意识形态。如松下公司 1946 年创建"PHP 研究所"，"PHP"意即繁荣、幸福、和平之意，代表了松下企业哲学的核心。与此同时，许多企业积极组织各种有关

---

① 参见徐炜、张飞：《日本企业社会管理对我国的启示》，《中国经贸导刊》2011 年第 21 期。

企业社会责任的管理培训和理论研修活动，加深所有员工对企业社会
责任的认识和理解。①

二是建立组织保障体系和相关制度。日本企业在企业社会责任制
度建设方面受西方影响很深，与美国企业一样，都建立了社会责任专
门机构，保障企业社会责任的执行。在组织架构上，一般采取"CSR
推进委员会+CSR 推进部"的框架。CSR 推进委员会是一个高层管理
和协调机构，但与美国企业不同的是，委员会一般由总裁亲自负责，
成员包括各副总裁和业务部长。CSR 推进部是日常办事机构，一般由
业务规划、环境管理、社会贡献、责任沟通等部门构成，每个月都要
召开会议，讨论企业社会责任工作。同时，为了使社会责任落实到定
量考核层面，许多企业还出台了很多具体的相关政策，如社会贡献政
策、环境政策、员工行为守则、供应链责任采购守则等，建立了比较
完备的企业社会责任考核体系，要求各部门、各机构从企业社会责任
的角度去谋划和改进各自工作，形成了"（P）—执行（D）—检查
（C）—改进（A）的 PDCA 社会责任管理循环"②。规章制度方面，
日本企业同样制定了"CSR 宪章"，以及与宪章相适应的"行动标
准"。"2004 年 2 月，日本经济团体联合会发布了《关于推进企业社
会责任的基本思想》，提出了日本企业社会责任发展的三大原则，并
在同年 5 月提出了新的《企业行动宪章》，明确了该组织关于企业社
会责任的基本态度以及具体的行动计划。"③

三是以活动强化企业和员工的责任意识。重视对员工的伦理培训
和道德教育也是日本企业社会责任建设的一个特色，在企业社会责任

---

① 参见钟宏武：《日本企业社会责任研究》，《中国工业经济》2008 年第 9 期。
② 参见徐炜、张飞：《日本企业社会管理对我国的启示》，《中国经贸导刊》2011 年第
21 期。
③ 参见徐炜、张飞：《日本企业社会管理对我国的启示》，《中国经贸导刊》2011 年第
21 期。

建设中，重视人的因素，特别通过系统的培训教育，加强对员工的价值观念教育，是企业社会责任的重点。如"三井物产给每个员工都发了两本特殊的企业社会责任教材：《三井之魂》和《DFP 的警示》。前者系统梳理了三井物产创始人及历代领导人的责任理念，后者记录了 DFP 事件的全过程，要求员工时刻谨记这个教训。以之来警醒每一位公司员工，要时刻牢记企业社会责任。此外，企业还安排一系列的讲座、培训、轮训等项目，基本上实现了全员培训、全方位培训和全过程培训"①。

四是建构利益相关者的参与机制。日本企业积极关注西方国家企业社会责任方面好的经验和做法，开始探索建立与利益相关者的对话机制。他们邀请相关专家、环境和社会团体等方面代表展开对话，就企业社会责任听取各方面的意见和建议。但由于对话机制建立时间不长，在具体实践过程中还存在某些不足之处，如参与层次并不高，对话的主要目的也仅仅在于论证和加强企业社会责任报告的可信度等，这在一定程度上也说明企业管理层面对这一问题的重视不够，需要进一步加强对利益相关各方参与对话必要性等作更加深入的了解和分析。

五是发布企业社会责任报告。日本企业在社会责任报告发布方面也比较积极，2003 年以前，日本大企业大多发布了环境报告，后来或有的更名为"社会·环境报告"、"可持续发展报告"、"CSR 报告"等，并开始系统评估企业经济活动对社会、环境的影响。截至2006 年年末，大约 80% 的日本大企业都发布了社会责任报告。与此同时，企业社会责任报告的发布渠道日益多样，企业通过包括企业网站、社宣传册、新闻发布会、举办恳谈在内的多种形式，对外积极公

---

① 参见钟宏武：《日本企业社会责任研究》，《中国工业经济》2008 年第 9 期。

开如环境、人权、社会慈善等方面活动情况。值得注意的是，一些日本学者认为，企业社会责任建设并不是一项全新的工作，"企业社会责任的未来就是不再需要 CSR 部门，如果企业社会责任理念完全融入企业管理过程尤其是于潜移默化之中进入员工的思想观念以后，CSR 推进部也就可以撤销了"①。

历史地看，日本的企业社会责任建设及特点主要包括以下方面。

一是高度关注员工利益。受家族企业文化传统的影响，日本企业大都采取"终身雇佣制"，着力把企业变成员工的大家庭，把员工看成是这个家庭的成员，增强了员工对企业的归宿感和认同感。企业在经营过程中，把维护员工利益，满足员工的需要放在突出位置，把对员工的责任作为企业的根本目标加以追求，尽最大可能满足员工合理需求。与此同时，企业重视人文关怀，尊重员工自身价值，努力使企业目标与员工的全面发展统一起来。

二是强烈的环境责任意识。日本是个自然资源匮乏的国家，对资源环境问题尤其敏感。几乎所有的日本公司都精明而敏锐地树立了绿色（环保）思想。大部分日本企业都确立了以生命和地球的生存为核心的经营理念，非常重视节约资源和环境保护，强调在人和自然和谐相处的基础上实现企业发展，从保护环境的角度出发来制定和实施经营战略。日本政府 20 世纪 70 年代制定《节能法》对产业、运输、民生等部门都提出明确的节能义务要求，并建立了相应的执行措施和落实节能政策。与此同时，政府还建立了节能标签制度，向企业和消费者提供节能环保信息，增强居民节能意识，促进节能环保产品的推广和使用。

三是本土实践与全球视野相结合。日本企业的社会责任建设重视

---

① 钟宏武：《日本企业社会责任研究》，《中国工业经济》2008 年第 9 期。

把本土化和全球化结合起来。大多数日本企业都把企业社会责任看做是企业在经营和发展过程的重要组成部分，十分重视各自的企业社会责任建设问题，积极探索符合本国本企业实际，具有自身文化特色的企业社会责任，推进企业社会责任本土化。与此同时，他们还走出国门，着眼全球，收集相关信息，了解欧美等西方国家企业社会责任的最新进展。理光、索尼等大企业就连续参加了国际标准化组织社会责任标准的历次研讨，时刻跟踪相关领域的最新动向。积极与周边国家如中国、越南、印度尼西亚等展开合作，密切关注这些国家企业社会责任的最新情况，从而使日本企业社会责任建设始终处在先进位置。

三、欧盟企业社会责任的实践

欧盟是较早开展企业社会责任理论和实践的国家和地区之一。早在 1961 年，欧洲委员会（The Councile of Europe）就开始实施"社会宪章"，确立了社会政策目标的基本原则，"即没有性别歧视地获得平等机会和平等待遇的权利，劳动者获得信息和咨询的权利，劳动者参加决定和提高工作条件、改善工作环境的权利，老年人获得社会保护的权利"[1]。1974 年，欧共体通过"欧共体社会行动方案"。该方案包括三个方面内容："充分和更好的就业，生活和工作条件的提高，劳动者在企业活动和社会管理方面更多的参与。"[2] 20 世纪 90 年代开始，欧盟开展了环境会计规划项目，"具体包括企业环境报告、环境管理会计体系以及财务会计的环境问题指导项目等，与此同时，

---

[1] 牛松：《论西方企业社会责任的发展路径及经验》，《安徽大学学报》（哲学社会科学版）2011 年第 3 期。

[2] 参见《欧洲联盟社会政策的历史发展》，2005 年 5 月 20 日，http：//biz. cn. yahoo. com/050520/124/9xgc. html。

欧盟为号召企业自觉建立和实施环境保护政策、目标和计划，颁布了《欧盟的环境政策和原则》"①，对 CSR 在欧洲的发展作出了巨大的贡献。2001 年，欧洲委员会公布第一份有关企业社会责任的讨论文件，并以此为基础，于 2002 年通过了第一份欧盟官方政策文件。

欧盟认为，企业社会责任可以提升地区甚至国家的声誉。欧洲许多国家都致力于推进树立符合社会责任要求的企业文化，使得该地区更加吸引投资者，使企业的产品具有更积极的品牌形象。欧盟将企业社会责任官方定义为"是指企业在自愿的基础上，将对社会和环境的关注融入到其商业运作以及企业与其利益相关方的相互关系中"。在具体实践中，欧盟各国形成各具特色的企业社会责任模式，如制定国家的 CSR 标准（奥地利）、推荐公司发布 CSR 报告（法国）、致力于开展国家内的对话（西班牙、德国）等。尽管欧盟成员国之间在推进企业社会责任问题也上存在着较大的差异，但从全球范围来看，欧盟在该领域仍处于领先地位。

英国：NGO 推动的企业社会责任建设

英国作为发达的资本主义国家，企业发展历史比较悠久，一大批在国际上具有知名度的跨国企业构成了企业社会责任运动的基础。"企业社会责任是一个市场无法自行调节、政府无法运作、企业难以全面自觉履行的领域"②，而非政府组织（NGO）作为政府和市场之外的第三力量（第三部门），可以发挥无可替代的作用。

在欧盟各国中，英国最鲜明的特色是 NGO（非政府组织）在企业社会责任建设过程中发挥了巨大的推动作用。许多知名的国际机

---

① 牛松：《论西方企业社会责任的发展路径及经验》，《安徽大学学报》（哲学社会科学版）2011 年第 3 期。

② 甘文传：《非政府组织：推行社会责任的保障——英国企业社会责任考察有感》，《WTO 经济导刊》2006 年第 4 期。

构,"如商界之声——英国工商联、社会责任指数——富思公司、国际商业领袖论坛、商业在社区、AA1000 社会道德责任协会等机构"①,都在推进企业社会责任中发挥了重要作用。在英国,由非政府组织组成的非政府组织团组(NGOS)对企业的影响越来越大,这些组织以知名企业为目标、以企业社会责任案例为导向,通过表达意见、发表报告来影响政府、左右市场,使英国的企业社会责任体现出一种"企业责任社区"特色。许多公司向非政府组织提交社会责任财务报告,非政府组织则定期向社会公布未按要求提供报告的公司名单,通过社会舆论影响市场、影响消费者的选择,与此同时,政府在企业社会责任方面实行疏导策略,许多非政府机构如"商业在社区中"、"国际商业领袖论坛"等活动,都得到政府的财政支持。

瑞典:政府将企业社会责任上升至国家竞争力层面②

根据 2007 年国家责任竞争力指数排行榜,瑞典是国家责任竞争力方面排名全球第一的国家。③ 长期以来,瑞典政府致力于推动企业社会责任建设,在推动社会责任立法、倡导企业社会责任国际标准、加强对企业监管等方面不断努力,使得瑞典企业社会责任不断进步,国家责任竞争力持续攀升。

为了推动企业积极履行社会责任,瑞典政府出台制定了比较完善的法律法规体系,对环保、劳工、消费者权益、妇女儿童权益等方面进行了细致的规定。在环境保护方面,早在 1969 年,瑞典议会就颁

① 王丹、聂元军:《英国政府推进社会责任的实践与启示》,《改革与战略》2008 年第 12 期。
② 参见殷格非、张锡安、袁明照:《瑞典:将企业社会责任提升至国家竞争力 赴瑞典企业社会责任考察思考》,《WTO 经济导刊》2009 年第 1 期。
③ 据国际智囊机构 Account Ability 与巴西商学院卡布拉尔皇家基金会(Fundacao DomCabral)联合推出的责任竞争力指数(RCI)显示,在 2007 年对全球 5 个大洲、108 个国家的测评中,瑞典国家责任竞争力高居参评国家第一名。

布了《环境保护法》。1999 年，瑞典议会通过的《环境法》提出，
"瑞典在环境方面需要努力的 15 个领域的目标，从自然资源、水土利
用、城建规划和人民健康诸多方面，把环境保护具体化和法制化"①，
并将环保标准作为评估企业业绩的重要内容。在员工维护权益方面，
瑞典也通过许多法律。如 2003 年 7 月，瑞典的一项新法律规定："企
业须在年度报告中包含由于员工生病导致缺勤的数字。" 2000 年生效
的《公共养老金法案》，要求"国家养老金在制定年度业务计划，包
括投资活动的原则时，应将环境和伦理方面的因素予以考虑"。在可
持续发展方面，1994 年，瑞典议会通过了《瑞典转向可持续发展法
案》，并将其作为 21 世纪社会发展的基础。2005 年瑞典议会通过一
条新的法律规定，要求"所有瑞典企业在年终报表中除了包括财务
数据外，还要包括企业在持续性发展方面的报告"②。这些法律规定，
为企业履行涉及责任提供了细致的操作性条款，企业违反这些条款，
将受到严厉处罚，为企业履行社会责任提供了完备的法律依据。

瑞典政府认为，企业社会责任，不仅是企业生存发展的需要，也
是国家保持良好国际形象和国际竞争力的需要。在注重法律建设的同
时，瑞典政府对企业社会责任进行了有效的政策引导，专门成立了一
系列管理机构，推动企业社会责任建设。如国际发展合作署（SIDA）、
瑞典投资促进署、"可持续发展全球责任伙伴计划"办公室等。通过
这些机构，积极开展联合国"全球契约"的落实工作，大力推广人权，
反对腐败，保护环境，鼓励和引导企业按照国际标准履行责任，以加
强瑞典企业的全球竞争力。2001 年，瑞典政府推出了《瑞典可持续发

---

① 刘素兰：《瑞典政府积极引导企业履行社会责任》，《WTO 经济导刊》2008 年第
10 期。
② 刘素兰：《瑞典政府积极引导企业履行社会责任》，《WTO 经济导刊》2008 年第
10 期。

展国家战略》，第一次通过政府报告形式明确了企业社会责任战略。

德国：政府和行业协会推动的企业社会责任建设

德国是较早在立法活动中贯彻企业责任理念的国家。早在 1919 年，当时的《魏玛宪法》就规定："所有权包含义务，于其行使，应同时顾及公共利益。"这一规定为企业社会责任提供了法律根据。1937 年，德国《股份公司法》明确规定："董事必须追求股东的利益、公司雇员的利益和公共利益。"由此开创了在《公司法》中规定企业社会责任之先河。德国工会的实力比较强大，在立法实践中比较好地贯彻了劳资平等思想，并在实现劳资双方的公平待遇方面形成了比较完善的制度安排，特别是开创了劳资双方等额或接近等额参与企业管理的立法体例。德国的《煤钢共同决定法》（1951 年）、《企业宪法》（1952 年）、《共同决定法》（1976 年）都规定：职工与股东都有平等的参与公司董事会和监事会的权利，充分体现了对劳动者的尊重。①

除此之外，德国企业社会责任行业规范主要是民间发起和推动，并获得德国联邦政府有关部门的支持和资助的。特别是德国外贸零售商协会，在推进德国企业社会责任建设方面发挥了重要作用。1999 年，德国外贸零售商协会介入商品社会标准问题，参照了 SA8000 标准体系制定了行业规范，以协调立场、统一标准并制订详细的实施计划。2003 年，德国正式启动社会责任标准项目，对于达到标准的企业，鼓励其申请 SA8000 或其他认证；对于不达标准的企业，则责令整改，并提出改进意见；多次警告无效的情况下将采取惩罚措施。与此同时，该机构还与政府部门以及工会、行业协会，以及其他非政府

---

① 参见《德国的企业社会责任运动》，2005 年 8 月 3 日，http：//www.china.com.cn/zhuanti2005/txt/2005-08/03/content_ 5931275.html。

组织积极沟通，一起建立制度化的监督体系，帮助企业实现自我约束的目标。

第二节　发达国家企业社会责任建设的启示

一、完善的法律保障

西方国家充分意识到法律法规在企业社会责任建设中的作用，通过建立严密的法律体系来约束企业行为，以法律手段来推动企业社会责任活动。

第一，关于企业社会责任的法律条文涉及诸多领域、许多方面，基本达到了全方位、全过程覆盖。具体涉及消费者权益保护、环境保护、妇女儿童保护、劳动者权益保护、产品卫生等，就好像是一张严密的保护网，将企业社会责任完全罩在了里面，从而保障了企业的可持续发展，也保护了消费者和广大社会公众的健康和权益。

第二，这些与企业社会责任相关的法律法规多来源于各行业协会的相关规章制度。一般来说，西方国家的许多法律条文在制定或出台的时候都要充分考虑到其实用性和有效性。这些行业协会的相关规章制度往往已经经过了相当长时间的实践，并且逐渐丰富和完善，具有较强的可操作性。

第三，这些相关的法律体系是一个有联系的系统。尽管这些与企业社会责任有关的法律法规内容比较繁杂、琐碎，但一般不会出现相互冲突等情况，而且彼此互相支持、相互配合，能够形成合力。

二、有力的政府推动

西方企业社会责任建设的一个重要经验，就是政府在推动企业社会责任中发挥了积极的推动作用。不管是美国、欧盟，还是日本，政府介入企业社会责任活动的方式虽然有所不同，有的是通过政策手段和行政干预直接介入，有的是通过支持第三部门来间接发挥作用，也有的是通过营造舆论氛围来形成外部压力，但这些措施都有力地推动了企业社会责任的建设。在我国的企业社会责任建设中，尤其要重视发挥政府的引导监督作用，加强政府对企业的责任管理，明确政府在企业社会责任活动中扮演的角色。

政府是企业社会责任相关法律法规的制定者，通过出台和实施企业社会责任相关法律法规，确保企业在政府管制下开展企业社会责任活动，并取得较好效果。不管是美国、日本还是欧盟各国，政府在推动企业社会责任方面都发挥着至关重要的作用。美国的信用制度、日本的节能政策、瑞典的可持续战略都是在政府主导下进行的。

政府是企业社会责任活动的推动者。政府虽然不直接参与企业的社会责任，但可以通过宣传、教育、组织活动等形式营造舆论，逐步培育企业和社会公众的责任意识，造成企业履行社会责任方面的外部压力；政府也可以通过教育培训手段，如举办各种形式的中短期培训班，就企业社会责任展开相关培训。另外，企业社会责任应该诉诸国民教育，在教育中设立相关课程，将社会责任贯穿于课堂教育，让未来的人才在走向工作岗位之前就初步具备较强的企业社会责任意识；政府还可以出面组织或以各种形式支持有关企业社会责任的理论研讨，支持企业社会责任研究活动，推动企业社会责任在理论上取得新突破、新进展，构建本土化的企业社会责任理论体系。

政府是企业社会责任活动的具体实践者。维护公平正义的市场经济秩序，是政府的重要职责。企业社会责任的履行以正常的市场经济秩序为前提，政府通过立法手段、政策举措以及宏观调控，为企业的合法经营提供良好的市场秩序，也为企业履行社会责任提供了良好的政策环境。同时，政府还肩负企业社会责任的监督者角色，比如，政府通过制定企业社会责任标准，展开第三方认证等方式，将主动权掌控在自己手中，通过对与企业社会责任相关法律的执行与监督，将执法监察工作同企业社会责任活动结合起来，形成有效的监督体系。此外，在投资活动中，作为大采购商，政府在向企业购买产品与服务时，可以以自主制定的企业社会责任标准来评估和确认供应商，进而造成企业不得不主动履行社会责任的社会氛围。

三、企业的文化自觉

西方企业社会责任理论是一个逐步由"他律"范式向"自律"范式不断演进的过程，与此同时，西方企业对企业社会责任的认识也在逐步深化，从最初的出于外在的压力而被动承担责任，转变为主动积极地承担责任。这主要是因为，在长期的经营实践中，企业越来越认识到，企业社会责任直接关乎企业的经营活动和未来发展，从而唤醒了企业承担社会责任的文化自觉。

企业文化是企业的灵魂，推进企业社会责任建设，一方面需要通过政府、社会、第三方组织以及所有利益相关者对于企业的督促，使企业认识到，承担社会责任有利于其树立品牌形象，避免贸易制裁，保护股东权益，满足消费者需要，提高生产效率，增强企业守法意识。更为根本的在于，促进企业形成自觉履行社会责任的意识，把责任理念融入企业文化建设之中，要让企业充分认识到，一个对社会负责任的企业，应当是一个能处理好企业与员工、企业与消费者、企业与社会、企业与国家关系的企业。只有获得利益相关者的信任与支持，才能为企业带来更好的社会声誉，为企业带来直接的和长远的经济效益，不断提升企业的竞争力，企业也才会取得永续发展的动力支持。

四、科学的评价标准和监督体系

大多数西方国家重视建立科学的企业社会责任评价标准和监督体系。建立企业监督机制，就是要发挥政府、第三方组织、公共舆论对于企业社会责任的监督作用，逐渐形成多层次、多渠道的监督体系，推动形成有利于企业承担社会责任的社会生态环境。

一是建立和完善政府监督体系。在市场经济条件下，政府兼具社会公众利益代表和社会公共管理者的双重身份，政府要从维护社会利益和促进社会整体发展的需要出发，通过立法方式建立企业社会责任的监督机构，这是企业社会责任监督机制的前提。

二是建立和完善社会评价体系。企业社会责任光靠政府的监督是远远不够的，要动员最广泛的社会力量参与进来，建立一种企业社会责任的社会评价体系。就我国而言，这一标准不能照搬西方的现成样本，而要从中国国情出发，学习借鉴别国的先进经验和做法，积极与国际接轨，形成符合我国发展阶段和企业发展实际的责任标准。与此同时，要动员社会公众对企业社会责任进行监督，促使企业在全社会的关注下规范自身行为。

三是积极发挥媒体对企业社会责任的监督作用。在信息时代，报纸、杂志、电台、电视、网站等大众传媒的监督作用越来越突出，媒体应该加强对企业社会责任方面的监督，对那些不履行社会责任的行为在深入调查的基础上进行勇敢报道，发挥好舆论的批判监督功能。

第 五 章

企业社会责任建设的"中国问题"

自从 20 世纪 80 年代企业社会责任理论进入中国后，我们在理论和实践上都取得了显著的成就。现在，政府对企业社会责任建设越来越重视，企业的社会责任意识不断增强，许多大学的经济管理课程中都开设了企业伦理程。在国家层面，关于企业社会责任的法律体系日益完善，许多上市公司定期发布企业社会责任报告，公布企业伦理的建设状况。但总体上看，与西方相比，我国的企业社会责任建设仍然滞后，与社会主义市场经济发展的客观要求仍然存在一定的差距。特别是在经济全球化条件下，我国企业既要学习适应由西方发达国家制定的各种贸易规则、责任标准，以参与全球竞争，又不能不考虑我国独特的国情，企业社会责任建设呈现出比西方更加复杂的态势，造成了企业社会责任建设中独特的"中国问题"。

第一节　中国企业社会责任问题的特殊性

中国企业社会责任问题的特殊性，是由中国现代化道路的独特性与中国特色社会主义市场经济的特殊性决定的。从发展阶段看，我们是在工业化尚未全部完成的情况下，就进入了信息化阶段，因而，西方国家在工业化阶段面临的问题我们存在，西方国家在信息化阶段面临的问题我们同样存在，前者是"历时性"问题，后者是"共时性"问题。这两方面的交织，使我们面临的问题更加复杂。从国情来看，我国实行的是社会主义市场经济，在社会主义市场经济条件下，国有企业、民营企业、外资企业同为平等市场主体，但它们在市场经济中的性质、地位和角色都不尽相同，因而在企业社会责任方面也表现出了多样性。

一、中国企业社会责任的"历时性"问题

中国企业社会责任的"历时性"问题，是指在经济发展的不同阶段经历的问题，这些问题是与西方企业发展历史比较中呈现出的共性问题，是西方国家从工业化开始到工业化完成的一百多年的时间中已经经历过的，但却在中国从改革开放至今的三十多年间集中爆发出来的问题。主要包括以下几个方面：

（一） 偷税漏税及商业贿赂问题

依法照章纳税是一个企业最基本的法律义务之，企业在赢利之后要根据国家规定上缴一定的税额，是企业应担负的基本责任。企业作为社会公民，有责任为社会建设提供资本。如果企业只是为了利润而不择手段，偷税漏税，势必损害国家和公众的利益。在西方企业发展早期，企业的偷税漏税现象也一度大量存在，西方各种税收制度、征管体系的完善，是企业与政府不断博弈的结果，但直至现在，西方国家的企业偷税漏税、商业贿赂问题仍然大量存在，其根源在于，资本

主义生产资料私人占有制的性质决定了企业对于自身利益的追求是绝对的、永恒的，只要有可能，它就不会放弃任何谋取利润的机会；同样，只要有可能，它也会利用一切机会逃避监管。因而，在这一问题上，企业与政府的博弈是一个长期的过程。

改革开放前，我国实行计划经济，在计划体制下，企业与政府利益高度一致，企业不具有独立经营的资格，也没有为自己谋取额外利益的动力。改革开放以来，随着市场经济的发展，企业逐渐转变为具有独立法人资格的利益主体，企业的经营观念有很大改变，主体意识、权利意识、利润观念有很大增强。但是，由于我国社会主义市场经济体制发展时间较短，相关法律法规的不完善，税收征管体系方面的漏洞，以及个别企业的守法意识、责任意识淡薄导致企业在追求利润的过程中，部分企业为降低企业经营成本，会采取"机会主义行为"，偷税漏税，商业贿赂行为时有发生。诸如此类的案件每年都有曝光。如辽宁庞大水泥厂在 2005 年至 2007 年间，共在账簿上不列或少列销售收入 7617 万元，造成少缴纳增值税 431 万元，少缴纳城建税、企业所得税等地方各税费 285 万元，少代扣代缴法定代表人个人所得税 7.18 万元。如河南有色汇源矿产资源开发有限公司成立于 2006 年 5 月 8 日，主要经营铝土矿石、烧碱、盐酸等的销售，在 2009 年 4 月，平顶山市国家税务局稽查局对该单位的纳税情况进行检查时，发现该单位 2006 年少缴纳企业所得税竟然高达 190.33 万元。[1] 在偷税漏税方面，目前最突出的问题有两个：

一是售假发票和非法代开发票。有数据显示，在层出不穷的税案中，倒卖、虚开增值税发票占 59.5%。据国家税务局统计，2011 年，

---

[1] 参见《河南国税局公布师大偷税漏税案例 当事人付代价》，《大河报》2010 年 4 月 20 日。

全国打击发票违法犯罪活动全年共查处各类制售假发票和非法代开发票案件近 9 万件，缴获假发票 3.5 亿余份，查处违法受票企业 8 万余户，查补税款 71 亿多元。2011 年，全国检察机关共受理发票犯罪案件 994 件、1458 人，其中批准逮捕 827 件、1183 人，提起公诉 1829 件、3044 人；受理新增罪名虚开发票罪和持有伪造的发票罪 75 件、98 人，其中批准逮捕 63 件、78 人，起诉 58 件、72 人。另据国家税务总局最新统计，2012 年 1 月至 10 月全国共查处制售假发票和非法代开发票案件 73332 起，查处各类非法发票 1.9 亿份。全国共对 162020 家企业开展检查，查处违法受票企业 66002 家，查补税款、加收滞纳金及罚款 58.8 亿元。

二是骗取出口退税。出口货物退（免）税，简称出口退税，是指对出口货物退还其在国内生产和流通环节实际缴纳的产品税、增值税、营业税和特别消费税。出口货物退税制度，是我国税收制度的重要组成部分，出口退税主要是通过退还出口货物的国内已纳税款来平衡国内产品的税收负担，使本国产品以不含税成本进入国际市场，与国外产品在同等条件下进行竞争，从而增强竞争能力，扩大出口创汇。由于出口退税的巨大利润空间，有许多不法分子采取串通有出口经营权的企业在国内从事不法生产、销售企业与外贸公司签订内贸合同，甚至直接与外贸公同签订内贸合同，同时向外贸企业提供虚开代开的增值税专用发票，并取得外贸企业提供的出口报关单等单证，代理外贸企业进行所谓"出口报关"业务，等等方式，骗取国家出口退税。近年来我国不断加大打击出口退税犯罪行为的力度，2012 年，"国家税务总局稽查局会同公安部经济犯罪侦察局，在深圳、广东、河南、湖南、安徽、江西 5 省 1 市同时发起'闪电 1 号'专案统一收网行动，一举摧毁一个特大骗取出口退税犯罪团伙，抓获犯罪嫌疑人 37 人，查获 102 家涉案企业的各类票证逾 13 吨，冻结赃款、赃物近

8000 万元。自 2009 年以来，该犯罪团伙通过成立多家公司并利用相关出口企业，在没有真实货物交易的背景下大量虚开增值税发票，配货、配票后制造出口假象骗取出口退税。短短三年多时间，该犯罪团伙牵涉的企业共虚报出口货值 24 亿元，涉嫌骗取退税款 3.35 亿元"①。

商业贿赂。所谓商业贿赂，是指企业经营者以排斥竞争对手为目的，为争取交易机会，暗中给予交易对方有关人员和能够影响交易的其他相关人员以财物或其他好处的不正当竞争行为。《中华人民共和国反不正当竞争法》第 8 条规定："经营者不得采用财物或者其他手段进行贿赂以销售或者购买商品。在账外暗中给予对方单位或者个人回扣的，以行贿论处；对方单位或者个人在账外暗中收受回扣的，以受贿论处。"但在现实中，仍然有不少企业不惜以身试法，铤而走险。据《人民日报》报道："2011 年 1 月至 11 月，全国共查办商业贿赂案件 1.48 万件，涉案金额 42.8 亿多元。"

商业贿赂是一种严重损害公平市场秩序的行为，商业贿赂既包括企业为了牟取非法利益对于政府部门及其官员的贿赂，也包括为了打败竞争对手采取的对于其他企业的贿赂。在我国社会主义市场经济建立和完善的过程中，理顺政企关系一直是一个难题。政府部门的权力过大、管得过多过死，行政权力在资源配置中的主导作用，是企业商业贿赂的一个客观原因。如在银行贷款，各种资质申报、资格审批，企业上市，政府采购等行政审批中，国家有关部门都有详尽的规定和严格的审查程序，有的企业由于并不具备相应的资格条件，就采取贿赂有关人员的办法，利用虚假证明来获得资格条件。如有的企业不具备银行规定多贷款资质，往往通过贿赂银行工作人员，获得贷款，与

---

① 《税警协作"闪电 1 号"打击骗取出口退税》，《中国税务报》2012 年 6 月 4 日。

此同时，企业在贷款过程中，银行通过"差额利息"、"返利"等贿赂手段使得企业自身有利可图。有的企业为避免各种监察部门的罚款，会贿赂一些主管部门官员，使之睁一只眼闭一只眼，对企业放任不管。现在，各种各样的商业贿赂行为遍及各种行业，甚至成了商业运作中的"潜规则"，这种情况不仅损害了正常的市场经济秩序，也对社会和谐稳定产生不良影响。

（二） 劳动者权益保护问题

保护劳动者的合法权益，处理好企业与员工的关系是企业的重要责任，也是国际社会公认的一项企业社会责任标准。西方资本主义国家企业在其早期发展过程中，曾经存在过大量非法使用童工、女工，对劳动者进行赤裸裸剥夺的行为，对此，恩格斯在《英国工人阶级状况》中进行了深刻揭露。我国是社会主义国家，在社会主义制度建立之后，广大劳动者变成国家的主人，消灭了剥削劳动者的制度条件，但由于我国处在社会主义初级阶段，在社会主义市场经济发展过程中，在劳动者权益保护方面仍然存在许多问题，主要表现在员工工资待遇、权益保障、职业病危害等方面。

一是员工工资待遇问题。保证每一个劳动者的劳动都获得合理报酬，是企业最基本的责任，也是《劳动法》规定的基本义务，但在我国一些企业中，很多问题诸如同工不同酬、随意增加工作时间、"五险一金"无法正常交纳等问题广泛存在。由于历史原因造成的企业员工身份差别，在同一企业内部存在正式工、合同工、临时工等多种劳动者身份，不同身份的劳动者虽然工作的性质、强度都一样，但在劳动报酬方面却存在很大差别。例如，某市烟草公司一千多名员工中，30%是正式工，每月工资3000元，年终奖1万元；聘用工每月工资却只有千元左右，年终绩效奖金只是正式工的1/10，这是明显的"同工不同酬"现象，严重损害了员工的工作积极性。也有的个别企业，特别是在外资企业和民营企业中，没有建立正常的薪酬增长机制，使得员工工资长期低水平徘徊。据媒体报道，家乐福上海20家门店六千多名一线职工的收入长期徘徊在全市最低工资线。1998年，上海家乐福职工最低税前工资是1150元，扣除社会保险金74.23元，员工实际到手1075.77元。2011年，上海大幅提升最低工资线，但家乐福却将职工实际到手收入仍定格在1124.8元。从1998年至今，家乐福上海职工的实际月收入增长了不到50元，而这期间上海的最低工资翻了3.45倍，上海人均GDP至少翻了3.09倍。[1] 这样的企业完全没有对其员工负责。

二是职工权益保障问题。保障员工的劳动权、健康权、休息权以及各种社会权益是企业的责任，但我国许多企业在对待员工的权益保障方面存在许多问题。主要表现在：（1）劳动合同签订率低。企业不与工人签订劳动合同。目前，"私营企业中有很多企业没有与员工签订劳动用工合同，中小型非公企业劳动合同签订率不到40%。员工在遇到如职业病、欠薪、辞退等问题需要投诉时，找不到任何凭据，这成为部分企业逃避社会责任的一种手段"[2]。（2）职业病发病率高。很多企业的职业危害十分严重，而且人数众多接触粉尘、毒物和噪声等职业危害的职工在2500万人以上。近年来，全国每年新发现职业病例数均在万例以上，且逐年上升，增长率超过10%。一些企业的工作对员工的伤害特别大，导致长期工作的员工身体受到严重伤害。如一些沙场的工人，因常年在恶劣的环境中工作，使得工人们

---

[1] 参见《上海家乐福6000多名职工工资12年原地踏步》，2011年1月20日，见 http://news.hainan.net/newshtml08/2011w1r20/725937f0.html。

[2] 林汇泉：《湖北长阳委员：非公企业劳资关系存在问题须解决》，2010年9月26日，http://cppcc.people.com.cn/GB/34962/35021/12820100.html。

得了硅肺病。我国现有 1600 万家企业存在有毒有害作业场所，受职业危害的职工总数有两亿多人。2003 年，全国报告新发现的各种职业病 10647 例，其中，尘肺病占 80%。[①] 这些触目惊心的数字也反映出企业社会责任的缺失。（3）企业超时加班现象严重。违法超时加班是我国企业最普遍的问题，一项根据新生代农民工的资料统计，有大约 50% 的新生代农民工的日平均工作时间超过 10 小时，特别是有的外资企业，任意加长工作时间，使员工没有正常的休息日。更为重要的是，员工在休息日正常上班，还没有得到加班补偿，这对员工的身心都有较大程度的损害。这不是个别现象，很多公司企业的员工都感觉压力很大，很多人呈现"亚健康"状态。

（三）安全生产问题

安全生产一直以来是中国企业的隐忧。多年来，各种矿难、透水事故屡屡发生。《文汇报》曾有过这样的报道：作为世界最大的产煤国，2004 年我国每生产百万吨煤死亡人数为 3.96 人，而美国是 0.039 人，中等发达国家一般为 0.4 人。中国的事故发生率远远超过其他国家。与其他国家相比，我国工业企业从业人员每十万人死亡人数约为 8.1 人，是发达国家的 3—5 倍。[②] 据国家安监总局统计，从 2000 年到 2011 年，每年都发生死亡 10 人以上的重大事故几十次，其中最多的 2005 年更高达 126 次。仅 2010 年 1—3 月份，全国各地共发生较大以上事故 153 起，死亡和下落不明 829 人。

---

① 参见冯立新、孙勇：《保护职工健康是企业的设会责任——访卫生部部长高强》，《企业改革与管理》2006 年第 9 期。
② 参见李立清、李燕凌：《企业社会责任研究》，人民出版社 2005 年版，第 256 页。

表5-1　2000—2011年安全事故次数统计表

年份	10人以上	其中：煤矿	非煤矿	30人以上	其中：煤矿	非煤矿
2000	29	18	11	2	1	1
2001	92	33	59	10	5	5
2002	116	59	57	12	9	3
2003	119	42	77	14	8	6
2004	117	31	86	14	8	6
2005	126	45	81	17	13	4
2006	94	34	60	7	6	1
2007	77	25	52	6	3	3
2008	88	19	69	10	7	3
2009	59	12	47	4	4	0
2010	75	13	62	10	5	5
2011	48	12	36	4	1	3

数据来源：国家安监局网站事故查询系统，http：//media. chinasafety. gov. cn. cn：8090/i System/shigumion. Jsp。

　　这一组组冷冰冰的数字后面是一个个鲜活的生命。在这些事故中，大部分是企业一味地追求利润，对于安全生产没有予以足够重视造成的。我们看看以下一组事故的调查结果：2007年，国务院通报了2005年河北省唐山市恒源实业有限公司"12.7"特别重大瓦斯煤尘爆炸事故、陕西省延安市子长县瓦窑堡镇煤矿"4.29"特别重大瓦斯爆炸事故等五起重大安全事故的调查结果，我们把其中在煤矿发生的四次重大安全事故的调查结论进行了分类整理。

表5-2　2007年国务院通报的四次煤矿重大安全事故及其原因

事故	伤亡人数	直接经济损失（万元）	事故原因
2005年河北省唐山市恒源实业有限公司"12.7"特别重大瓦斯煤尘爆炸事故	108人死亡，29人受伤	4870.67	违规建设；非法生产；"一通三防"管理混乱；违法承包作业
陕西省延安瓦窑堡镇煤矿"4.29"特别重大瓦斯爆炸事故	32人死亡，7人受伤	1031	违规建井，超层越界开采，拒不执行停产指令，违法组织生产；安全管理、技术管理混乱；严重超能力生产，劳动组织混乱等
山西省同煤集团轩岗煤电公司焦家寨煤矿"11.5"特别重大瓦斯爆炸事故	47人死亡，2人受伤	1213.03	未严格执行国家有关安全生产的法律法规，安全管理混乱，突出表现在机电管理、送风和瓦斯管理混乱；未严格执行停送电制度，机电设备失爆现象严重等
云南省曲靖市昌源煤矿"11.25"特别重大瓦斯爆炸事故	32人死亡，35人受伤	1660	无视国家法律、法规，拒不执行停产指令，违规建设，非法生产。昌源煤矿二号井以包代管，特殊工种无证上岗；矿井无正规设计，采掘布置混乱；未安装瓦斯监测监控系统；井下机电设备失爆现象严重

资料来源：根据国家安全局网站有关资料整理。

通过以上几次典型事故的调查结果可以看出，这些重大事故主要是由人为因素造成的，违规生产、管理混乱是主要的原因。这些事故充分暴露了我国现阶段在安全生产监督管理方面存在的漏洞，也暴露出我们的企业，包括许多国有企业安全生产意识淡薄，企业安全管理制度不完善，安全生产措施不得力方面的问题。近年来，国家和一些地方政府不断加大对于安全生产的监管力度，如山西省在"王家岭矿难"事故之后，就出台"领导带班下井"制度等一系列举措，实施"安全责任一票否决制"，这些措施比较有效地遏制了重大安全事故发生的频率，安全生产形势趋向好转。

（四）　资源环境保护问题

自然环境是人类生存发展的基础，也是企业生产活动的前提。企业自诞生那一刻起，就与周围环境产生各种联系，为了满足社会的需要，企业利用自然资源生产产品，同时把生产过程中产生的副产品排放到环境中。自工业革命以来，伴随着生产力的发展，人类经济活动对于环境的影响越来越大，大气污染、水体污染、海洋污染、工业"三废"、资源短缺、生物多样性下降等问题已经严重威胁到了人类的生存。改革开放以来，中国经济在快速发展的同时，自然资源、矿产资源、水资源的利用也大幅增加，工业生产对于环境的破坏越来越严重。自然环境因为企业活动承受了超负荷的压力。

一是资源利用效率低，能源消耗高。我国是一个地大物博的国家，拥有的资源丰富，分布广泛。然而，我国人均资源占用率较低，"人均土地、森林、水资源和矿产储量分别占世界平均水平的33%、17%、25%和58%"①。随着经济的发展，资源利用量逐年递增，但与其他国家相比，资源的利用率却不高。很多地方的稀缺资源被过度开发，但由于技术不达标，使得资源浪费严重。据测算，中国每创造1美元产值所消耗的能源，是美国的4.3倍、德国和法国的7.7倍、日本的11.5倍。根据中国能源研究会副理事长、研究员鲍云樵提供的数据显示，我国目前能源利用效率仅为34%，相当于发达国家20年前的水平，相差10个百分点。有学者说："我国能源消费强度远高于发达国家和世界平均水平，约为美国的3倍；日本的7倍；单位产值能耗是世界上最高的国家之一，每公斤标准煤创造的 GDP 仅为

---

① 转引自黄晓鹏：《企业社会责任：理论与中国实践》，社会科学文献出版社2010年版，第201—202页。

0.36美元，而日本为5.58美元，约是我国15倍，世界均值为1.86美元；工业锅炉能耗效率为60%，低于发达国家20个百分点；主要产品单位能耗平均比国际水平高40%，单位建筑面积采暖能耗相当于气候条件相近的发达国家的3倍；每年工业部门多消耗2亿至3亿吨标准煤，约占全国总消费量的1/5。"[①]

二是工业"三废"排放居高不下，环境污染严重。我国是继欧洲、北美之后，在世界上出现的第三大酸雨区，中国的酸雨面积已经占到国土面积的三分之一。长江七大水系的411个地区，水质严重下降。全国平均水质达标率只有72%。[②] 根据2001年《世界银行发展报告》中显示，20个世界污染最严重的城市里中国就有16个城市。造成环境污染的原因，主要是全国废气污染物特别是工业"三废"的排放量一直高居不下。统计数字表明，我国的工业"三废"一直呈现逐年增加的趋势（详见下表）。

表5-3　2004—2009年工业"三废"排放量

年份	2004	2005	2006	2007	2008	2009
工业废水排放量（亿吨）	221	243	240	246	241.6511	234.3857
工业废气排放量（亿标立方米）	237696	268988	330992	388169	403866	436064
工业固体废弃物（万吨）	1721	1655	1302	1196	781.7522	710.4521

数据来源：中华人民共和国国家统计局编：《中国统计年鉴2005》，中国统计出版社2005年版，第396页；《中国统计年鉴2007》，中国统计出版社2007年版，第409—410页；《中国统计年鉴2008》，中国统计出版社2008年版，第395、400、405页。

三是重大公共环境事件时有发生。近年来，一系列触目惊心的重

---

① 《我国能源利用率落后发达国家20年》，《经济参考报》2005年11月1日。
② 参见周祖城：《企业伦理学》，清华大学出版社2009年版，第197页。

大环境事件一再为我们敲响警钟。据国家环保局统计:"2005 年以来,环保部直接接报处理的事件共 927 起,重特大事件 72 起,其中,2011 年重大事件比上年同期增长 120%。"

2012 年,《南方日报》报道了发生在广东清远市的一次重大环境事故。

2012 年 3 月 21 日 12 时 15 分左右,位于广东清远市清新县与肇庆市广宁县交界处的一座非法铝灰厂污水坝发生垮塌,黑色的污水倾泻而出,夹杂着淤泥,咆哮着冲向山下的农田。

附近的清新县白芒村村民梁先生目睹了这一幕。他回忆说,污水不仅冲进了白芒村的农田,还倒灌回地势较高的广宁县农田,奔涌而出的污水甚至将水库旁一台推土机冲出了十几米远。

22 日下午,记者赶到现场看到,这座铝灰厂位于 350 省道边的一座小山头上。山的中间被挖成了一个巨大的水库。现场散发着刺鼻的氨气味,污水库中的污水已经流尽,库底沉积着厚厚的黑色淤泥。决口处,堤坝已经全部被冲开。站在山头可以看到,附近五六亩的农田全部都被淹没,覆盖上一层黑色的淤泥。淤泥中掩埋着几十袋土包。梁先生说,这座污水库的堤坝就是用这些土包垒成的。

白芒村村支书陈桂香告诉《南方日报》记者,铝灰厂自挖的水库面积大概有 3600 平方米,约 10 米深。梁先生说,垮坝时水库的污水几乎已经满了,3000 多立方米的污水倾泻而下。①

这只是近年来发生的重大环境事件的一个剪影。自 2005 年以来,类似的案例还有,如松花江污染事故、大连海岸油污染事故、福建汀

---

① 《广东铝灰厂污水坝垮塌 千亩农田将遭重金属污染》,《南方日报》2011 年 3 月 25 日。

江污染事件、广西龙江镉污染事件、四川沱江污染事故等。四川沱江污染事故，是由于四川川化公司直接将废水排入沱江造成的，导致沱江流域严重污染，致使内江、资阳等沿江城市近百万群众饮水中断 25 天，直接经济损失约 3 亿元人民币，给沱江造成的生态污染需要五年时间才能恢复到事故前水平。根据国家环境应急与事故调查中心的统计，仅 2011 年，国内就发生重大环境事件二十多起，见下表：

表 5-4 2011 年国内部分重大环境事件

序号	事件	时间
1	广东大亚湾石化区油库发生爆炸 大火已被扑灭	2011 年 7 月 11 日
2	重庆江津区发生毒气泄漏事故致 5 人死亡	2011 年 7 月 6 日
3	上万人紧急撤离 消防与环保联手处置	2011 年 7 月 6 日
4	河北固安部分村民重金属超标 附近工厂疑系元凶	2011 年 6 月 13 日
5	20 吨苯酚流入新安江 55 万居民用水受影响	2011 年 6 月 7 日
6	南京秦淮河再现大片死鱼 疑与生活污水有关	2011 年 4 月 19 日
7	中石化高桥分公司因失误致臭气外泄被罚 20 万	2011 年 4 月 14 日
8	大量有毒易燃品高速路上泄漏 消防官兵奋战 15 小时成功处置	2011 年 4 月 14 日
9	黑龙江大庆一家化工厂爆炸 9 人死亡	2011 年 4 月 14 日
10	广东铝灰厂污水坝垮塌 千亩农田将遭重金属污染	2011 年 3 月 25 日
11	浙江台州上陶村上百村民血铅含量超标	2011 年 3 月 24 日
12	沪中石化分公司硫化物泄漏致多个区空气中怪味弥漫	2011 年 3 月 21 日
13	雾迷车翻 5 吨盐酸泄漏	2011 年 3 月 21 日
14	油罐车发生侧翻 40 吨原油泄漏 村民出行受阻碍	2011 年 3 月 15 日
15	车载盐酸泄漏韶关市区	2011 年 3 月 10 日

序号	事件	时间
16	云南富宁约 5 吨纯苯泄漏进入者桑河	2011 年 3 月 10 日
17	槽车翻下高速路　紧急阻截泄漏硫酸	2011 年 3 月 4 日
18	胶州一化工厂发生爆炸　事故引发大火 3 人受伤	2011 年 3 月 4 日
19	河南中牟 30 吨甲醇罐车翻车泄漏　数百名市民被紧急疏散	2011 年 3 月 4 日
20	宁波城区 700 公斤硝酸泄漏消防官兵一个半小时施救	2011 年 3 月 2 日

资料来源：中华人民共和国环境保护部网站，http：//www.zhb.gov.cn/。

　　这些重大环境事件，有一些是不可抗拒的意外事件，但大多数是由于企业管理经营不善造成的。企业一失足，百姓千古恨，企业的环境责任，关系千百万人民群众的健康安全，关系子孙后代的生存和发展，这些惨痛的教训，不能不引起企业的高度重视。与此同时，随着公民环保意识的不断提高，近年来，由于环境问题引发的群体性事件也不断增加，环境问题已经成为影响社会和谐稳定的重要因素。

表 5-5　近年来由于环境问题引发的主要群体事件

时间	地点	群体性事件	进展
2012 年 10 月	宁波	湾塘等村近 200 名村名，以居住点距离中石化镇海炼化扩建项目过近为由，到区政府上访，要求将村庄拆迁纳入新农村改造计划	政府承诺在生态带内保留改造 20 个居民点
2012 年 7 月	什邡	市民到市政府聚集，反对钼铜项目建设	停止宏达钼铜项目建设
2012 年 4 月	天津	数千市民以"散步"形式抗议中沙公司 PC 项目开工	停止项目施工，重新评估复审
2011 年 12 月	汕头	海门镇数百群众担心华电项目污染，在政府及高速公路聚集	相关项目暂停上马

续表

时间	地点	群体性事件	进展
2011 年 9 月	海宁	晶科能源公司污染环境引发数千群众聚集公司门口，砸毁公司部分设施	环保部门依法对该公司处理
2011 年 8 月	大连	上万市民聚集市政府门前，反对 PX 项目建设	政府停止 PX 项目，立即停产搬迁
2009 年 11 月	广州	数百人在市政府抗议，反对广日集团在番禺建立大型垃圾焚烧厂	停止该项目，重新选址
2008 年 8 月	丽江	兴泉村村民因水污染问题与高源建材公司发生冲突，300 余人参与，6 人受伤	县政府责成该公司缴纳 400 万处置保证金
2007 年 6 月	厦门	数千市民以"散步"形式，反对建设 PX 项目	政府决定将该项目迁建他地

数据来源：根据中华人民共和国环境保护部环境应急与事故调查中心资料整理。

这一系列群体性事件的背后，反映了许多地方政府在环境保护方面的意识有待增强，在进行经济发展规划时缺乏对环境影响的系统评估和统筹规划，也暴露出一些地方政府对于人民群众利益的忽视。随着经济社会的发展，企业必须充分考虑到群众的切身利益，不能把经济发展建立在损害环境、损害人民群众身心健康的基础上。

（五）产品质量问题

商品质量直接关系着广大消费者的人身健康与安全，生产质量合格的产品是企业最基本的职责与义务。质量是企业的生命，是企业获得消费者认可的基础，是企业竞争力的根本。改革开放以来，中国的消费者经历了从"商品短缺"到"商品充裕"时代的转换，这是我们三十多年改革发展的巨大成就。许多企业为丰富人民群众的物质生活作出了巨大贡献。与此同时，在现实中，也有一些企业为了眼前利益，或低价拼抢市场，往往通过缩短生产周期、降低生产成本等形式，使产品质量大打折扣，更有甚者，个别企业为了获取高额利润，生产大量假冒伪劣产品。这种行为，不仅直接损害了消费者的权益，对人民群众健康安全造成极大的危害，也极大损害了企业形象，成为和谐社会建设的不和谐因素。

历史地看，自改革开放以来，我国的产品质量问题一直是消费者的"隐痛"。一段时间以来，"中国制造"在国外甚至成为低劣产品的代名词，各种各样的假冒伪劣产品充斥于市场之中，严重损害了消费者的合法权益。据全国各级消协组织统计，2011年共受理消费者投诉607263件，投诉问题按性质分：质量问题占50.2%，营销合同问题占10.3%，价格问题占5.3%，安全问题占1.7%，计量问题占1.3%，广告问题占1.8%，假冒问题占1.5%，虚假品质问题占1.6%，人格尊严问题占0.3%，其他问题占26.3%。2012年上半年，消协共受理消费者投诉256713件，解决234371件，涉及产品质量的投诉为133882件，占到投诉总量的52.2%。

在各种各样的商品质量问题中，尤使消费者痛恨的是食品与药品的质量问题。这些年来，从山西朔州假酒案到安徽阜阳劣质奶粉，从毒泡菜、有毒粉丝到瘦肉精，从"苏丹红"到"三聚氰胺"事件等，我国的食品药品卫生状况让人触目惊心。2011年，全国消协组织受理食品投诉39082件，同比增长12.3%。消费者对食品问题的投诉中，2/3的投诉与质量安全有关。更让人感到痛心的是，在这些生产企业中，不仅有"地下工厂"，更有大型国有知名企业，如"三鹿奶粉事件"的主角三鹿集团，就是一个有着良好公众形象的知名企业。这一状况，充分暴露了我们的企业道德沦丧到何种程度，为了企业一己私利，置消费者的身体健康与生命安全于不顾，使企业由公共产品的提供者成为公共安全的危害者。除了食品与药品质量问题之外，近年来，在汽车、商品房等耐用消费品方面的质量问题也令人担忧，如前些时候上海的"楼脆脆"①、"楼危危"② 等事件。这些问题充分说明了中国的企业社会责任建设是多么迫切!

（六） 商业恶性竞争问题

竞争是市场经济的一个最主要特征之一，市场经济失去竞争也就失去了活力，但企业竞争应当遵循公开、平等、公正的原则。公平的竞争有利于优胜劣汰，净化市场，消费者从中获得更好的产品与服务。不正当的竞争就会阻碍市场的良性发展，损害社会的利益。在社会主义市场经济发展过程中，我国企业在公平竞争方面也存在一些问题。主要表现在以下几个方面：

一是交易活动中的欺诈行为。在经济活动、商品交换中，合同交易是普遍的形式。我国《经济合同法》第四条规定："订立经济合同，必须遵守法律和行政法规。任何单位和个人不得利用合同进行违法活动，扰乱社会经济秩序，损害国家利益和社会公共利益，牟取非法收入。"但仍有一些不法商家为牟取利益，利用经济合同进行欺诈活动。有的是卖方以无充有，以次充好，以少充多，将买方的货款骗到以后，不发货或少货；有的买方以借口延长付款期，导致卖方利益受损。在部分地区，经济合同中违约率高达40%以上③，经济合同纠纷剧增，严重影响到正常的经济运行和商品流通。

二是利用虚假广告进行不正当竞争。正当的竞争应当是凭借商品的质量和信誉获得消费者认同，但一些经营者并没有将成本放在提高

---

① 2009 年 6 月 27 日清晨 5 时 30 分左右，在上海闵行区莲花南路、罗阳路口西侧"莲花河畔景苑"小区一栋在建的 13 层住宅楼全部倒塌，由于倒塌的高楼尚未竣工交付使用，所以，事故并没有酿成特大居民伤亡事故。不幸的是，造成一名施工人员死亡。

② 2009 年 7 月，杭州市西湖区三墩镇附近有一栋民房，相关部门拆除三面墙体后，该楼只剩下"骨架"，并以此姿态放置了一个多月也没人管。

③ 参见杨光华：《企业道德建设论纲》，中央文献出版社 2007 年版，第 119 页。

产品质量上，而是利用虚假广告赚取消费者的血汗钱。根据《反不正当竞争法》第九条的规定，经营者不得利用广告或者其他方法，对商品的质量、制作成分、性能、用途、生产者、有效期限、产地等做引人误解的虚假宣传。但在现实中，一些企业在广告宣传中夸大自己产品的功能、质量、性能及其他属性，而许多媒体的广告部门为了高额的广告费，并不对产品质量、企业资质进行调查，误导消费者。与此同时，这种不顾实际的虚假广告宣传，滋长了不正当竞争之风，对于正规商家是极不公平的，会产生"劣币驱逐良币效应"，损害了正常的市场秩序。

三是企业与企业之间的恶意中伤。从企业诞生起，不公平竞争就从未间断，而且形式多样，从产品竞争到人才竞争，从有形到无形的竞争，到处充斥着浓重的火药味。竞争可以推动生产力的发展，相应行业的生产技术进步，对消费者也有利。但是，很多企业在竞争中故意恶意中伤商业同行，挑拨关系，甚至有窃取商业机密的行为，不仅损害了对手，也损害了消费者。近年来比较典型的案例如腾讯公司与360之争。作为两款用户们都非常喜爱的聊天工具和杀毒软件，一直以来二者都是并存在于电脑中的。但为了争夺用户，双方互相攻击，360公司抛出腾讯软件带有侵犯用户隐私的炸弹，腾讯公司同样指控360软件存在收集用户信息的行为，双方各执一词，让用户不知所措。更为恶劣的是，双方通过技术手段逼迫用户进行"二选一"的抉择，这两家公司都忘记了他们之间的争端虽然是企业双方的事情，但这场争端的战场却是数亿用户的电脑。这场争端虽然在工信部的介入下得以平息，但两个公司的明争暗斗不仅耗费了时间，也损害了名誉，更可怕的是让企业在公众中丧失了诚信。

二、中国企业社会责任的"共时性"问题

所谓"共时性"问题，主要是指我国企业与发达国家企业一样在当前共同面临的问题。"共时性"问题指企业于一定时期内在整个经济舞台上与西方发达国家相比较所呈现出的共性问题。这些问题随着经济社会和科技的发展而来，有其时代性，主要包括金融产品的过度创新、技术过度创新、商业广告意识形态化，以及跨国公司的社会责任监管等，是世界各国普遍面临的共性问题。

（一）金融过度创新的风险

创新是企业发展的动力，企业的创新能力是企业核心竞争力的最重要方面。企业的创新不仅给企业带来丰厚的利润回报，成为企业发展的动力，同时也丰富了市场，给社会提供了多样的选择。随着经济社会的发展，各种各样的新型产品不断涌入市场，为消费者提供了更加便捷的商品和服务。但与此同时，现代的消费者同样面临着企业过度创新带来的困惑。类似的例子如众所周知的微软公司，其 Windows 操作系统在几年里就更新换代了数次。这让用户有些不知所措。当用户适应了新的系统时，发现又有新的产品出现，而且新系统标榜功能更为强大，但实际情况却不如用户所期待的那样，有的反而没有之前经典的产品好使用。更有甚者，由于产品的过度创新，带来了不可估量的灾难性影响，2008 年美国华尔街爆发的金融海啸就是金融产品过度创新的一个典型事件。

以金融创新闻名于世的华尔街投资银行，在 2008 年爆发了金融危机，各大著名的投资银行在一夜间崩溃破产，由此引发了全球性的经济危机。造成这次金融危机的原因有很多，但其中很重要的一个原

因是金融产品过度创新。金融资本为了逐利，资本家不断地创新产品，最后，很多的产品都是一些垃圾产品经过精美的包装后重新上市，整个市场的产品更新已经成为程序化的过程，金融产品在这个没有终点的链条上不断衍生，产生了巨大的经济泡沫，而其中只要有一个环节出现了问题，随之而来的就是整个金融体系的崩溃。这种可怕的创新最终导致股市的崩盘，进而引发全球性的经济危机，同时也给其他国家的经济、社会发展带来了巨大的损失。

随着经济全球化的深入发展，我国的金融市场与国际金融市场联系越来越紧密。一些国际金融产品的流入也对我们的金融监管提出了严峻考验。与此同时，在我国庞大的金融资产管理过程中，一方面要积极创新管理模式，增强我国金融资本的保值增值能力；另一方面，也要吸取西方国家的教训，不断地强化风险意识，避免金融过度创新。要在发展金融衍生品市场的同时，一定要加强政府监管和金融监管，防范金融风险；提高金融创新产品的透明度，规范产品操作流程，减少不确定性。特别是要加强对于金融企业的审计和监管力度，要根据经济社会发展的程度来推动金融创新，不能任由企业为了自己的利润不断推出新的金融产品。据有关部门统计，2012 年，我国目前的广义货币供应量已经达到了 90 万亿，如此庞大的货币流量如果没有可靠的监管措施，很容易导致整个经济系统的巨大风险。特别是现在在房地产市场中的过度炒作和投机行为，使得实体经济越来越虚化，需要我们予以高度的重视。

（二） 技术创新中的价值真空

技术创新，是"由创新主体（企业）所启动和实践，以成功的市场开拓为目标导向，以新技术设想的引入为起点，经过创新决策、研究与开发、技术转化和技术扩散等环节或阶段，从而在高层次上实现技术和各种生产要素的重新组合及其社会化和社会整合，并最终达到改变技术创新主体的经济地位和社会地位的社会行动或行动系统"①。技术创新不仅包括产品成果本身，还包括产品成果推广、应用，是一个一体化的过程。在新科技革命时代，技术创新速度越来越快，因为技术也是一种资本，可以创造剩余价值，是全球经济增长的动力。如今的科技发展速度远远超过人类的想象，企业运用技术提高生产力，提升产品质量和科技含量，从而更受市场欢迎，获得更多利润。但是，正如许多具有前瞻性的科幻影片中所描绘的，技术过度创新，也可能带来的不仅仅是人类的福祉，而是灾难。

在这个问题上，最典型的案例，莫过于最近争议颇多的转基因食品的安全问题。许多支持转基因食品的科学家认为，转基因食品是安全的，对人类没有危害。也有很多人对转基因食品安全性持保守态度，认为其存在有毒性、产生过敏反应、营养不全面、对生态有不良影响等方面的潜在危险，用转基因食品喂养的实验白鼠，对其免疫系统、肝、肾功能等都有不同程度的影响。虽然目前对于转基因食品对人体健康的长期安全性还没有定论，但许多消费者仍然采取谨慎态度，据一项调查研究表明，65%的消费者选择食用非转基因食品。②在英国皇家协会的建议里，婴儿的食品更应当严格审查，不允许有转基因成分。

再如克隆技术的发展。起初，人类利用克隆技术将需要的东西重新复制，这对人类发展进步是一个巨大的成功。但是，也正是这种技术让人们开始恐慌，也许有一天，在世界上可以遇见一个与自己一样的人。克隆技术运用到人类的复制上，那将非常可怕，会带来许多新

① 冯鹏志：《论技术出现行动的环境变量与特征》，《自然辩证法通讯》1997年第4期。
② 王伟康：《下一个深陷"转基因门"的是谁?》，《世界环境》2010年第5期。

的伦理问题。一是家庭伦理问题。家庭伦理关系变得模糊、混乱乃至颠倒，人类现有代际关系的道德规范和法律规范将失去效力。二是克隆技术改变了人类的生育方式，基本的性伦理关系会发生改变，甚至会导致性道德的倒退和家庭的解体，引发诸如男女比例失调、遗传多样性减弱等一些社会问题。

还有就是信息技术发展带来的问题。人们如今处于一个信息泛滥的时代，每天都可以通过各种不同的方式获得需要的信息，这要归功于当今信息技术的发展。网络、电视、报纸等各种媒体都提供了丰富的信息供人们参考，这有助于拓宽知识面，了解世界。但是，人们也渐渐发现，他们失去了对信息的控制力。信息的公信度越来越低，针对相同问题的很多信息往往会出现矛盾现象。人们失去对信息的判断力，不知应该相信哪种信息，从而带来了信息焦虑症。可见，技术创新给人类带来的不仅仅是好的一面，有些时候其危害远远大于其带来的便利。同时，在技术过度创新中，我们也看到了一些垄断巨头的存在。掌握核心技术的商业巨头采用技术垄断方式，赚取高额利润。许多跨国公司通过技术对一些特殊的产品、行业进行垄断。一方面，不推广核心技术，可以使其保持一定的市场占有率；另一方面，单独的垄断技术，可能会使企业面临无法预知的风险。面对这些新问题，我们应当积极谨慎应对。对于许多新技术，我们不能一味盲目迷信，而要进行价值评估，有效规避和防范技术创新带来的风险。

（三）商业广告意识形态化

广告，原本是为了某种特定的需要，通过一定形式的媒体，公开而广泛地向公众传递商品信息的宣传手段。广告内含有两个：一是传播学方面，广告是广告业主到达受众群体的一个传播手段和技巧；二是指广告本身的作用是商品的利销。在现代社会，广告已经成为企业最重要的营销手段，但随着大众传媒技术的发展，商业广告越来越无孔不入地侵入人们的日常生活，不仅影响着人们的购买选择，也潜移默化地塑造着人们的思想观念。广告的意识形态化越来越明显，对消费者的消费观起着"宰制"作用，已经成为一种"文明"病毒。

随着社会的发展，人们的消费意识形态发生了改变。原先的广告单纯针对产品的功能、属性进行宣传，而如今的广告更多的是概念型广告、创意广告，这些广告不注重产品功能的介绍，而更多地宣传一种消费理念。如很多广告都宣传买自己的产品是一种身份的象征，灌输给消费者一种"我买故我在"的价值观，忽视了产品真正的使用价值。很多消费者并不是为了使用产品而买，在一些时候，拥有一种产品并不是因为其使用价值，而是一种时尚。如在苹果公司推出其苹果手机后，很快就风靡全球，吸引了数亿记的"果粉"热捧，对于许多青年来说，拥有一部苹果手机成为一种"潮流"的象征，甚至发生了有的女生为了一部苹果手机而出卖自己的极端案例。

现在，商业广告已经成为消费意识形态的塑造者。如今的广告宣传将产品本身弱化，取而代之的是一种符号。这种符号可以是图像、模特、一个故事或一段文字。人们将符号所传达的信息理解为一种行为暗示，并渐渐地接受这种暗示，增加了购买欲望。很多产品借助产品背后的故事而得到大卖，而并非产品本身。在此，产品消费已经从物的消费转变为符号的消费，这种消费意识越来越多地影响着人们的选择。

（四）跨国公司的社会责任问题

随着经济全球化的发展，任何一个国家经济发展都离不开周围国家，各国越来越处于一种相互联系的整体中。在全球化时代，跨国公司已经成为国际经济发展的主体，许多跨国公司的母公司在发达国家，其子公司则在发展中国家，在全球范围内组织生产经营。跨国公司是资本要求跨出疆界的产物，客观上为发展中国家解决了就业压力，也为当地经济发展作出了贡献，但一些跨国公司在利用发展中国家廉价劳动力、土地资源、优惠的税收政策等资源获取高额利润的同时，也利用发展中国家的政策法律漏洞，不遵守在本国的商业道德，极大损害了发展中国家的利益。

首先转移落后产业，转嫁环境污染风险。由于其母国严格的环境政策，使得跨国公司原来在国内的高能耗、高污染企业不能生存。在这种情况下，一些跨国公司会采取产业转移的办法，将这些被淘汰的落后产能迁移到发展中国家，这样可以减少本国的环境破坏，但将风险转嫁到发展中国家。改革开放以来，我国在大量引进外资的过程中，其实也面临同样的问题。许多跨国公司在环境保护上执行双重标准，使得发展中国家在引进外资的同时，也不得不接受环境破坏的后果。与此同时，西方国家一方面把生产企业大量转移到发展中国家，另一方面又要求发展中国家承担同等环境责任，如在碳排放问题上，发达国家不顾发展中国家的实际，片面要求发展中国家控制碳排放量。这种状况使得发展中国家在发展经济与保护环境之间始终面临着两难的选择。

其次，利润分配不合理现象。跨国公司的出现，是资本要求跨出疆界的产物，追求超额利润是跨国公司的本质。跨国公司在全球扩张的过程中，利用其核心技术、品牌优势、资本优势获取了绝大部分的利润，而发展中国家只能获得产业链低端的微薄利润。跨国公司在发展中国家投资建厂，运营获利，主要的利润最终流向母公司，例如一个芭比娃娃的售价在 9 美元，而在中国加工生产的成本却只有 0.99 美元。再如手机生产，中国的工厂生产了全球 80% 的手机，但中国获得的手机利润却只有 1%，全球手机利润的 80% 被苹果和三星两家公司分割。

最后，挤压发展中国家产业的发展空间。由于跨国公司进驻发展中国家有很多优势，而企业的实力也相对雄厚，导致跨国公司的发展速度会大于发展中国家的同行业，不论是成本还是产品质量等，都对当地产业发展带来压力，如果当地产业不能超越，那么时间一长，就会变得没有竞争力，本国的产品就会渐渐失去市场。在这样的情况下，也就更有利于跨国公司的发展，形成一个循环。中国有很多跨国企业，世界五百强的企业在中国也都有分厂。就以日常用品为例，我们曾经有许多物美价廉的国产品牌，如美加净、白猫、中华牙膏等，但当跨国公司进入后，这些国产品牌先后被收购。目前，中国市场的日用化妆品已经看不到国产品牌的影子，整个日用化妆品市场被宝洁、联合利华等公司占领，仅有的国货就被驱赶至很小的市场中去，这对中国的自有品牌是很大的打击。

上述这些问题，是发展中国家在与西方发达国家经济交往中，面临的共同问题。在经济全球化条件下，如何约束跨国公司行为，促使他们为发展中国承担更多的责任，这是一个世界性的问题，单靠一国的力量是难以完成的，需要所有发展中国家的共同努力。

三、中国企业社会责任问题的复杂性

中国的企业社会责任由于企业的所有制性质不同，企业发展的水平以及行业差异、地区差异等因素，构成了企业社会责任的多元化态势。

（一）不同所有制性质的企业社会责任差异

改革开放以来，我国的所有制结构逐渐演变成以公有制为主体，多种所有制结构共同发展的格局。经济成分多元化使得我国的企业形式也多元化，形成了国有企业、民营企业、外资企业及合资企业多元并存的局面。总体上看，国有企业、民营企业和外资企业共同承担着经济建设和社会建设的责任，是中国特色社会主义事业的建设者。但是，不同所有制的企业所承担的社会责任是不均衡的。2009 年中国社会科学院发布的研究报告发现，不同所有制类型的企业在社会责任建设方面存在差异，其中国有企业的社会责任状况要好于民营企业和外资企业。《报告》认为，我国绝大部分民营企业仍然处于企业社会责任的"旁观者"阶段，尤其是外资企业更是排在国企和民营企业之后，其社会责任指数最低。此外，不同性质的企业所承担的社会责任的侧重点也不同。在该报告公布的 100 强企业社会责任指数中，有 14 家社会责任领先者，其中国有企业 12 家，占 85.7%；民营企业 2 家，占 14.3%；外资企业 0 家，没有社会责任领先者。①

国有企业较好地履行了社会责任。国有企业，主要是指企业全部资产归国家所有，按《中华人民共和国企业法人登记管理条例》规定登记注册的非公司制的经济组织。包括由地方政府投资参与控制的企业也算国有企业。经过多年的国有企业改革，我国的国有企业基本都建立了现代企业制度，成为具有独立法人资格的市场经济主体。首先，作为社会主义公有制的实现形式，由于国有企业本身的特殊性，决定了其追逐的目标不仅仅是利润，本身具有承担社会责任的积极性；与此同时，由于国有企业管理制度都比较成熟，企业规模也比较大，相对来说，承担企业社会责任能力也较强。长期以来，国有企业在保障用工条件、规定劳动标准、保护劳工权益等方面建立了比较完

---

① 参见《中国 100 强系列企业社会责任发展指数（2009）》，2009 年 12 月 22 日，http://www.china.com.cn/economic/txt/2009-12/22/content-/9112087.html。

善的法规体系和制度。其次，在社会责任管理现状和社会责任信息披露水平方面，国有企业是各类企业中履行社会责任的"领先者"。据统计，2009 年近 600 家发布企业社会责任报告的企业中绝大部分是国企。再次，重大自然灾害面前，国有企业表现出较高的社会责任觉悟，为其他非公企业产生示范作用。但是，也有人认为，与其所享受的优惠相比，国有企业在社会责任建设的付出与努力仍然显得微不足道。国有企业掌控着得天独厚的自然资源和社会资源，享受着国家最优惠的产业政策，且多处在垄断行业，获利丰厚，理应承担更多的社会责任。

民营企业社会责任状况参差不齐。民营企业是我国企业数量比重最大的部分，中国近四分之一的 GDP 由民营企业创造。由于民营企业发展状况不同，所以在社会责任建设方面分层现象比较严重。一些大型的民营企业，如联想、华为等，已经有了较多的资本积累，对于社会责任比较重视，社会责任意识较强。但是，还有许多中小型民营企业，由于企业发展处于起步阶段，社会责任意识相对较低。在民营企业社会责任方面，很多人首先想到的是"中国首善"陈光标。十多年来，他累计向社会捐款物累计达 13.39 亿元，直接受益困难群众超过 60 万人，这位民营企业家因其对社会责任深刻的认知而被温家宝总理称为"有良知、有道德、有感情的企业家"。他是中共中央、国务院、中央军委联合表彰的"全国抗震救灾英雄模范"，被中宣部等 6 部委授予"全国道德模范"称号。在他的荣誉室里，各种荣誉证书达 1500 多本。陈光标的慈善行为说明了我国民营企业家素质的提高，对企业社会责任认知水平的提高，然而从整体上来说，民营企业的社会责任意识还处于较低水平。

造成民营企业社会责任水平较低的原因是多方面的。从企业本身来看，我国民营企业，特别是中小型的民营企业绝大多数仍处于原始积累阶段，企业面临的生存压力巨大，因而很多企业过分关注眼前短期的经济利益，从而导致社会责任的种种缺失。与此同时，部分民营企业家对企业社会责任的意识不强，为了追求利润，不惜铤而走险钻法律空子，甚至假冒伪劣、坑蒙拐骗等社会丑恶现象屡屡发生。近年来，民营企业中出现的诸如损害消费者利益、员工权益无法保障、忽视生态环境问题等比比皆是。这些情况说明，民营企业的社会责任建设仍然任重道远。从客观方面来看，民营企业社会责任的缺失，与政府的监管不到位有很大关系。民营企业作为市场经济的产物，国家不能以行政命令的形式对其进行管理，只能依靠法律法规和相关政策来指导企业的行为，而法律却存在一定的滞后性，政策则具有某种不确定性。与此同时，由于地方政府的不作为，在某些环节或有出现政府职能缺位现象，导致对企业履行社会责任的监督不力，加之企业内部企业治理机构不完善，缺少相关的监督机制和约束机制，由此造成了民营企业社会责任的状况并不令人满意。

外资企业社会责任状况很不理想。外资企业包括两种：一种是由外商在中国开设的企业，运用外商的资本、技术等资源进行生产，如一些世界500强企业在中国的公司；另一种是合资企业，即中外共同出资形成的企业。一般而论，外资企业与合资企业接近西方的管理模式，更加注重社会责任的管理，具有比国内企业履行社会责任更优越的条件。一些外资企业也在社会责任问题上做了大量工作，如减少污染物排放，发展循环经济等。外企的发展给我国企业以及全社会带来了许多先进理念和创新思想，为中国经济发展注入活力。但是，从总体来看，外资企业在中国的发展有很多不尽如人意的地方，特别是在社会责任的承担上，外资企业往往采取双重标准，这与其在国际上的社会责任形象完全不符。比如，一些外资企业已经在欧盟和一些国家承诺食品中不使用转基因原料，但却一直拒绝对中国消费者作出同样的承诺。双重标准的问题不仅体现在转基因食品问题上，在污染排放报告上也同样存在。有调查指出，28 家世界知名企业污染物排放信息公布情况不尽如人意，其中有 13 家企业有中国以外地区的污染物排放信息公布，却唯独"遗漏"中国，涉嫌采用"双重标准"。此外，一些跨国公司在华行贿、非法避税、涉嫌垄断，还有一些外资严重侵犯员工权益，甚至侵犯人格。外企在华的作为，不仅损害了自身形象，而且危害到中国经济健康发展。

综上所述，我们认为，当前中国各种类型的企业在社会责任建设方面存在一种"多元差序"的格局。虽然从总体上看，国有企业的社会责任状况要优于民营企业，民营企业又优于外资企业，但在每一种企业内部也存在不同的差别。即便是国有企业中也有企业社会责任状况比较差的企业。在我们看来，虽然由于企业的情况不同，责任会有差异，但不论是哪种企业，都应当承担相应的社会责任。在社会主义市场经济条件下，企业具有"经济人"角色，追求合理利润是企业存在的前提，但只有企业为社会提供质量过硬的产品，才能获得市场认可；与此同时，企业也是"社会人"，既然生存于社会中，就应该为社会提供税收、劳动力岗位、产品或服务，这也是企业基础性的社会责任。只有在这个基础之上，企业才能正常开展其经营活动。而对于许多中国企业来说，对于企业社会责任的认识停留在慈善活动层面，一些企业连最起码的责任，即产品质量的责任都不能保证，反而热衷于各种捐款慈善活动，这实际上是一种"作秀"行为。

（二）企业社会责任的行业差距

在我国，企业对企业社会责任的认知和履行状况呈现行业特点，不同的行业因其产业性质的不同，对社会责任的关注点也不同。同时公众对企业社会责任履行的期望同样呈现行业特点。如劳动密集型企业可能更多关注的是劳动者权益维护问题、技术密集型企业更多关注的是知识产权的保护问题、资金密集型企业更多关注的是商业信用问题，而资源生产类企业更多把安全生产问题放在突出位置。众多事实证明，越是受到关注的责任，往往越是容易出现问题。例如，同是排放污水问题，化工类企业受到的指责肯定大于科研类企业，因为化工类企业随意排放污水不仅会污染土地、饮用水，而且会危害周边居民几代人的健康。[①] 而且，由于公众的倾向性看法，一旦企业出现与其行业特征相关的责任问题时，该行业的社会责任意识便会遭到质疑，从而促使整个行业进行大调整。

改革开放以来，我国企业社会责任问题表现最突出的是对外加工贸易企业和出口企业，特别是港、澳、台资企业和私营企业，这些行业都涉及电子、纺织、服装、制鞋、玩具、工艺品等。之所以会出现这种情况，原因在于这些企业多是劳动力密集型企业，在生产安全、职业健康、权益保障等方面问题比较突出，生产安全事故、员工权益受侵害事件等都时常发生在这些企业。

在社会责任问题突出的行业中，纺织业社会责任建设居于领先地位。当中央提出的树立以人为本、构建和谐社会、全面协调可持续的科学发展观战略时，"中国纺织行业率先行动，全面开展社会责任建设，取得了初步成效"[②]。2004 年，中国纺织工业协会经过专题调研，于次年制定并正式发布了"中国纺织企业社会责任管理体系（CSC9000T）"，成为国内制造业首个基于完善企业社会责任的管理体系。截至 2006 年年底，中国有 9 家企业建立起了 CSC9000T 管理体系试点，也成为首批 CSC9000T 执行企业。为加大推广力度，2006 年年

---

① 参见叶萍：《转型期我国企业社会责任建设问题研究》，《前沿》2010 年第 14 期。
② 关秀丽：《中国企业社会责任实践探讨——以纺织业为例》，《经济前沿》2009 年增刊。

底，该协会又正式启动"10＋100＋1000 项目"，即在 10 个左右纺织服装产业集群内选择 100 家骨干企业建立中国纺织企业社会责任管理体系，对 1000 家中小纺织服装企业进行社会责任培训，并在项目实施过程中为各产业集群、骨干企业及中小纺织服装企业培养 1500 名左右企业社会责任管理人员。此外，中国纺织工业协会与国际采购商、品牌商、相关机构和政府部门开展了广泛的交流、合作，积极对外宣传中国纺织工业协会为推进企业社会责任而作出的努力，以此让广大消费者和国际采购商看到我国纺织服装行业在规范市场秩序和行业自律等方面展开的行动和效果，尽最大努力来化解国际上由于社会责任问题而对我国纺织服装出口的消极影响。

现在，随着人们物质生活的极大丰富，消费品行业的企业社会责任也日益成为关注热点。根据 2006 年北京大学的《中国企业社会责任调查报告》，社会公众对产品/服务质量问题和员工权益受损害事件最为反感。当前公众反应强烈的企业社会责任缺失行为与事件主要有：（1）因缺乏防护造成的职业病和生产事故。典型事件有广东电池厂职业病事件，以及屡屡发生的煤矿矿难。（2）不卫生食品与假冒伪劣药品。典型事件有"红心蛋"事件和"多宝鱼"事件。（3）环境污染。典型事件有松花江污染事件，以及各地生态环境恶化事件。（4）各种产品质量与售后服务事件。消费品行业与人们日常衣食住行密切相关，该行业产品和服务的质量高低影响着人们生活质量和水平，在告别商品短缺时代之后，消费者的消费理性不断增强，除了产品质量、价格之外，企业的环境保护、诚信经营、慈善事业与社会公益等方面的状况也成为消费者考虑购买产品的重要因素。在快速消费品行业，大多数消费者都认为国内企业履行社会责任的表现一般，并且认为本土企业与国外企业在这方面存在明显差距。近年来，由于各种产品质量安全事件不断，导致消费者对这些企业乃至整个行业的"抛弃",如国内奶粉行业面临的困境就是鲜明的例证。

（三） 企业社会责任的地区差距

企业社会责任行业分布特点进一步表现为区域分布差异。从区域分布上看，企业社会责任问题影响最大的集中地主要是珠江三角洲、长江三角洲一带，而中西部地区问题比较平缓。这是由于这两个地域中的外向型企业，首先受到了来自发达国家企业社会责任标准的"发难"，包括沃尔玛、耐克等跨国公司在内相继对其中国供应商和分包商实施以劳工标准检查为内容的社会责任运动，所以，珠江三角洲和长江三角洲两个区域就成为欧美发达国家关注企业社会责任的焦点。正因为如此，珠江三角洲和长江三角洲的企业在 SA8000 认证方面，走在全国前列。这种趋势的产生主要是由于行业空间分布状态所致，改革开放以来，大量劳动力向沿海地区流动，基于劳动力的明显优势和优越的地理条件，加工贸易企业在该沿海地区占有很大的比例。

现在，随着我国实施"西部大开发战略"、"中部崛起战略"以及"振兴东北计划"等一系列战略的实施，原有的企业空间布局正在发生变化，原来在东部沿海的许多企业正在逐步向内地转移，如在广东，近年来就实施"腾笼换鸟"的战略，把大批的劳动密集型企业转移到省内或者西部的不发达地区，而大力引进技术密集型和资金密集型企业。随着这种产业空间布局的转换，企业社会责任状况的空间差异也会相应发生变化，这就给我们政府管理部门在企业社会责任监督管理上提出了新的要求。

总之，在中国社会主义市场经济体制发展过程中，企业社会责任建设面临着非常复杂的态势，这就要求我们要根据实际情况，因地制宜地制定出相应的企业社会责任发展战略，要结合我国企业发展的状况，针对这些具有中国特色的问题，提出我们自己的企业社会责任理论和方针政策，有的放矢地解决当前企业社会责任建设中存在的诸多问题。而绝不能照搬西方理论或者采取一种"一刀切"的管理模式。

第二节　"中国模式" 的伦理诘难及其回应

改革开放以来，随着社会主义市场经济体制的不断推进，中国经济快速增长，国家综合实力显著增强，人民生活普遍提高。2009 年，中国经济总量超过日本，成为世界第二大经济体。特别是在当前世界经济普遍低迷，西方各主要国家面临发展困境的情况下，中国经济却一枝独秀，成为拉动世界经济的强有力"引擎"。中国经济发展的成功经验，成为国际社会普遍关注并广泛讨论的议题。西方国家的许多学者纷纷著书立说，探究中国经济成功的奥秘，提出了"中国模式"、"中国道路"等概念。

目前对于"中国模式"的理解主要有两种视角。一种是狭义的理解，即把"中国模式"看做是一种独特的经济发展模式。如"北京共识"的提出者雷默认为，中国模式是对中国改革开放成功经验及其原因的描述与总结。中国模式就是坚决进行革新和试验（如中国经济特区），积极维护国家边境和利益（如台湾问题），以及不断精心积累具有不对称力量的工具（如 4000 亿美元外汇储备）。其目标是在保持独立的同时实现增长。另一种广义上的"中国模式"包括了政治、经济、社会、文明等多方面现代秩序。如有观点认为，"中国模式"不仅仅是一种经济发展模式，而是一种具有整体性的结构，"是一种把马克思主义同儒家思想相结合的国家意识形态；一种允许中国共产党是唯一领导力量的政体；把精英领导引入中国共产党的组织结构；在保持政治体制的同时，改革经济体制；以经济建设为中心；把社会主义公有制同自由市场相结合；把保持社会稳定作为经济发展的先决条件；把捍卫国家主权和安全同参与经济全球化结合起来；把让人民发挥更大作用同加强党的领导结合起来，提升社会主义核心价值观，以抵御资本主义核心价值观"。[①]

一般提及"中国模式"，"主要是指中国的经济发展模式"[②]。本书也主要是在狭义层面来理解"中国模式"的。即从所有制上看，它是以公有制为主体，多种所有制共同发展的经济；从经济发展结构上看，它是重视发展第三产业，加快城市化发展的经济；从经济运行方式来看，中国实行的是社会主义市场经济，以市场机制配置资源为基础，充分发挥市场、价格、竞争作用，同时也注重政府的宏观调控及指导作用；从经济增长方式上看，它是依靠技术进步，加强管理，实现集约型增长的经济。简而言之，所谓"中国模式"，就是市场经济与宏观政治即政府宏观调控相结合的发展模式。

"中国模式"因其令中国在金融危机下能保持经济的稳定增长，各方面稳步前进而备受关注。但是，我们也必须看到，在"中国模式"巨大成功的背后，依然存在很多问题。历史地看，中国如今迅速发展的经济与 18 世纪的英国和稍晚一些的法国、德国等及 19 世纪的美国相似，都是处在高速增长期，应该说几乎所有发达国家都会有一段经济飞速发展的阶段，但在这之后，各国都不同程度地存在缺陷和问题，包括经济发展问题、社会问题、公平问题等。中国也不例外，特别是高耗能、高污染的粗放型经济增长方式使我们付出了沉重的代价，水污染、大气污染和固体废弃物污染严重，人民身体健康受

---

① 王军：《"中国模式"综述》，《中国经贸导刊》2011 年第 3 期。
② 中国人民大学"三个代表"重要思想研究中心：《"中国模式"问题研究报告》，《思想政治教育导刊》2005 年第 9 期。

到严重威胁，以及贫富差距悬殊、劳资矛盾恶化等，已经成为制约我们进一步发展的巨大障碍。这不得不促使我们对"中国模式"进行更为深刻的伦理反思。

一、GDP 思维模式导向误区

GDP 即国内生产总值代表了一个国家在一定的时间内（通常是一年）经济发展的状况。一般衡量一国的经济发展水平都会选择 GDP 数据。"中国模式"的一个最显著成就，就是我们实现了 GDP 的多年持续高速增长。改革开放三十多年来，中国经济平均以 9.75% 的速度快速增长，GDP 值由 1978 年的 3600 亿元人民币上升到 2011 年的 47 万亿元人民币，成为世界第二大经济体；人均 GDP 也由 1978 年不足 100 美元上升到 2007 年的 4000 美元以上，人民生活总体上实现了由温饱到小康，综合国力上升了一个大台阶，国际地位不断提高。

与此同时，我们也看到，我国 GDP 的构成中，投资所占比例过高，消费所占比例较低。这说明我国经济发展很大程度靠投资拉动实现的。受 GDP 思维模式的影响，在具体工作中，有些领导干部把以经济建设为中心片面地理解为以 GDP 为中心，把发展是硬道理理解为 GDP 增长是硬道理，不顾当地的实际情况和资源、环境的承受能力，热衷于搞开发、上项目，结果 GDP 是上去了，却造成低水平重复建设，资源消耗很大，环境污染严重，劳民伤财，得不偿失。更有甚者，一些干部还弄虚作假，虚报数字，伪造政绩，以夸张数字铺垫晋升台阶，严重败坏了党风政风，人民群众对此十分不满。过度重视 GDP 增长而忽略中国经济发展实质，不转变经济发展方式，会令整个国家发展陷入困境。对于企业而言，如果只是一味地注重 GDP 的增长，而忽略企业内部经济结构的夯实，最终不仅影响企业生存发展，更破坏整个国家经济的质量。特别是在 GDP 思维主导下，一味强调发展经济的同时往往忽略了伦理道德的因素，放弃了一个企业应该有的基本责任，这样做导致的后果虽然短期得到了利益，但从长远利益看，是不可能生存下去的，必将被市场及消费者淘汰。

由于居民消费对于 GDP 增长的贡献有限，这些年来中国的 GDP 不断上升，但人民生活质量提高并不明显。经济发展优先，社会发展相对滞后，这就是 GDP 思维模式引起的。特别是在近些年，通货膨胀、物价上涨、工资增长慢，令百姓觉得生活不幸福。今天，改革曾经带给人们的喜悦正在逐渐淡化，许多人渐渐开始怀念以前的日子，为什么？因为中国经济增长太快，很多硬件设施强大了，但软件没有相应增强。这通过各种社会问题表现出来。特别是两极分化，已经成为中国目前最为突出的问题。

多年来，国家一直坚持"效率优先，兼顾公平"、"以先富带动后富"的政策，但注重了效率，使一部分人富裕起来，却加大了贫富差距，导致两极分化严重。国内外学者对诸如两极分化、社会治安、就业、社会保障等问题表示了极大关注。美国学者乔治·J.吉尔博伊和埃里克·赫金博瑟姆 2004 年 9 月 30 日在美国外交学会网站上发表的《中国正在"拉美化"?》文章指出："根本解决农村问题的中国城市化进程，可能带来一些更为严重的问题。随着上千万农民在城市长期居住，城市里日益增长的危机可能会恶化，农民工为获取身份认同和同等权利可能进行激烈的斗争。城乡分裂危机在未来有可能加剧，如果不采取有效改革措施，中国有可能染上'拉美病'，城市社会两极分化，城市冲突加剧，经济承诺落空，并将产生类似于拉美国家的许多社会灾难。"

对于这些疑问，我们应当辩证地看。我国正处在社会主义初级阶段，政治、经济、社会、文化各个方面的发展还没有达到社会主义的标准，在初级阶段里，由于制度的不成熟，导致社会问题众多，这是无法回避的现象。但是，我们也应当看到，每个国家都会有社会问题，不同的只是形式和内容，并不都是"中国模式"带来的。"中国模式"不是静止不变的模式，不是完成的、封闭的模式，而是不断丰富、不断创新、不断完善的发展过程，中国目前存在的问题，最终可以通过发展来解决。

二、企业与政府责任界限不清

"中国模式"强调市场机制的主导地位，同时发挥政府宏观调控的作用。在从计划经济走向市场经济的过程中，中国通过深化国有企业改革，逐步理顺了政企关系，建立了现代企业制度，基本实现了政企分开的目标。但与此同时，又产生了两种认识上的误区。

一种误区是，既然我们强调政企分开，那么政府管理部门只注重企业的利润和税收，而对企业是否合法经营就可以采取睁一只眼闭一只眼的态度。在现实中，许多地方政府也是这样做的，有的地方政府明确知道企业在生产经营过程中存在违规行为，但为了财政收入或者部门利益，对这些问题不管不问，能捂就捂，能盖就盖。一切以地方或部门利益为重，充当了一些企业的保护伞。许多问题是经过群众反复反映，通过新闻媒体揭露后，由中央直接插手才得以解决的。

另一种误区是，政府应当承担更多社会责任。因为单纯市场调节的缺陷性，需要政府的宏观调控来弥补。由此产生的问题是，政府在经济中的作用会逐渐增大，控制面会变广，管了许多不该管的事情。对于企业与政府的责任分工产生的误区在于将两者责任混淆，应当是政府的责任企业却要去承担，应当企业承担的责任政府却承担，这样的认识误区也导致人们对许多现实问题的疑惑。

事实上，由于历史的原因和共同利益的因素，目前企业与政府的关系问题比较复杂。如一些地方政府为了推动经济发展，保证财政收入，大力招商引资，给予企业许多政策优惠，企业由于政策红利获得可观利润，反过来政府又可获得可观回报，表面上看是一种双赢的格局。但由于这种格局带有很大的行政色彩，而且政府如果是运用公共资源去扶持企业，一旦出现问题，那么承担损失的就只有社会公众。有的地方，政府和企业形成了利益共同体，这一点在房地产行业表现最为明显。如房价的高居不下问题，许多人认为跟地方政府有很大关系，因为现在地方政府是土地财政，房地产行业与地方的财政收入直接挂钩，房地产开发企业，地方政府和银行形成了一个利益攸关的共同体，如果房地产价格回落，就会造成一系列连锁效应，对各方都是不利的。但是，住房问题作为民生之本，如果不能加以解决，就会损害政府的公信力，更严重的，会损害党和政府在人民群众中的形象，削弱党的执政基础。因此，对于政府来说，需要有壮士断腕的勇气，加大房地产行业的改革力度，有效遏制房地产领域的投机行为，使广大人民群众共享改革发展的成果。对于企业来说，需要树立更强的社会责任意识和更长远的战略眼光，因为一个企业要想生存和发展，必须有一个安定团结的社会环境，为了眼前的利益，采取杀鸡取卵的做法，以高房价让广大消费者透支未来，不仅不利于社会安定团结，对于企业长远发展也是无益的。

企业是市场经济的细胞，市场是企业在经济中发展的平台，而政府是市场秩序的维护者。三者的关系紧密，既相互依存，又相互独立。企业和政府都有各自的责任，不可以混淆。在计划经济时代，由于政企不分，企业承担了过多的社会责任，"企业办社会"造成了企业沉重的负担，企业只是政府的"小媳妇"。改革之初的放权让利就是实行政企分开，明确各自责任，企业实行现代企业制度，成为独立的市场主体。现在，在社会主义市场经济的发展过程中，我们又出现了新的问题，这就是政府充当了"婆婆＋管家"的角色。而一些企业，由于政府赋予的垄断地位，也充当了"运动员＋裁判员"的角色。我们应当看出，整个经济体系的运作要靠政府、市场和企业共同协作才能正常健康的发展，但这种合作是建立在相互职责明确分工的基础上的，是分工基础上的相互协作的关系。政府宏观调控不是行政调控，要通过市场机制来实现。企业是市场的主体，不能充当裁判的角色。在企业社会责任方面，有学者把政府的角色定位归纳为三点："第一，倡导者。包括政府的认可、社会责任意识的普及和对榜样企业的遴选和推广。第二，推广者。包括舆论、政策、法律、行政、经济手段的推动，等等。第三，监督者。政府通过监管、执法保证企业履行责任。"① 也就是说，政府最主要的是扮演一个处于市场活动之外的管理者角色，企业社会责任的承担主体是企业。政府不能代替企业承担责任，那样的话既是对公共利益的损害，也不利于正常的市场秩序形成。

三、企业经济发展方式的合理性

经济发展方式是生产要素的分配、投入、组合和使用的方式。在经济理论范畴中，"经济增长"一般是指经济活动单纯的数量增加，"经济发展"一般是指经济总量增加与经济结构优化同时出现。所以，经济发展不仅仅是经济的增长。中国在多年的经济发展实践中，形成一套自己的经济发展模式，这种模式使得中国经济在短短的几十

---

① 《企业社会责任推进　政府不应缺位》，《北大商业评论》2009 年 9 月。

年间有了飞速的提高，但这种经济增长方式存在着"高投入、高消耗、高排放、不协调、难循环、低效率"等问题，与科学发展观的要求还有很大差距。

我国经济发展方式存在问题，固然与我们对于经济发展的规律认识不到位有关，也与我国的国情有关。由于基础差、底子薄，长期以来经济发展的"量"的矛盾比较突出，因而我们首先面临的问题是"做大蛋糕"。现在的问题，一个是我们这个"蛋糕"是做大了，但"蛋糕"的质量还是不高的，主要是通过高投入获得的；另一个问题是，参与做"蛋糕"的人，并没有能公平分享这个"蛋糕"，致使这些做蛋糕的人积极性下降了。由于这两个方面原因，进一步发展就不能再继续以往的方式，原来推动经济快速增长的优势现在变成了劣势。在改革开放初期，我们通过中国的廉价劳动力优势，使"中国制造"走向世界，但劳动者报酬的过低，也使得国内的消费市场不能增长，一旦国外市场波动，经济发展便失去了动力。

党的十七大报告指出，实现未来经济发展目标，"关键要在加快转变经济发展方式、完善社会主义市场经济体制方面取得重大进展"，要"加快转变经济发展方式，推动产业结构优化升级"。从转变经济增长方式，到转变经济发展方式，虽然只是一个词的转化，却代表了两种截然不同的理念。在此基础上，中央提出"包容性"增长的概念。所谓包容性增长，简单说就是，公平合理地分享经济增长。这一概念与单纯的经济增长相对立，它所追求的应当是社会和经济的协调发展，强调要让更多的人享受经济增长的成果。这一概念，体现了中国共产党对经济社会发展的规律认识进一步深化，也说明了我们党对于21世纪中国发展的思路更加清晰、更为理性、更加成熟。

因此，我们既要看到改革开放以来中国经济发展取得的巨大成就，也必须正视我们在这一过程中出现的问题。要实现中国经济的可持续发展，必须按照科学发展观的要求，进一步转变经济增长方式，更加注重发展的均衡性、协调性、全面性，更加注重经济增长与劳动者收入增长的同步性，更加注重经济增长与资源环境保护的一致性。改变单一经济思维的局限，使得经济增长真正成为推动整个社会和谐进步的动力。

四、公平对待农民工的问题

社会公平问题是近年来被广泛讨论的话题。社会公平是社会主义的本质特征，改革开放以来，我们奉行"效率优先，兼顾公平"的原则，经济发展成就显著，但也导致了不同群体、不同地区、不同行业之间存在巨大的收入分配不公问题，这已经成为影响社会稳定的重要因素。其中，最典型的就是在对待农民工的问题上。

农民工是改革开放以来出现的一个新兴群体。自 20 世纪 80 年代以来，大量的农村剩余劳动力流入城市，参加到产业工人队伍中来，成为推动中国经济发展的有生力量。他们所提供的廉价劳动力，成为"中国制造"最具竞争力的因素，但他们在为国家经济发展作出突出贡献的同时，自身的权益却没有得到合法的保护，许多农民工虽然在城市工作生活了很多年，但他们仍然不能完全融入城市。农民工的代际传递现象非常突出，到现在，已经出现第二代，甚至第三代农民工，据有关资料统计，目前我国进新生代农民工就有一亿多。这些农民工的生存状态不容乐观，长期以来，他们的生存环境、工资待遇、子女教育、自身权益的维护等诸多问题得不到合理解决，已经成为推动中国进一步发展，影响社会和谐稳定的重要因素。

中国的农民工问题是中国现代化进程中出现的独特现象，历史地看，是长期的城乡二元结构导致的。在 20 世纪 60 年代，为了控制城市发展规模，解决城市人口的供应问题，我们采取了城乡二元划分的户籍管理制度。这一制度造成了城市与农村、市民与农民的长期分割状态。改革开放以后，随着我国工业化进程的加快，大量农村的剩余劳动力涌入城市，成为在户籍上仍是农民身份的产业工人，他们为中国的工业化、城市化进程作出了巨大贡献，但作为产业工人一部分的"农民工"群体，并没有能享受到与城市工人一样的国民待遇。作为城市建设者的农民工，并没有享受到城市带给他们的便利。与此相反的是，由于其双重身份，导致了其生存境遇的尴尬状况。如果说这一问题在老一代农民工那里还不是太明显的话，那么在新生代农民工这里，就表现得更加突出。对于许多人来说，"城市留不下，农村不愿回"是他们生存状况的真实写照。

解决农民工问题，最根本的是改变目前不合理的户籍制度，因为现行的户籍制度并不只是一个身份的确认，在户籍制度背后是一整套的城乡有别的社会福利制度，农民工之所以不能够融入城市，最主要的就是即便在城市中生活许多年，仍然被隔离在这一套制度之外，这对于他们来说是不公平的。但是，问题的更主要方面是，即便户籍制度放开了，由于城市生活的高成本特别是高房价也有可能使他们不能真正成为城市中的一员，因此除了户籍制度之外，还需要企业不断提高农民工工资待遇和社会福利水平，真正做到同工同酬，一视同仁。要出台相应的配套政策，保证农民工的各项合法权益，特别是要解决农民工的子女在城市的教育问题，防止农民工的代际传递现象继续延续。

不可否认，真正解决农民工问题，需要很长的一段历史过程，需要政府、企业、社会各界的共同努力。但是，我们必须有这样一种意识，那就是三十多年来，数以亿万计的农民工已经为中国的经济腾飞贡献了他们的辛勤和汗水，没有大量的廉价劳动力成本，就没有中国产品的竞争力。现在，随着国家经济实力的壮大，我们应该为他们的付出给予合理的回报，不管是政府还是企业，这都是不能推卸的社会责任。

第三节　中国企业社会责任问题的原因

一、经营者社会责任意识淡薄

企业经营者的综合素质对企业的发展作用重大。企业经营的好坏、企业社会责任状况，与企业经营者对社会责任的主观认识密切相关。目前，全国企业的社会责任意识参差不齐，从企业规模来看，知名的大企业在政府的引导下和出于对自身利益的考虑，在企业公民意识理念以及履行社会责任的深度和广度等方面都强于中小企业，而大量中小企业对于社会责任的认识，尚处于感性认识阶段，甚至没有企业社会责任概念，尤其在一些私营中小企业，仍然奉行利润高于一切的原则，企业主社会责任意识淡薄。

首先，很多企业经营者对企业社会责任问题认识不足，甚至存在错误认识。"有些企业家要么对企业社会责任感到陌生，不知道企业社会责任为何物；要么觉得只要是合法经营、依法纳税等就是履行了社会责任，而没有认识到企业处在广泛的社会关系中，除了与股东有显性契约关系之外，还与利益相关者存在隐性契约关系（譬如保护环境、慈善事业）；没有认识到企业除了应该考虑如何为企业创造利润，同样应该考虑其行为对其他利益相关者的影响，努力协调有关利益关系。"① 这主要是因为，我国企业在建立社会责任方面刚刚起步，

---

① 刘志国：《我国企业履行社会责任存在的问题原因及对策》，《中国管理信息化》2010年第6期。

企业社会责任的宣传不深入、相应的制度体系不健全造成的。

其次，有些中小企业管理者缺乏现代管理理念。我国许多中小企业仍然处于原始资本积累阶段，有许多企业没有树立"以人为本"的经营理念，只是片面增加员工劳动强度，延长员工劳动时间，以经济方式对员工进行奖惩。有些中小企业管理者缺乏开放式经营和长远发展的思想，将目光局限于企业内部，局限于企业的眼前利益，缺乏对企业与社会关系的正确认识，更没有全球战略的意识。在有些情况下，为了追求一时的眼前利益，不惜以牺牲社会利益。

企业管理者对企业社会责任与企业经济效益关系的认识上存在误区。这一问题不仅存在于中小企业中，也是中国企业家较普遍的状况。据对200家不同类型的企业管理者进行的问卷调查，调查结果显示：有7.69%的企业认为履行社会责任影响管理效率，34.62%的企业认为会增加企业成本。在现实中有很多企业家认为，企业经营目的就是实现利润最大化，使本企业在激烈的市场竞争中立于不败之地，承担社会责任不能帮助企业赢利，还增加了经营成本，因此而忽视乃至逃避社会责任。从短期效应来看，企业承担社会责任可能导致成本上升，影响企业的经济效益，与企业追求经济效益最大化的基本目标相背离。从长远来看，企业社会责任运动已经成为社会发展潮流，忽视社会责任的企业将会被社会淘汰，这需要企业经营者转变观念。

另外，企业管理者的人格和个人经历，也对企业社会责任问题有着或多或少的影响。一些企业家的慈善捐助等行为，往往是由个人成长中的某种"情结"所驱动，如小时候因为家境贫寒而不能满足读书的渴望，所以特别关注对家庭困难学生的帮助。可见，企业管理者素质的高低、成长背景等因素对企业是否能积极履行企业社会责任起着关键性的影响，文化素质高、有现代管理意识、具备战略眼光的企业管理者更愿意承担较多的企业社会责任。

二、政府部门缺乏科学政绩观

中国企业的各种社会责任问题，与政府部门有很大关系。在中国特殊的体制背景下，企业的经营业绩被纳入地方政府或者部门的政绩考核中，企业经济效益的好坏，直接关系所在地方政府官员的升迁，政府部门的政绩观对于企业社会责任有很大影响。

首先，目前干部政绩考核标准不合理。根据中组部和人事部发布的《公务员考核规定》，"考核领导干部的标准是德、能、勤、绩、廉，其中重点考核工作实绩"。这一要求是全面的，但在具体考核过程中，许多地方往往把工作实绩与 GDP 和税收增长率等经济指标划等号。因为其他几个方面都不能量化，只有 GDP 和税收可以用量化的标准明确，因而，这两个方面就成为政绩考核的主要参照。自 20世纪 80 年代以来，各地政府纷纷设立专门机构负责招商引资，但许多招商引资项目只考虑经济因素，不考虑社会效益，不考虑企业对于生态环境和人民健康的影响，甚至对于高能耗、高污染项目敞开绿灯，就是因为企业的税收直接关系到地方财政。这充分说明了领导干部政绩观方面存在的突出问题。

其次，地方保护主义的影响。许多案例表明，企业社会责任方面存在的问题，与地方保护主义有很大关系，一些地方明知某些企业存在损害职工利益、破坏生态环境的行为，却仍然采取睁一只眼闭一只眼的态度。地方政府的中心任务是发展经济，但不仅仅是发展经济。部分官员片面注重企业的利润和税收，并以此作为衡量当地经济发展和政绩的标准。受这种政绩观的驱使，为了片面追求经济发展指标和相关数据，当经济增长和环境保护相冲突之际，总认为"经济发展总要付出代价，污染了再治理"，因而也就默许了企业的行为。久而久之，这种粗放型的经济增长方式不可避免地导致资源枯竭、环境恶化，不可避免损害了社会利益。当地政府成了非法生产企业事实上的保护伞，政府放纵或包庇企业的违法行为，甚至因交纳税款较高对高消耗污染企业进行奖励；地方官员不仅不被问责，反而因发展有功得到升迁，等等。现行的政绩观和考核标准导致很多本末倒置的现象。

因此，要改善目前的企业社会责任状况，政府及相关部门就要以科学发展观为指导，树立正确的政绩观。"要坚持统筹兼顾的方法，兼顾经济、社会和生态的全面协调可持续发展。要突出人口、资源、环境指标在政绩考核指标体系中的比重，促使地方政府在谋划区域经济社会发展时，统筹资源和环境的承载力，为区域经济社会的长远发展创造条件。"①

三、社会责任管理体制不完善

企业责任管理体制是推动企业社会责任建设的制度因素，包括对企业责任的宏观政策法律、企业内部治理，以及相应的监督制约机制等。由于我国企业社会责任发展刚起步，因此并没有建立一套系统的企业社会责任的管理体制，所存在的问题主要有以下几方面。

一是企业社会责任的相关法律法规不健全。目前，我国针对企业管理的法律有很多，如《公司法》、《劳动法》、《生产安全法》、《环境保护法》等，而真正与企业社会责任相关的没有专门的法律文件。2008 年国资委出台了《关于中央企业履行社会责任的实施意见》也只是一部专门针对中央企业的规定，从法律意义上来说，只是对其他

---

① 何存英、雷杰、李蕾蕾：《当前我国企业社会责任缺失的原因及对策探析》，《昆明学院学报》2008 年第 3 期。

企业具有参照作用，而没有规范作用，因此需要国家立法机构专门通过一部有关企业社会责任的法律。

其次，政府没有设立相应的企业责任管理机构。目前，我国对于企业的监督管理主要是由工商行政管理部门进行的，工商行政管理部门主要是针对企业的设立、变更、破产、重组等进行审批登记，没有专门的部门负责企业责任管理。在工商部门之外，成立了各级消费者协会，虽然在某种程度上承担了对于企业社会责任监督的职能，但作为一种准政府的社会组织，合法性和权威性远远不够，因此要真正实现对企业社会责任的监督，必须建立专门的政府职能部门。

再次，企业治理机构中没有相应的责任管理机构。我国的许多企业都建立了公司治理机构，但在这套治理机构中，大多数没有设立专门的责任管理部门，也没有专门的"责任官"或"伦理官"。因此，企业社会责任管理落不到实处，在许多企业中，企业社会责任只是被作为企业文化建设的一部分，因而更多注重的是对外宣传。

最后，企业日常管理的缺位。在企业日常管理中，大多数企业重视对生产、加工、销售等环节的管理，如建立了全面质量管理体系，但在责任管理方面却没有管理制度，包括对企业责任的履行方式、途径及企业责任投资等方面，企业都没有一套完整的标准体系来支持社会责任的履行，企业管理人员也没有将企业责任作为日常工作的一部分。

四、社会责任评价体系不健全

系统科学的企业社会责任评价体系是企业社会责任建设的重要内容。有效的评价和监督体系，是促进企业自觉去履行社会责任的条件。西方国家对企业社会责任已经研究出一套行之有效的评价体系，并广泛地加以实施。由于我国企业社会责任建设刚起步，在企业社会责任评价、监督效能评估等方面还没有形成系统的社会责任评价体系，相关的标准只是零星地存在于一些相关的法律法规中。由于缺少客观的评价体系，企业在多大程度上承担社会责任，承担了哪些社会责任等问题都不好确定，企业承担社会责任也就没有了明确的向导。

一是企业社会责任报告"报喜不报忧"。由于没有客观的评价体系，目前大多数企业仅以企业社会责任报告作为评价自身承担社会责任的标准。近年来，我国企业社会责任报告发布的数量不断上升，但是报告总体质量并不乐观。

总的来看，中央企业社会责任报告的质量相对较高，而民营企业和中小型企业发布的社会责任报告质量较低。相比国有企业，非国有企业公布、发布社会责任报告数量少，质量也有待提高。中国社科院发布的《中国企业社会责任研究报告（2009）》曾得出结论，认为"央企和国有金融类企业的社会责任水准远高于民营企业、其他国企和外资企业"。2011 年，上海交通大学安泰经济与管理学院周祖城教授专门做了一项关于中国上市公司 500 强企业社会责任报告的研究，结果显示："截至 2011 年 12 月 1 日，在中国上市公司 500 强中，有 274 家在 2011 年发布了企业社会责任报告，其中，125 家是强制发布的，149 家是自愿发布的；有 221 家发布了独立报告，53 家整合在财务年报中发布。"从自愿发布的报告来看，"西北地区发布报告的比例最高（50.0%），东北地区最低（18.5%），其他地区介于 26.6% 与 36.2% 之间。从企业类型来看，中外合资企业的发布报告比例最高（40.0%），国有企业其次（38.8%），民营企业最低（24.8%）。不难看出，中国企业在履行社会责任方面仍然参差不齐"。①

---

① 《上市公司 500 强 274 家发布社会责任报告不足 50%》，2012 年 1 月 9 日。http：//economy. enorth. com. cn/system/2012/01/09/008456566. shtml。

从内容上看，很多企业社会责任报告指标缺失，多数企业社会责任报告"报喜不报忧"。"据统计，2009 年 1 月 1 日至 10 月 31 日，中国内地发布的企业社会责任报告共 582 份，占全球报告总数的 15% 左右。在这 582 份报告中，只有 1/10 的企业披露了自己的负面信息。绝大多数报告中，凸显企业亮点简直成了唯一的目的和要求。信息披露的客观性和规范性完全被丢到了阴山背后。尤其是电子制造、建筑业和零售业等公司，对坏消息只字不提。"① 从个案来看，根据我们对部分企业社会责任报告的考察，发现目前多数企业社会责任报告存在着一个通病，就是用大量篇幅对过去一年的业绩进行总结概括，这既不符合报告的编写规范，也没有给我们提供有用的信息。在报告的内容方面，主要是根据利益相关者条目的简单罗列，对于企业的经济效益、缴纳税收大书特书，占据很大篇幅，对于生产经营中存在的问题避而不谈。周祖诚的研究也发现同样的问题，"在这些报告中提到利益相关者主要有八大类，基本上都会提到员工、环境、股东、客户、社区，而且员工提的最多"，"几乎所有的报告都会提到企业对员工是怎么负责任的"，"相对来说，供应商、政府、竞争者提到的比较少"。②

二是企业社会责任缺乏科学的评价标准。长期以来，全球企业社会责任标准很多，但没有一个统一的国际标准，这些标准主要有三个方面：一是由大型跨国公司制定的"公司守则"。如沃尔玛、迪斯尼、耐克等公司，以自己的公司守则，要求它的供应商或制造商执行。这些"公司守则"，其内容虽有一定的合理性，但大多都有着明显的倾向性，缺乏明显的公正性和公平性。二是由非政府社会组织制

① 《九成企业社会责任报告报喜不报忧》，《中国红十字报》2010 年 12 月 27 日。
② 《上市公司 500 强 274 家发布社会责任报告不足 50%》，2012 年 1 月 9 日，http：//economy. enorth. com. cn/system/2012/01/09/008456566. shtml。

定，包括联合国全球契约（GC）、道德贸易行动（ETI）准则及由美国非政府社会组织制定的 SA8000 等。SA8000 虽被称为全球首个道德规范国际性标准，但还不能真正算是国际标准。至 2006 年，也只有 40 个国家的 400 家企业参与。三是由国际组织（包括国际行业协会）制定的。如 1997 年经合组织（OECD）通过的《跨国企业指导守则》、国际劳工组织通过的《关于跨国公司和社会政策原则的三方宣言》、国际玩具理事会（ICTI）制定的 ICTI（玩具行业）等。2010 年，由社会责任国际出台的 ISO26000 标准，是首个全球社会责任国际标准，与上述标准相比，这一标准对有关社会责任的内容进行了更加细致的规定，标准的核心部分覆盖了社会责任内容的九个方面：组织管理、人权、劳工、环境、公平经营、消费者权益保护、社区参与、社会发展、利益相关方合作。相比其他标准而言，ISO26000 更靠近全球契约十项原则的要求。

就上述标准而言，包括 ISO26000 标准在内，存在的一个共性问题，就是这些标准都是在西方国家主导下制定的。这些标准的许多条款，带有浓厚的西方话语霸权，对于这些标准，我们只是出于被动执行阶段。因此，要推动我国的企业社会责任建设，一方面，我们必须遵照国际惯例，结合中国自己的实际情况制定出相应的实施标准；另一方面，必须积极参与国际对话，增强我国在这些国际标准中的话语权，使这些国际通行标准更加符合我国企业的实际。

第 六 章

当代中国的企业社会责任建设

第一节　企业社会责任建设的指导思想

企业社会责任的提出，归根到底，是对传统工业化发展观反思的结果。有什么样的发展观，就有什么样的企业经营观。进入 21 世纪以来，以胡锦涛同志为首的党中央领导集体，坚持唯物史观和辩证唯物主义的基本立场，深刻总结了中外发展问题上的经验教训，提出了科学发展观的战略思想。它既是对中国传统发展理念的升华，也是对西方发展理论的超越，体现了我们党对共产党执政规律、社会主义建设规律、人类社会发展规律的认识不断深化。科学发展观也是中国企业社会责任建设的指导性思想。

一、科学发展观的基本内涵

科学发展观阐述了有关发展问题的一系列基本观点，是中国特色

社会主义必须坚持和贯彻的重大战略思想。2007 年中共十七大系统
阐述了科学发展观的基本内涵。

科学发展观的第一要义是发展。胡锦涛指出："科学发展观，是
用来指导发展的，不能离开发展这个主题。离开了发展这个主题就没
有意义了。"① 发展是近代中国的主旋律之一，近代以来的中国历史，
是中国人不断追求民族解放、国家富强和人民富裕的历史，"落后就
要挨打"，这是百年中国近代史给我们留下的最深刻教训。没有强大
的经济实力作后盾，没有国家的富强，就没有人民的幸福生活。发展
是解决中国所有问题的关键，新中国成立以来，经过六十多年的社会
主义建设，特别是三十多年来的改革开放，中国的经济发展取得举世
瞩目的成就，综合国力空前提高，人民生活获得极大改善。但中国作
为世界上最大的发展中国家的基本国情没有改变，人民日益增长的经
济文化生活需要与落后的社会生产之间的矛盾仍然是社会主义初级阶
段的主要矛盾，而且在新的历史条件下，由于生产力水平落后而引发
的各种经济社会矛盾日益突出。西方国家近 200 年工业化进程中呈阶
段性出现的问题，在我国几十年的发展过程中集中爆发出来，中国面
临传统工业化和新型工业化的双重任务，要解决这些问题，就必须在
任何时候都始终坚持发展是硬道理，紧紧扭住以经济建设为中心，把
发展作为执政兴国的第一要务，不断解放和发展社会生产力，为中国
特色社会主义奠定坚实的物质基础。

科学发展观的核心是"以人为本"。人民群众是历史的创造者。
这是历史唯物主义的一个基本观点。科学发展观中的"以人为本"
既不同于中国古代的与"官本"相对的"民本"思想，也不同于西
方历史上与"神本"相对的"人本"思想。"以人为本"的根本出

① 《十六大以来重要文献选编》（上），中央文献出版社 2005 年版，第 850—851 页。

发点是现实生活中的"人"，是最广大的人民群众，归根结底就是为了人的全面发展。"以人为本"，首先是把人民看做推动历史进步的根本的动力。就是充分把人，这个生产力中最活跃的因素调动起来，依靠人民群众的力量推动经济社会全面发展。另一方面，"以人为本"，就是以人为目的的发展，实现人的自由而全面的发展，是共产主义的目标，也是社会主义发展的价值指向；"以人为本"，就是要以实现人的全面发展为目标，从人民群众的根本利益出发谋发展、促发展，不断满足人民群众日益增长的物质文化需要，切实保障人民群众的经济、政治和文化权益，让发展的成果由全体人民共享。

科学发展观的基本要求是全面协调可持续。科学发展观强调发展的全面性，是指发展不仅仅是经济的发展，还包括政治、文化等方面的发展；不仅是经济社会的发展，同时也是人的发展。全面发展是就发展的目标而言的，就是要克服单纯重视经济发展，忽视其他方面发展的局限性，把经济发展、社会发展和人的发展统一起来。协调性，就是处理好发展过程中经济、政治、社会、人之间的关系，协调城乡、区域、经济与社会、人与自然之间的发展关系，促进各方面共同发展。可持续性，就是要求当代人在追求自身发展的同时，要有对未来的责任感，处理好当前发展与长远发展的关系，不能以牺牲后代人的发展为代价，实现当代人的发展。确保发展的可持续性。

科学发展观的根本方法是统筹兼顾。统筹兼顾是马克思主义方法论的重要内容。统筹兼顾，就是要总揽全局、科学筹划、协调发展、兼顾各方。"统"就是统揽、总揽；"筹"就是筹划、协调；兼顾就是照顾到方方面面，协调各种关系、各方面的积极性。统筹兼顾的根本方法，贯彻实施了辩证唯物主义的系统论思想。统筹兼顾的根本方法，要求我们从系统整体来认识发展问题。毛泽东指出："通过统筹兼顾把党内党外、国内国外的一切积极的因素，直接的、间接的积极因素，全部调动起来，把我国建设成为一个强大的社会主义国家。"①
邓小平强调，物质文明与精神文明，经济与政治、法律，公平与效率，农业与工业等之间的统筹兼顾。江泽民提出三个代表重要思想，将先进生产力、先进文化与人民群众的根本利益三者统筹兼顾，实现可持续发展。进入新时期，胡锦涛同志在继承马克思主义统筹兼顾方法论的基础上，从科学发展的新视角阐述了统筹兼顾思想，即统筹城乡发展、统筹区域发展、统筹经济社会发展、统筹人与自然和谐发展、统筹国内发展和对外开放，并明确指出：科学发展观的根本方法是统筹兼顾。这是我们党自觉运用系统论来认识人类社会发展规律和中国特色社会主义发展规律的体现，也是对马克思主义哲学的重大贡献。

二、企业社会责任理论的"范式"转换

"范式"的概念源于美国哲学家托马斯·库恩，在库恩那里，"范式"所表明的是一种科学发展的内在结构模型，"范式"通过一个具体的科学理论为范例，表示一个科学发展阶段的模式。如亚里士多德的物理学之于古代科学，托勒密天文学之于中世纪科学，伽利略的动力学之于近代科学的初级阶段，微粒光学之于近代科学的发达时期，爱因斯坦的相对论之于当代科学，都起了范式的作用。② 历史表明，"范式"在科学发展中发挥着整体性及核心性的关键作用，人类社会历史上的每一次科学进步、理论发展都是一种"范式"转换的结果。现在，"范式"一词被广泛应用，不仅在理论研究层面，甚至

---

① 《毛泽东文集》第七卷，人民出版社 1999 年版，第 44 页。
② 参见赵敦华：《现代西方哲学新编》北京大学出版社 2001 年版，第 206 页。

在实践领域，通过"范式"都可表达一种具有系统性、整体性的结构框架。

企业社会责任理论起源于西方，不管在其内部的理论有多少流派，但就总体上而言，这些理论都是根植于西方文化，是在西方资本主义企业的经营实践中产生的，具有共同的文化渊源和实践基础，在理论上具有共同性的"范式"。

我国与西方国家历史文化传统不同，基本社会制度不同，发展阶段不同，企业社会责任建设面临的问题也不同。不能简单照搬西方理论来指导我国的企业社会责任建设，不能用西方话语来解释中国独特的发展实践，削中国实践之足，适西方理论之履。在新的历史条件下，企业社会责任建设已经成为进一步发展社会主义市场经济的重要内容。企业社会责任不仅与企业发展有直接关系，也是提升国家形象、增强国家综合实力的组成部分。推动当代中国的企业社会责任建设，既需要遵循国际惯例，具有世界眼光，借鉴吸收西方国家百年来的理论成果和实践经验，更要立足中国国情，面向中国问题，总结中国经验。我们正在进行的中国特色社会主义市场经济实践，是前无古人的创举，也构成中国企业社会责任建设的独特实践场域，如何在借鉴人类文明成果基础上，用中国的理论研究和话语体系解释我们的实践，不断概括出开放融通，具有中国特色的新范畴、新理论，创造我们自己的企业社会责任理论新"范式"，是中国企业社会责任面临的首要问题。

应该指出，建立与中国国情相适应的企业社会责任"范式"是一个复杂的理论及实践问题，它涉及企业内部、外部环境，企业主体、政府主体、历史传统、现实条件等各个方面的因素，将这些各个方面的因素统一于企业社会责任的中国"范式"之中是一个系统工程，需要企业界、学术界和社会的共同努力。

三、科学发展观"内化"于企业价值观

在企业社会责任建设中，企业价值观建设居于核心地位。所谓价值观，就是人们在实践中形成的一套关于事物、行为之优劣、好坏的最基本的信念或判断。企业价值观与个人价值观一样，是决定其行为、评判外部事物的内在标准，符合自身价值观的就可以被认为是好的、善的，否则就是坏的、恶的。价值观除了是一种内在标准而外，它还具有稳定性、自觉性的特点，一旦形成就会稳固地存在于个人及组织之中，成为个人及组织的内在评判标准。历史地看，企业社会责任发展的过程，也是企业价值观不断演变的过程，西方企业百年来从最初的"股东利润最大化"观念，到"兼顾利益相关者利益"再到"企业公民"理念，实质上表征了一个对企业经营绩效的评价标准不断演化的过程。

科学发展观是指导我国经济社会发展的战略思想。与此同时，企业也是落实科学发展观的微观基础，每一个企业的科学发展将会带来整个社会的全面进步。科学发展观不是政治口号，只有落实到企业经营活动中，才能真正发挥指导作用。企业实现科学发展，就必须按照科学发展观的要求制定发展战略，作为发展哲学的科学发展观，不仅为为企业发展提供了科学的理论基础，也为企业提供了科学的价值评判标准，坚持科学发展观的指导思想，最重要的就是把科学发展观的要求内化为企业价值观中。

首先，要按照科学发展观的要求制定企业发展战略。企业战略目标是最能体现企业价值观的具体行为之一。企业战略目标确定了企业成长的方向，企业价值观会在这个战略目标的指引下逐步形成，因而企业社会责任也会在价值观的形成中逐步展现。所以，欲将科学发展

观内化于企业的价值观之中，就必须从企业战略目标入手。企业价值观与个体价值观的形成类似，早期的经历、经验往往在价值观的形成中扮演着极其重要的角色，早期战略目标符合科学发展观就意味着企业成长过程中其价值观的形成就会自觉地符合科学发展观，其伦理责任也会是符合科学发展观的。

其次，将科学发展观转化为企业经营理念。企业经营理念同样是反映企业价值观的一个重要方面，某种程度上说，企业的经营理念就是企业的价值观。企业经营理念展现于企业的各种具体经营行为之中。众所周知，企业最重要的一个职能就是开展经营活动，在各种经营活动之中实现自身的发展与壮大。这种经营活动是多层次、多方面的，具体地说包括微观、中观、宏观三个层次。微观层次指企业经营活动中，单个人包括雇主、雇员、管理者与被管理者、投资者、消费者等在这些活动中的表现；中观层次指各种经济组织包括公司、工会、消费者协会、行业协会等之间在经营活动中的表现；宏观层次是指社会及制度层次，包括经济制度、社会政策等在经营活动中的表现。这三个层次构成了企业经营活动的主要方面，因此企业经营理念在这三个层次中的展现决定了企业价值观、企业社会责任最终在企业经营活动中的落实。所以以科学发展观为内容的企业经营理念一经形成将会高效率地、实实在在地将企业伦理责任落实于具体经营活动之中，从而达到自觉履行企业伦理责任的目标。

再次，将科学发展观体现在企业的绩效评价中。长期以来，一提到企业经营评价，人们首先想到的就是经济效益的评价，而忽视了企业价值观这个指导企业行为的内在动因的履行效果的评价。这样的后果造成了企业价值观有可能在书面和口头上是一个内容，而在实际经营活动中是另一个内容，甚至是相反的内容，企业价值观形同虚设。这给社会乃至企业都造成了一个假相，那就是企业价值观并不重要。

实际上，不管企业如何经营，它都会有一个价值观在其自觉不自觉之间指导它的所有行为。为了使企业在正确价值观的指导下进行正确的活动，除了要在企业战略目标及经营理念中体现科学发展观的内涵之外，还要在企业经营评价体系中纳入对以科学发展观为核心的企业价值观的考核，把这种新型价值观落实于实际指标之中并分解于企业每一个员工身上以进行监控，这样以科学发展观为核心的企业价值观才能逐步由考核过渡到自觉行为之中，只有实现了量化的考核，企业的这种新型价值观才有可能发挥真正效果。

最后，在企业社会活动中实现科学发展观与企业价值观的重构。企业价值观不仅仅形成于企业的经营活动之中，企业社会活动对企业价值观的形成也具有重要的作用，而在企业社会活动中围绕科学发展观进行符合科学发展观内涵的社会活动无疑会对企业形成正确的价值观产生直接重要的作用。例如，制造污染的企业除了在经营活动中积极采取新技术最大限度地降低对环境的污染之外，还常常积极组织员工参加一些环保的公益性活动，让科学发展观所强调的人与自然和谐发展的理念深深地印在从企业管理者到普通员工每一个人的思想之中，这样，在如此的社会活动之中就会逐步形成以科学发展观为内容的企业价值观，最终这样的价值观一定会将企业伦理责任自觉地贯彻到企业、员工的每一个具体细微的行为之中，最大限度地发挥伦理道德的自觉约束作用。

第二节　企业社会责任建设的国际视野

自企业社会责任提出以来，西方国家政府、企业、第三方社会组织都曾制定了不同类型的企业社会责任标准。进入 20 世纪 90 年代，随着经济全球化的进程和跨国公司的发展，国际社会也提出一系列的企业社会责任标准，如 1997 年根据《国际劳工组织公约》，《世界人权宣言》和联合国《儿童权利公约》等制定的 SA8000 标准，是一个广泛适用于各个国家、不同行业的企业道德标准。进入 21 世纪后，企业社会责任标准的国际化、全球化趋势越来越加快：2000 年，联合国提出"全球契约"；2010 年，社会责任国际出台 ISO26000 标准，成为当前国际通行的企业社会责任标准。改革开放以来，我国的企业在参与国际经济活动、国际贸易，以及与跨国公司打交道的过程中，也在逐步学习、适应、接受这些国际标准，特别是 SA8000 标准，已经曾为我国的外向型企业在生产经营活动中必须考虑的重要因素。但与此同时，SA8000 标准也在一定程度上充当了西方国家设置贸易壁垒，跨国公司干涉中国企业的重要工具。

应该看到，目前国际社会通行的各种企业社会责任评价标准体系，是以西方国家为主导的国际社会制定的，不管其如何强调全球性，但仍然主要是西方企业发展实践的产物，体现了西方价值标准，是西方话语霸权在社会责任领域的体现，没有充分表达发展中国家的愿望和要求。现在，虽然我国的 GDP 规模已位居世界第二，但从总体上来说，我国仍然是一个发展中国家，经济发展水平不均衡，地区差距、行业差距将在长期范围内存在，人民日益增长的物质和精神文化需求仍然是我国的主要矛盾，加快经济发展仍然是我们面临的最大问题。因此，在社会责任标准问题上，我们一方面要积极引导和鼓励企业遵循国际通行的社会责任标准；另一方面，也绝不能完全照搬西方标准，而要在遵循国际惯例的基础上，根据中国的国情、中国企业发展的特点，以及我们的企业在社会责任建设中存在的问题，推进企业社会责任国际标准的中国化。

一、积极学习，熟悉"游戏规则"

在全球化条件下，随着中国改革开放和社会主义市场经济的深入发展，中国经济与世界的联系越来越密切，随着中国综合国力和国家地位的不断提高，中国企业在世界经济发展中的地位会越来越凸显。近年来，我国大力实施"走出去"战略，引导鼓励企业走出国门，参与到世界经济竞争当中，一大批企业成为具有国际影响力的大型集团。在世界 500 强企业排名榜上，中国上榜公司连续 9 年增加，2012年，共有 73 家大陆公司上榜，比 2011 年增加了 12 家。包括台湾、香港在内，2012 年中国共有 79 家公司上榜。在这些企业中，既有中国石化、中国石油、中国工商银行等大型国有企业，也有华为、联想等民营企业，说明我国企业的国际竞争力不断增强。与此同时，我们也看到，我国的许多企业在参与国际经济活动的过程中，不断遇到来自西方国家企业、跨国公司的反倾销调查、贸易诉讼等。从 20 世纪80 年代就开始的西方国家对于中国纺织行业的反倾销调查，直到2012 年 10 月华为公司在美国遭遇的所谓"间谍"指控，这一系列的案例背后，其实仍然是中国企业与西方国家企业争夺市场领导权的斗争。如在"华为事件"的背后，一直存在美国思科公司的影子。作为全球最大的网络设备供应商，思科将华为公司看做是其在全球最大的威胁，双方的较量早在十年前就开始，2002 年，当华为刚刚踏入美国市场时，思科就将华为视为最大的竞争对手，专门成立了"打击华为工作小组"，并于 2003 年开始对华为进行长达两年的知识产权诉讼，这场诉讼虽然最后以思科的失败告终，但思科有效地阻击了华为进军美国市场的步伐。思科看到单打"经济牌"并不能阻止华为，转而打出"政治牌"。"据《华盛顿邮报》报道，该报从一名熟悉思科销售策略的人士手中，获得了 2011 年 9 月由思科发布的长达 7 页的陈述，以'华为与国家安全'为标题，用于劝诱客户远离华为。"①因此，此番由美国议会针对华为、中兴的"间谍诉讼"，其幕后推手实际上仍然是思科。

实际上，华为、中兴目前所面临的困境，是中国企业在走向世界的过程中遭遇的普遍性问题，而且，有许多企业的遭遇比华为和中兴要为严重。毕竟，华为作为一家拥有核心知识产权和高度创新精神的企业，是中国民营企业中的优质企业，其对于国际经济贸易规则的熟悉程度，对于竞争对手的研究，都要比一般企业高得多。就企业社会责任来说，目前我国的大多数企业对于国际通行的社会责任标准还比较陌生，在与一些企业领导者的交流中，我们也发现，一些企业家对于企业社会责任的理解仅停留在捐助慈善上，没有把履行社会责任看做是企业经营管理的一部分，是增强企业综合实力的有效手段。这在很大程度上制约了企业责任管理的水平，也成为中国企业走向世界的一个障碍。

因此，我们认为，要让更多的中国企业在世界经济范围内崭露头角，成为具有国际影响力的企业，首要的一条，就是要学习、熟悉、吸收消化游戏规则，这些游戏规则既包括各种技术标准、贸易标准，也包括社会责任标准，如果我们的企业连最起码的游戏规则都不熟悉，那根本就谈不上和人家竞争。特别是在中国加入了 WTO 之后，我们很多企业就是由于不熟悉各种贸易规则，因而不断遭受西方国家的反倾销诉讼，使企业遭受不该遭受的损失。"据 2009 年广东省外经贸协会针对广东外贸企业的调查，每年总额达 4000 亿美元的外贸生

① 卫晓：《思科与华为十年战争：优势正失　前景蒙阴影》，《经济观察报》2012 年 10 月 20 日。

意，因对国际贸易标准的不了解而造成货款无法回收的比例就达
5%，总额约 200 亿美元。这个误差率是国外的 20 倍。"① 许多中国
企业经过多年的发展，已经具有与西方企业平等竞争的技术优势、质
量优势、价格优势，但就是因为不熟悉西方国家的游戏规则，导致企
业无法冲破西方国家人为设置的贸易壁垒，或者只能通过"贴牌"
生产，赚取产业链最低端的利润。

二、主动参与，增强"话语权"

当前，中国已经是名副其实的全球"制造大国"，我国的许多工
业产品数量、规模、产值都在全球居于领先地位。其中，钢铁产量是
世界前十大产钢国的总和，为美国和日本的 5 倍。2010 年全国 43 种
家电产量占全球家电总产量 85.3%；2011 年汽车产销量都突破 1800
万辆，稳居全球第一；2011 年我国的手机、计算机产量分别占全球
出货量的 70.6% 和 90.6%。但是，在这一连串数字的背后，在"中
国制造"风靡全球的同时，却是我国在主要工业制造品领域缺乏话
语权的事实，也就是说，虽然我们是世界最大的生产国，但整个行业
的规则却是由西方国家来制定的。"据不完全统计，国际标准化组织
（ISO）和国际电工委员会（IEC）发布的国际标准已近 20000 项，但
我国企业参与制定的仅 20 余项。另外，负责制定这些标准的机构全
世界有 900 多个，但我国参与其中的不足 10 个。"② 由于技术壁垒造
成的损失每年高达上千亿美元。

---

① 李乾韬：《我国应尽可能早地参与国际贸易标准的制定》，《南方都市报》2011 年 3 月
  9 日。
② 李乾韬：《我国应尽可能早地参与国际贸易标准的制定》，《南方都市报》2011 年 3 月
  9 日。

目前，各种全球性的技术、贸易包括社会责任标准，都是由许多企业共同参与制定的，具有很大的开放性。比如 ISO26000 社会责任标准，成员国团体达到 156 个，我国作为成员国之一，也是该标准的制定者，曾派 6 名人员参加了标准制定工作。但在许多其他类似的国际标准中，我国企业参与度很低。而且，许多国际标准是随着经济社会的发展不断再修订，而我们遵循的标准往往是 10 年、20 年才修订一次，远远跟不上形势的发展。如 2013 年，欧美国家即将出台家电行业的新的环保标准，这些标准将对我国的家电产业造成行动贸易壁垒。

因此，在我国经济日益融入全球化的形势下，我国的企业要树立主动参与意识，积极参加各项社会责任标准的修订工作，以此增强国际商业标准中的"中国声音"。根据国际标准化组织 2015 年的全球愿景，提高发展中国家在国际标准化中的能力和参与是一项主要目标，我国的政府、行业和各企业要抓住这个有利时机，加强对企业社会责任国际标准的研究工作，在消化吸收的基础上，根据中国企业的发展状况，进一步完善我国的企业社会责任标准基础结构，推动更多的企业参与制定、采用和实施自身感兴趣的领域和主题的国际标准。

三、立足国情，制定实施标准

从目前来看，不管是 SA8000 标准还是 ISO26000 标准，都是基于西方企业发展实践出台的国际标准，这些标准虽然强调发展中国家的参与，但实际上，由于发展中国家企业的先天劣势，在这些标准中不能很好地体现发展中国家的愿望和要求。比如，在有关环境保护的问题上，当前全球的严峻环境问题，首先是由于发达国家在工业化过程中的累积效应造成的，现在，发达国家已经进入后工业化阶段，许多跨国公司一方面把高污染的企业转移到发展中国家，另一方面又通过严格的环境标准来评估发展中国家的企业的环境状况。诚然，从人类长远的发展来看，面对一些全球性的问题，如气候变化、环境污染、资源保护等方面，发展中国家和发达国家都负有不可推卸的责任。但是，在执行这些全球性标准的过程中，不能不考虑发展中国家的实际状况，对于相当一部分发展中国家来说，促进本国经济发展，解决长期以来由于不平等的国际经济秩序造成的经济落后状况，改善人民的生活水平，仍然是最重要的事情。所以，要想在一个经济发展不均衡的世界推行一个形式上完全平等的标准，实质上是另一种不平等。

对于我国而言，虽然经过改革开放三十多年，我国已经成为世界第二大的经济体，但由于历史原因，我国经济发展的不均衡状况仍然相当严重，即便在国内，不同行业、不同地区的企业发展水平也存在很大差距。如果仅仅按照一个统一的、通行的社会责任标准来衡量所有企业，也是不可能的。所以，在对待国际社会责任标准的问题上，我们要采取一种实事求是的态度，不能搞"一刀切"，既要尊重国际惯例，大力引导企业执行国际标准，又要根据不同企业的情况提出不同的要求，如对于央企来说，就要严格按照国际通行的社会责任标准来要求，甚至出台更加要严格的标准，发挥好央企示范带动作用，推动中国的企业社会责任建设。更为重要的是，通过高于国际标准的要求，意味着我们在国际社会责任标准化推进中拥有更多的话语权，这也是提升央企综合实力和国际竞争力的重要手段。而对于那些发展处于起步阶段的小型企业、民营企业来说，如果按照国际通行标准要求，实际上是不切实际的，因而需要在遵循国际惯例的基础上，制定相应的实施规范。对于这些企业，我们只能做底线的要求，即只要满足了经济、社会、环境的"三重底线"，就可以把它看做是一个负责任的企业。值得欣慰的是，2008 年，国务院国资委在广泛调研的基础上，出台了《关于中央企业履行社会责任的指导意见》（以下简称《意见》），《意见》对中央企业社会责任的内容进行了明确规定，并提出中央企业要做履行社会责任的表率。但就《意见》本身内容来看，仍然只是比较原则性的规定，许多内容有待于进一步细化为可操作的量化标准。与此同时，我国对于民营企业、外资企业的社会责任标准的政策还没有正式出台，各个行业的社会责任标准也存在很大的差距，如纺织行业，在加入 WTO 之后由于较早受到国际冲击，特别是受 SA8000 标准等的制约，中国纺织工业协会从 2003 年就酝酿，并于 2005 年推出了正式的行业社会责任管理体系标准 CSC9000T。而在其他行业，社会责任标准的制定工作就相对滞后。因此，今后一段时间内，要想提高我国企业的社会责任水平，必须从中国实际出发，制定相应的行业规范标准。

第三节　企业社会责任建设的内生资源

中国是有着五千年历史的文明古国。千百年来，我们的祖先在治国理政、经世济民的历史实践中形成了具有深厚文化内涵的伦理传统，如天人合一的自然观，以人为本的社会观，重义轻利的利益观，诚实守信的经营观等。这些伦理观念包含了中国古人在长期社会实践中形成的东方智慧，有许多价值理念与现代企业经营理念相通，是中国企业社会责任建设的宝贵财富。

有学者提出"创造性转化"这一概念，其核心意思就是要把以儒家文化为核心的古老的中国传统文化，通过现代性转化，成为对于现代人类有益的文化养分，并以此克服西方现代性文化的缺陷。所谓的创造性转化，就意味着不是固守传统，也不是完摒弃传统，而是在传统基础上开出另外一种不同于西方的现代性文化。这是一种很有见地的提法。就人类当前面临的问题来说，自启蒙运动以来一直推动人类进步的现代性理念，已经成为一种制约人类文明进一步发展的"魔咒"，形形色色的后现代理论在试图"解咒"、"去蔽"的努力中，使得现代人的生活世界日益"碎片化"。在此意义上，企业社会责任理论的提出，可以看做一种重建"现代性"的微观理论，因为这一理论实际上是建立在否定现代性的人性假设——"经济人"基础上的，而赋予人性一种责任内涵，这无疑是对现代性人性论的重新理解。但由于这一理论一半是出于企业的功利需要，一半是来自于"后现代的焦虑"，本身是"碎片化"的，企业社会责任理论诞生以来，虽然一直在向历史回溯，试图找到一个扎实的理论根基，但一直没有结果。

在作者看来，中国传统文化的现代性意义在于，它一开始就是一种基于自然和世界的思维系统。一方面，中国人的世界观一直以来就把自然看做是人类存在的母体，强调人与自然的和谐相处；另一方面，中国虽然是最晚参与到全球化的国家之一，但却是最早具有全球意识的民族，这要归功于古人的"天下思维"。这两个方面，正与企业社会责任中诉求的"可持续发展"和"全球理念"内在相通，而这也是传统的现代性思维最大的缺陷。也正因为如此，中国的企业社会责任建设事实上具备了西方企业竭力试图寻找的伦理资源，在此意义上，如果能够真正把中国传统的伦理资源转化为现代企业社会责任的理论基础，不仅对于中国，对于世界范围内的企业社会责任建设都是具有重要意义的。

一、在企业、学术互动中挖掘传统资源

实现传统伦理资源的创造性转化，首要的基础工作是挖掘整理传

统伦理资源。多年来，国家和政府高度重视对于中国传统文化资源的挖掘整理，但这些工作主要是在学术界进行的。挖掘传统文化资源，不单是整理"国故"，挖掘传统文化资源，也不单是学术界的事。我们古人在长期的商业实践中形成了诸如晋商精神、徽商精神、温州精神、潮汕精神等一系列具有地方文化传统的商业伦理精神，这些精神既是中华民族文化的重要组成部分，也是当代企业伦理建设的重要文化资源。对于企业来说，如何深入挖掘这些传统商业伦理精神，并将其转化为经营管理资源，是一个需要深入研究的课题。

在现实中，由于企业总是成长于一定的文化传统中，其行为必然会受这种环境的影响，并以各种不同的方式贯彻传统的伦理观念，但这种贯彻是不自觉的。挖掘传统伦理资源，就是要把在历史长河中积淀的宝贵精神资源开发出来，唤醒企业的文化自觉意识，让企业认识到些传统伦理资源对企业经营的巨大推动作用，如这些年来，关于晋商精神的研究成果、影视作品不断涌现，晋商"诚信经营"的理念获得广泛传播，在此基础上，山西省的政府、学术界、企业界都把弘扬晋商文化，塑造新晋商精神作为推动山西经济转型跨越发展的重要支撑。2012 年 8 月，山西省召开了主题为"新晋商、新山西、新跨越"的首届世界晋商大会，这次大会的目的在于"弘扬晋商精神、传承晋商文化、凝聚晋商力量、重铸晋商辉煌"。这是企业与政府、学术界联合，挖掘传统伦理资源的有效尝试。又如，长期以来被誉为中国"犹太人"的温州人，在其卓有成效的商业实践中形成了独具特色的"温州精神"，这一精神通过学者提炼概括为："白手起家、艰苦奋斗的创业精神；不等不靠、依靠自己的自主精神；闯荡天下、四海为家的开拓精神；敢于创新、善于创新的创造精神"，这种精神是支撑温州企业发展的文化根基。因此，挖掘传统伦理资源，要加强企业界与政府、学术界的联合，通过学术研究增强企业的文化含量，通过政府组织特别是要根据企业的传统特色，挖掘出具有企业自身传统的文化资源，研究挖掘这些传统精神，并结合企业自身的发展，形成独具个性和魅力的企业文化，进而自觉地将传统伦理资源融入到自身经营活动之中。在企业进行战略规划、价值观建设、企业文化等方面，凸显传统伦理文化的特色。与此同时，要在建设社会主义市场经济的过程中，大力弘扬传统文化，为企业履行社会责任构建良好的伦理环境，特别是要弘扬诚信经营、正谊谋利、义利合一的优良商业传统，营造良好的经营环境，使企业在潜移默化中受到影响。

二、在对话交流中激活传统资源

在漫长的人类社会发展过程中，不同民族、不同国家，由于受社会实践、历史传统、人文氛围甚至地理、气候因素的影响，形成了各具特色的文化传统，在经济领域，也造就了不同的商业文化类型。如在英语文化背景中的英美等国家，其商业文化更突出的是主体意识、创新意识；而在欧洲大陆国家，则具有更强的规则意识；在东亚国家，由于深受儒家文化传统影响，在商业文化中包含了很强的儒家伦理色彩，强调仁爱、和谐、团队合作精神等。这些不同类型的商业伦理文化，使得企业社会责任具有不同的文化内涵。

推动中国的企业社会责任建设，不能脱离开我们所处的文化传统，如果我们只是按照西方企业社会责任理论来指导我们的实践，就有可能导致"淮橘为枳"的效果。事实上，西方的企业社会责任理论包含着西方的一套价值观念，我们既要看到其合理的、进步的一面，更要警惕其隐含的"文化霸权"。实际上，自西方工业化以来，西方国家就不断通过商业活动、军事征伐、宗教渗透等手段，向世界其他的地方输出其主流价值观，并不断改变着世界文化的发展格局。

在西方强势文化的冲击下，许多国家的民族文化面临着"合法性"危机。对此，我们必须有清醒的意识。

在对待西方社会责任理论的问题上，我们既不能采取"民粹主义"的态度，更不能具有"被殖民主义"的心态。我们既要看到我们传统伦理的不足，又要看到西方社会责任理论的局限。要以一种高度的文化自觉、文化自信和开放包容的心态，采取"古为今用，洋为中用"的态度，加强与西方文化对话交流，并在平等对话和交流中，学习西方的先进理念，激活我们的传统伦理资源，使其成为中国企业社会责任生长的文化土壤。在这个问题上，日本、韩国、新加坡等国的企业为我们提供了很好的范例，这些国家文化属于广义上的东亚文化圈，其文化根基都是中国儒家文化，在借鉴吸收西方先进管理经验的过程中，这些国家的企业都在传统文化的基础上形成了有别于西方文化的管理模式，成功地实现了儒家文化与西方文化在企业经营管理实践中的融合。

在全球化背景下，我国企业还面临着另外一个跨文化交流的问题。在全球化时代，由于市场交往的范围不断扩大，不同国家、地区的经济联系日益密切，以及由于人类发展所带来的一系列全球性问题，促进了一种全球意识的形成。与此同时，在一个日益全球化的时代，随着民族国家的兴起，民族文化意识也不断觉醒，不同民族文化之间的交流、交锋、交融日益加深，许多跨国公司在其经营活动中都面临着跨文化交流的困境。随着我国的改革开放不断深入发展，越来越多的企业实施"走出去"战略，不可避免地也面临着与其他非西方文化的冲突与碰撞问题，这种跨文化的冲突和融合为传统伦理文化创造性转化提供了契机。对此，要求我国的企业要树立平等对话的意识，尊重其他民族的文化传统，并吸收其合理成分，为我所用，推动跨文化的交流，在全方位的主动交流中，吸收人类文明的一切有益成果，推动传统伦理资源的创造性转化。

三、在经营管理中导入传统资源

实践的观点，是马克思主义首要的和最基本的观点。实现传统伦理资源的创造性转化，不仅需要加强跨文化的交流对话，借鉴吸收其他文化的有益成分，更需要我们在实践中不断创新。

一是将传统伦理导入员工道德教育中。员工的道德素质，是企业社会责任建设的重要组成部分。企业的任何活动都是由企业员工完成的，企业员工的行为最终决定企业的活动成果。在中国传统的企业伦理中，非常重视对于员工道德素质的培养，如晋商票号要求员工"重信义，除虚伪；节情欲，敦品行；贵忠诚，鄙利己；奉博爱，除嫉恨；喜辛苦，戒奢华"，把员工的"德操"看做是比能力更重要的素质，并制定了一系列的戒律，对员工的道德素质进行监督。晋商之所以能够"汇通天下"，500年经久不衰，靠的是每一个员工都把"诚信"二字成为一种商业信仰。现代企业当然不能像曾经的票号一样对员工进行道德管理，但我们也应该看到，传统商业伦理中包含的这些理念对于我们是有意义的。特别是在中国传统文化背景下，来自我们本土的伦理资源，更容易被员工认同和接受。这就需要企业在关注员工物质利益的同时，更加重视对员工精神文化的培育，要通过切实可行的措施，把传统文化优良的道德观念导入到员工思想中，展现于企业的活动之中，转化为一个深入骨髓的企业精神之中，使其成为增强企业凝聚力、创造力的精神力量。

二是要将传统伦理导入企业的制度建设中。企业的各项制度是企业经营管理活动的规则。企业制度建设的科学化水平事关企业生存发展，直接关系到企业经营活动的成败。现在，许多企业一说到加强管理，第一个直接的反应是想到西方的管理理论，的确，西方企业在长期的经营管理实践中形成了一系列管理模式，现代企业制度、企业治理结构基本上都是建基于这些理论基础上的。但是，我们也应该看到，中国古代也有着非常悠久的社会管理实践，有许多管理理念不仅与西方的管理思想异曲同工，甚至具有更加丰富的内涵。在中国古代特别是自明清以来不同商帮的经营实践中，许多经营管理的理念、方法对于我们今天的现代企业管理仍然具有借鉴意义。如晋商票号独创的财务管理模式——"银股+身股"的股权激励模式等，对于今天的企业经营治理，仍然具有价值。所以，实现传统伦理资源的创造性转化，一个很重要的方面，就是要把这些优秀的传统伦理资源体现于企业的管理制度中，使这些理念和方法落地生根。如果我们能够把这些传统的经营管理手段，创造性地运用到现代企业管理之中，就有可能形成具有中国特色的企业管理模式。

第四节　企业社会责任建设的推动力量

企业社会责任建设，除了依赖于企业的文化自觉外，来自外部的监督和激励机制也是不可或缺的重要因素。在新的历史条件下，要推动中国的企业社会责任建设，离不开政府、行业组织，以及以大众传媒为代表的社会舆论对于企业的推动作用。

一、政府的引导和监管

企业社会责任建设离不开政府的引导和推动，这是西方发达国家在企业社会责任建设中的经验，也是中国独特的国情决定的。在市场经济条件下，政府不仅是正常市场秩序的维护者、监管者，也是市场经济活动的直接参与者。政府通过制定法律法规，出台产业政策、实行宏观调控、进行政府采购等手段，积极引导和激励企业履行社会责任。由于企业社会责任进入我国的时间较短，许多企业对于企业社会责任的认识不到位，履行社会责任的积极性不高，这就更需要发挥政府在推动企业社会责任中的作用。

一是进一步理顺政企关系，推进政府职能转变。这是企业履行社会责任的前提。企业社会责任的理念，是建立在企业具有独立市场主体地位基础上的，因为所谓的责任，必然意味着主体具有履行责任的资格和能力。这里必须强调的是，企业履行社会责任，并不是要求企业代替政府或者其他社会组织承担不该由企业承担的社会职能，在某种意义上说，企业社会责任是对企业主体地位的真正肯定和确认，是对现代企业制度的进一步发展和完善。从政府方面来看，现代意义上的政府，是服务型政府。政府主要通过制定法律法规，保证正常市场秩序，通过宏观调控手段，弥补市场竞争的不足，为避免出现市场失灵的状况，政府还要通过提供公共服务，为企业经营发展提供良好的社会条件。

改革开放以来，我们在实施经济体制改革的同时，也在不断推进政府职能的转变。在政企关系上，通过实施国有企业改革，逐步改变了以往政企不分的弊端，企业转变为具有独立法人资格的市场经济主体。但由于历史和现实的多方面原因，在政府与企业的关系上，仍然存在政企不分的现象。一方面，通过国企改革，计划经济时代"企业办社会"的现象得到控制，与此同时，由于我国的公共服务体系仍然不健全，在教育、医疗、就业、社会保障等问题上，公共服务体系不能实现全覆盖，在许多情况下，企业仍然不得不承担社会职能，特别是对于一些大型国有企业来说，仍然存在"企业办社会"的遗留问题。就民营企业来说，由于政府在社会保障、公共服务体系方面的不完善，许多在这些企业中工作的职工，特别是农民工，并不能享受到公共福利。另一方面，在实施国有企业改革的过程中，我们采取了"抓大放小"的战略，做强做大国有企业，在国民经济的重要部门和关键领域，国有企业占据绝对主导地位，有效地保证了国家的经济安全，在一些竞争性领域，也有一批国有企业在竞争中成为行业的领跑者，促进了国有资产的保值增值。但与此同时，我们也看到，在一些领域，由于国有企业的垄断地位，导致了这些企业不仅是市场活动的参与者，也是市场游戏规则的制定者，再加上我国的许多国有企业本身脱胎于政府职能部门，如中国移动、中国电信等，在由政府管理部门向企业的角色转变过程中，由于其具有先天政策优势，也可能造成在市场竞争中的有利地位。因此，要想推进中国的企业社会责任建设，就要进一步理顺政企关系，真正实现政企分开，因为不管是以政代企，还是以企代政，最终都不利于企业自身的发展，也不可能真正体现社会责任的要求。

二是建立有效的激励与监督机制。政府的政策导向对于企业履行社会责任具有直接的影响。要引导企业履行社会责任，政府就要建立相应的激励和监督机制。只讲激励而不对后果监督，就会使激励机制流于形式，产生不了激励作用；同样，只讲监督不讲激励，就会削弱企业内在因素的作用，不利于培养企业的自觉能动性。只有激励机制与监督机制的配套实施才发挥政府的推动作用。

在激励机制方面。一是通过制定各种产业政策、就业政策、劳动保护政策明确政策导向，引导企业重视社会责任，提高企业社会责任意识；二是充分利用税收、贷款优惠、政府采购等经济杠杆激励企业重视道德资本培育，使得企业履行社会责任具有良好的回报；三是要运用有效的行政、宣传手段对企业社会责任状况良好的企业进行表彰、宣传，增加优秀企业的无形资本，使之成为众多企业的楷模与自觉学习的对象。在监督机制方面。一是要制定科学的、量化的企业社会责任评价指标，使企业社会责任的履行有可靠的测量标准；二是要建立企业社会责任的监控体系，也就是说，政府能够及时掌握对企业的社会责任状况，主要是建立企业社会责任报告制度，要求企业在一定经营期限内，定期发布社会责任报告，公开关于社会责任的信息；三是相应的惩罚措施。针对那些在评估考核中社会责任状况不达标的企业，要根据其违责情况，进行相应惩罚，如果违反法律法规，要追究企业负责人的责任。

二、培育行业社会组织

在企业社会责任建设中，行业协会具有非常重要的作用。行业协会是全体从业人员、组织为使行业正常运行而建立的自治组织。行业协会自身的性质决定了它在企业社会责任建设中所担负的重要作用。行业协会可依靠自身制定的各种行业规则体现企业社会责任的要求，并且可以制定一些强制性的规章以促进企业履行社会责任。西方社会责任发展的实践表明，行业协会，是除了政府之外，推动企业履行社会责任的重要力量。

改革开放以来，我国的各种行业协会获得充分发展，在推进企业社会责任建设方面发挥了积极作用，如中国纺织工业协会，在2003年就制定了统一的行业标准，成为全国纺织企业遵循的规范。但是，与西方发达国家相比，我国的行业性社会组织发育仍然是不充分的，这主要体现在两个方面：一是目前大多数权威性的行业组织都有政府背景，不是独立的第三方组织，因此，这些组织事实上是按照政府意志行事的。由于缺乏独立性，因而在对企业进行监督的过程中，容易出现行政命令的形式主义倾向。二是其他大量的行业组织存在良莠不齐的状况，特别是个别行业组织并不是在企业自愿基础上成立的，并且成员构成复杂，管理混乱，实质上成了为了赢利目标而设立的中介机构，这些组织不仅不利于企业社会责任，而且损害了行业组织的良好形象。

因此，推动中国的企业社会责任建设，就要大力培育以行业协会为主体的第三方社会组织，鼓励他们积极投身企业社会责任的研究、推广、培训、宣传等方面工作，积极开展与政府和企业的合作，发挥好他们在政府、企业、社会中的桥梁和纽带作用。对于那些政府不便于开展的工作，要交由行业组织去办理。发挥好行业组织在监督企业社会责任方面的积极作用，如通过发布行业社会责任指数，出台行业社会责任报告，指导企业社会责任建设，通过搭建企业界与学术研究机构、新闻媒体的沟通平台，为企业社会责任建设服务，使他们成为推动中国企业社会责任的第三方力量。

三、加强社会舆论监督

在现代社会，大众传媒被称为"第四种权力"，在人们社会生活中发挥着越来越重要的作用。在企业社会责任建设中，主要由大众传媒构成的社会舆论监督，是不容忽视的重要力量。

大众传媒掌握了信息传播的渠道，是沟通企业、政府和社会公众信息交流的媒介。在现代社会中，以报纸、电台、电视、网络等构成的大众传媒已经成为人们进行信息交流的主要平台。企业的产品推广、形象塑造、信息发布离不开大众传媒，消费者对于企业的认知，主要是通过大众传媒来实现的。在信息时代，传统"酒香不怕巷子深"的观念已经不适时宜，一个成功的企业，必须把媒介经营作为企业经营管理的重要组成部分。现在，许多企业都建立了专门的媒体沟通部门，负责企业的对外宣传，几乎所有的企业都建立了自己的官方网站，企业微博、企业论坛成为企业员工之间、消费者与企业之间进行互动交流的重要渠道。

大众传媒具有舆论引导功能，为企业社会责任建设营造良好的舆论氛围。企业社会责任建设需要有良好的社会舆论环境。国家和政府出台的各项政策举措，主要是通过大众传媒来告知公众，进而通过大众传媒的发酵，成为整个社会的舆论热点的。如现在有很多人身体力行低碳生活方式，就是在传媒引导下的普遍社会行为，再如这几年来，全社会对于农民工问题的持续关注，也离不开大众传媒的力量。对于企业来说，掌握大众传媒就掌握了对公众的话语权，掌握了话语权，就掌握了市场的主导权。这也是在一些热播电视栏目中，企业不惜重金投入广告的原因。

大众传媒充当社会公正的评判者角色，对于企业社会责任形成舆论压力。大众传媒一开始就具有批判功能。"用事实说话"，虽然是新闻工作者的职业要求，但这个"事实"本身带有价值的倾向性。近年来，我国发生的一系列企业道德失范事件，从三聚氰胺事件到孙志刚开胸验肺，从"毒大米"到"地沟油"，都是率先经过新闻媒体的报道，进而通过新闻媒体的揭露而最终引起社会关注的。许多问题的解决，也离不开新闻媒体的参与。正是因为有了社会舆论的监督，才使得企业不敢为所欲为，也使得企业的违规成本成倍放大，这对企业社会责任状况的改善起到了良好的监督作用。

因此，推动中国的企业社会责任建设，必须加强对社会舆论的监督作用，只有把企业经营行为暴露在"阳光"之下，企业才会时刻紧绷责任意识这根弦，也只有大众传媒的广泛参与，才能使企业良好社会形象得以确立。

四、国有企业的示范作用

国有企业是我国社会主义经济制度的基础，是国民经济的主干力量。在推动企业社会责任建设中，国有企业是代表全民利益和政府形象的企业，应该发挥示范带动作用。

从产权性质来看。我国的国有企业与西方国家的国有企业不同。就其产权性质而言，国有企业属于全体人民，政府代表人民行使对国有企业的股东权利，因而我国的国有企业从其根源上来说，一开始就不是为实现有限的几个投资人利益而设立的，而是为实现全体公民利益而设立的。从这个意义上说，履行社会责任，是国有企业的天然使命。从国有企业的地位和作用来看，我国的国有企业是会主义经济制度的基础，是维护国家安定团结政治局面的基本依托。国有企业控制了国民经济的关键领域和核心产业，是维护国家经济安全的主体，也是政府实施宏观调控的重要手段。国有企业的这些独特使命和地位，决定了国有企业社会责任的特殊性。简而言之，国有企业必须比其他类型的企业承担更多的社会责任。

2008年，国务院国资委出台了《关于中央企业企业社会责任建设的实施意见》，明确了中央企业必须承担的8个方面责任。同时也明确指出，中央企业应该在企业社会责任建设中发挥表率作用。中央企业是国有企业的"领头羊"，应该说，这一要求也是对多有国有企业提出的要求。从目前来看，虽然在国有企业内部，由于行业不同、规模不同，所处的地域不同，但国有企业社会责任状况整体上要优于民营企业与外资企业。近年来，国家电网公司、中石油、中远集团等一批中央企业先后公开发布企业社会责任报告，在社会上引起了积极反响。广大国有企业，在载人航天、青藏铁路、三峡工程、西气东输、西电东送、南水北调、奥运工程等一大批关系国家安全和国计民生的重大项目建设中，作出了重大贡献。但与此同时，国有企业社会责任状况与社会公众的期待仍然有相当大的差距，特别是针对国有企业员工的待遇问题、高管年薪问题、垄断行业的高额利润问题等，成为公众热议的焦点。这些问题也从一个侧面反映了国有企业社会责任建设存在的缺陷。

因此，要发挥好国有企业在中国企业社会责任建设中的示范带动作用，必须进一步加强国有企业的社会责任建设：要从推动国民经济长远发展、实现共同富裕的高度，来看待国有企业社会责任；要进一步改革国有企业的治理结构，理顺政企关系，避免公众的财富沦为少数人的福利，避免国有企业通过政策优势和垄断地位为自己谋利；要加强对国有企业社会责任的监督，使国有企业真正成为履行社会责任的表率。

结　语

　　企业从产生的那一天起，就始终把伴随着"发展与责任"的双重考量，或者说，企业从一开始就在自身利益和社会公益之间面临着一种选择。在传统自由主义经济学的视野中，企业所面临的这种"私人利益"与"公共利益"的矛盾是通过"看不见的手"自发调节的。但在现实中，这种由"必要恶"达到"公共善"的企图却被证明不过是一个"乌托邦"式的一相情愿。正如马克思所言，资本来到世间，从头到脚，每一个毛孔都滴着血和肮脏的东西。资本的逻辑就是不顾一切地实现自己的增值，在过去，它是用赤裸裸的血与火为自己开辟道路，现在，它是用看上去比较"文明"的方式，但不管是什么样的方式，资本的本性没有变，这一点，丝毫不以人的善良意志为转移。

　　在此意义上说，企业伦理的存在境遇是悲观的，在一些人看来，它至多不过是蒙在资本脸上一块"温情脉脉"的面纱而已。弗里德曼甚至赤裸裸地宣称："企业的唯一职责就是赚钱。"但正如本书前面所言，与"看不见的手"是一个乌托邦一样，"企业与道德无涉"也是一个"神话"，这两个带有幻想色彩的信条都有着一个共同的认识论根源，那就是一种"二分法"的工具主义思维教条，这一教条预设了道德与利益的鸿沟，把企业看做一个单纯赚钱的工具。毫无疑问，资本是一种物质力量，但人却不能任由这种盲目的物质力量发生作用，现实的许多教训也一再告诉我们，任凭资本的由缰信马，将会导致无法预料的后果，企业如果只知道为一己私利考虑，最终的结果是自己也成为资本的"陪葬品"。华尔街的金融危机就是最具说服力的明证。

因此，要想让资本这匹野马服务于人类更高的福祉，就不能不从更深的层面重新审视这些传统的信条。西方企业社会责任理论的提出，可以看做是这种反思的成果之一。但正如本书所担忧的，一种建基于"资本逻辑"之上的社会责任理论所提供的支持将是软弱无力的，它仍然不足以从根本上说服"资本"改变"唯我独尊"的立场，至多不过是为了实现更大利益的"权宜之计"。在"资本"的眼里，"企业社会责任"只是一种工具。因此，要改变这种状况，需要我们有一个世界观层面的彻底转换，也就是说，要超越"资本逻辑"的视野去看待企业的本质。为此，我们引入了独具中国文化特色的"和谐"范畴作为实现这一转换的逻辑起点，通过这一范畴，可以消解企业面临的利益与道德的二元紧张，使我们更加全面深刻地理解到企业不仅是一个经济实体，同时也是道德实体，是一种"利益+道德"的综合性实体。由此，企业的角色和地位也就发生了转换，而所谓的企业社会责任才获得了更为坚实的"合法性"基础。本书中关于"道德资本"的论证，实质上是围绕企业的本质而展开的，而"社会责任"，则是从企业的社会角色层面展开的，由内部和谐而达致外部和谐，并使两个方面的和谐有机统一起来，从而达到了整体性的和谐，这是本书所试图阐明的理论路径。

如果说上述构想仍然只是一种理论推演的话，那么我们正在进行的社会主义市场经济建设却为这一构想提供了广阔的实践空间。社会主义市场经济是一种完全不同于资本主义市场经济的经济运行模式，在社会主义市场经济条件下，资本这匹任意驰骋的"野马"被套上了制度的缰绳，资本的运行逻辑必须服从于更高的价值目标，市场经济是实现社会主义理想目标的手段。在这一制度前提下，企业社会责任不再是实现资本目的的工具；与之相反，资本成为实现整个社会福祉的手段。这就从根本上克服了资本主义制度条件下企业社会责任与资本诉求之间的内在冲突，使企业社会责任具有了更大的"直接现实性"。事实上，社会主义市场经济的发展完善过程与企业社会责任的发展是直接相关的，在社会主义市场经济条件下，作为市场主体的企业，不仅是"权利主体"，更应该是"责任主体"。

三十多年的改革开放和社会主义市场经济实践已经表明，一种超越西方资本主义的市场经济新秩序建立，有赖于企业角色的深刻转换，建设社会主义和谐社会，也呼唤企业担当更多的责任。但与此同时，我们也必须清醒地意识到，由于社会主义初级阶段的基本国情，我国的企业发展所面临的问题也是严峻的，传统工业化和新型工业化的双重任务，使得我国企业社会责任问题更加复杂，企业社会责任建设的任务更加艰巨，我们要在西方企业社会责任理论的基础上，形成具有中国特色的企业社会责任理论，就必须始终坚持科学发展观所倡导的基本理念，用当代中国的发展哲学指导中国的企业社会责任实践，并最终在实践中形成自己的话语体系和实践路径，而这一切，最终要依靠中国企业界和学术界的共同努力。

深圳证券交易所上市公司社会责任指引

第一章　总　则

第一条　为落实科学发展观，构建和谐社会，推进经济社会可持续发展，倡导上市公司积极承担社会责任，根据《公司法》、《证券法》等法律、行政法规、部门规章，制定本指引。

第二条　本指引所称的上市公司社会责任是指上市公司对国家和社会的全面发展、自然环境和资源，以及股东、债权人、职工、客户、消费者、供应商、社区等利益相关方所应承担的责任。

第三条　上市公司（以下简称"公司"）应在追求经济效益、保护股东利益的同时，积极保护债权人和职工的合法权益，诚信对待供应商、客户和消费者，积极从事环境保护、社区建设等公益事业，从而促进公司本身与全社会的协调、和谐发展。

第四条　公司在经营活动中，应遵循自愿、公平、等价有偿、诚实信用的原则，遵守社会公德、商业道德，接受政府和社会公众的监督。不得通过贿赂、走私等非法活动牟取不正当利益，不得侵犯他人的商标、专利和著作权等知识产权，不得从事不正当竞争行为。

第五条 公司应按照本指引要求，积极履行社会责任，定期评估公司社会责任的履行情况，自愿披露公司社会责任报告。

第六条 本指引适用于其股票在深圳证券交易所（以下简称"本所"）上市的公司。

第二章 股东和债权人权益保护

第七条 公司应完善公司治理结构，公平对待所有股东，确保股东充分享有法律、法规、规章所规定的各项合法权益。

第八条 公司应选择合适的时间、地点召开股东大会，并尽可能采取网络投票方式，促使更多的股东参加会议，行使其权利。

第九条 公司应严格按照有关法律、法规、规章和本所业务规则的规定履行信息披露义务。对可能影响股东和其他投资者投资决策的信息应积极进行自愿性披露，并公平对待所有投资者，不得进行选择性信息披露。

第十条 公司应制定长期和相对稳定的利润分配政策和办法，制定切实合理的分红方案，积极回报股东。

第十一条 公司应确保公司财务稳健，保障公司资产、资金安全，在追求股东利益最大化的同时兼顾债权人的利益，不得为了股东的利益损害债权人的利益。

第十二条 公司在经营决策过程中，应充分考虑债权人的合法权益，及时向债权人通报与其债权权益相关的重大信息；当债权人为维护自身利益需要了解公司有关财务、经营和管理等情况时，公司应予以配合和支持。

第三章　职工权益保护

第十三条　公司应严格遵守《劳动法》，依法保护职工的合法权益，建立和完善包括薪酬体系、激励机制等在内的用人制度，保障职工依法享有劳动权利和履行劳动义务。

第十四条　公司应尊重职工人格和保障职工合法权益，关爱职工，促进劳资关系的和谐稳定，按照国家有关规定对女职工实行特殊劳动保护。不得非法强迫职工进行劳动，不得对职工进行体罚、精神或肉体胁迫、言语侮辱及其他任何形式的虐待。

第十五条　公司应建立、健全劳动安全卫生制度，严格执行国家劳动安全卫生规程和标准，对职工进行劳动安全卫生教育，为职工提供健康、安全的工作环境和生活环境，最大限度地防止劳动过程中的事故，减少职业危害。

第十六条　公司应遵循按劳分配、同工同酬的原则，不得克扣或者无故拖欠劳动者的工资，不得采取纯劳务性质的合约安排或变相试用等形式降低对职工的工资支付和社会保障。

第十七条　公司不得干涉职工信仰自由，不得因民族、种族、国籍、宗教信仰、性别、年龄等对职工在聘用、报酬、培训机会、升迁、解职或退休等方面采取歧视行为。

第十八条　公司应建立职业培训制度，按照国家规定提取和使用职业培训经费，积极开展职工培训，并鼓励和支持职工参加业余进修培训，为职工发展提供更多的机会。

第十九条　公司应依据《公司法》和公司章程的规定，建立起职工董事、职工监事选任制度，确保职工在公司治理中享有充分的权利；支持工会依法开展工作，对工资、福利、劳动安全卫生、社会保险等涉及职工切身利益的事项，通过职工代表大会、工会会议的形式听取职工的意见，关心和重视职工的合理需求。

第四章　供应商、客户和消费者权益保护

第二十条　公司应对供应商、客户和消费者诚实守信，不得依靠虚假宣传和广告牟利，不得侵犯供应商、客户的著作权、商标权、专利权等知识产权。

第二十一条　公司应保证其提供的商品或者服务的安全性。对可能危及人身、财产安全的商品和服务，应向消费者作出真实说明和明确的警示，并标明正确使用方法。

第二十二条　公司如发现其提供的商品或者服务存在严重缺陷的，即使使用方法正确仍可能对人身、财产安全造成危害的，应立即向有关主管部门报告并告知消费者，同时采取防止危害发生的措施。

第二十三条　公司应敦促客户和供应商遵守商业道德和社会公德，对拒不改进的客户或供应商应拒绝向其出售产品或使用其产品。

第二十四条　公司应建立相应程序，严格监控和防范公司或职工与客户和供应商进行的各类商业贿赂活动。

第二十五条　公司应妥善保管供应商、客户和消费者的个人信息，未经授权许可，不得使用或转售上述个人信息牟利。

第二十六条　公司应提供良好的售后服务，妥善处理供应商、客户和消费者等提出的投诉和建议。

第五章　环境保护与可持续发展

第二十七条　公司应根据其对环境的影响程度制定整体环境保护政策，指派具体人员负责公司环境保护体系的建立、实施、保持和改进，并为环保工作提供必要的人力、物力以及技术和财力支持。

第二十八条　公司的环境保护政策通常应包括以下内容：

（一）符合所有相关环境保护的法律、法规、规章的要求；

（二）减少包括原料、燃料在内的各种资源的消耗；

（三）减少废料的产生，并尽可能对废料进行回收和循环利用；

（四）尽量避免产生污染环境的废料；

（五）采用环保的材料和可以节约能源、减少废料的设计、技术和原料；

（六）尽量减少由于公司的发展对环境造成的负面影响；

（七）为职工提供有关保护环境的培训；

（八）创造一个可持续发展的环境。

第二十九条　公司应尽量采用资源利用率高、污染物排放量少的设备和工艺，应用经济合理的废弃物综合利用技术和污染物处理技术。

第三十条　排放污染物的公司，应依照国家环保部门的规定申报登记。排放污染物超过国家或者地方规定的公司应依照国家规定缴纳超标准排污费，并负责治理。

第三十一条　公司应定期指派专人检查环保政策的实施情况，对不符合公司环境保护政策的行为应予以纠正，并采取相应补救措施。

第六章　公共关系和社会公益事业

第三十二条　公司在经营活动中应充分考虑社区的利益，鼓励设立专门机构或指定专人协调公司与社区的关系。

第三十三条　公司应在力所能及的范围内，积极参加所在地区的环境保护、教育、文化、科学、卫生、社区建设、扶贫济困等社会公益活动，促进公司所在地区的发展。

第三十四条　公司应主动接受政府部门和监管机关的监督和检查，关注社会公众及新闻媒体对公司的评论。

第七章　制度建设与信息披露

第三十五条　本所鼓励公司根据本指引的要求建立社会责任制度，定期检查和评价公司社会责任制度的执行情况和存在问题，形成社会责任报告。

第三十六条　公司可将社会责任报告与年度报告同时对外披露。社会责任报告的内容至少应包括：

（一）关于职工保护、环境污染、商品质量、社区关系等方面的社会责任制度的建设和执行情况；

（二）社会责任履行状况是否与本指引存在差距及原因说明；

（三）改进措施和具体时间安排。

第八章　附　　则

第三十七条　本指引由本所负责解释。

第三十八条　本指引自发布之日起施行。

上海证券交易所《公司履行社会责任的报告》
编制指引

一、公司履行社会责任的报告（以下简称"社会责任报告"）是反映公司履行社会责任方面工作的报告。

二、公司可根据自身实际情况及编制相关报告的工作实践，决定上述报告的内容及标题，包括但不限于：社会责任报告、可持续发展报告、环境责任报告、企业公民报告等。

三、报告标题下方应提示：本公司董事会及全体董事保证本报告内容不存在任何虚假记载、误导性陈述或重大遗漏，并对其内容的真实性、准确性和完整性承担个别及连带责任。

四、公司在编制社会责任报告时，应至少关注如下问题：

1．公司在促进社会可持续发展方面的工作，例如对员工健康及安全的保护、对所在社区的保护及支持、对产品质量的把关等；

2．公司在促进环境及生态可持续发展方面的工作，例如如何防止并减少污染、如何保护水资源及能源、如何保证所在区域的适合居住性，以及如何保护并提高所在区域的生物多样性等；

3．公司在促进经济可持续发展方面的工作，例如如何通过其产品及服务为客户创造价值、如何为员工创造更好的工作机会及未来发展、如何为其股东带来更高的经济回报等。

五、公司可按照《关于加强上市公司社会责任承担工作暨发布〈上海证券交易所上市公司环境信息披露指引〉的通知》要求，披露每股社会贡献值。披露该指标的公司，应同时披露社会成本的计算口径。

六、公司可以聘请第三方验证公司履行社会责任的情况。如公司聘请第三方验证公司履行社会责任的情况，应披露验证结果。

七、如有董事对本报告内容的真实性、准确性、完整性无法保证或存在异议的，应当单独陈述理由和发表意见。

关于中央企业履行社会责任的指导意见

为了全面贯彻党的十七大精神，深入落实科学发展观，推动中央企业在建设中国特色社会主义事业中，认真履行好社会责任，实现企业与社会、环境的全面协调可持续发展，提出以下指导意见。

一、充分认识中央企业履行社会责任的重要意义

（一）履行社会责任是中央企业深入贯彻落实科学发展观的实际行动。履行社会责任要求中央企业必须坚持以人为本、科学发展，在追求经济效益的同时，对利益相关者和环境负责，实现企业发展与社会、环境的协调统一。这既是促进社会主义和谐社会建设的重要举措，也是中央企业深入贯彻落实科学发展观的实际行动。

（二）履行社会责任是全社会对中央企业的广泛要求。中央企业是国有经济的骨干力量，大多集中在关系国家安全和国民经济命脉的重要行业和关键领域，其生产经营活动涉及到整个社会经济活动和人民生活的各个方面。积极履行社会责任，不仅是中央企业的使命和责任，也是全社会对中央企业的殷切期望和广泛要求。

（三）履行社会责任是实现中央企业可持续发展的必然选择。积极履行社会责任，把社会责任理念和要求全面融入企业发展战略、企业生产经营和企业文化，有利于创新发展理念、转变发展方式，有利于激发创造活力、提升品牌形象，有利于提高职工素质、增强企业凝聚力，是中央企业发展质量和水平的重大提升。

（四）履行社会责任是中央企业参与国际经济交流合作的客观需要。在经济全球化日益深入的新形势下，国际社会高度关注企业社会责任，履行社会责任已成为国际社会对企业评价的重要内容。中央企业履行社会责任，有利于树立负责任的企业形象，提升中国企业的国际影响，也对树立我国负责任的发展中大国形象具有重要作用。

二、中央企业履行社会责任的指导思想、总体要求和基本原则

（五）指导思想。以邓小平理论和"三个代表"重要思想为指导，深入贯彻落实科学发展观，坚持以人为本，坚持可持续发展，牢

记责任，强化意识，统筹兼顾，积极实践，发挥中央企业履行社会责任的表率作用，促进社会主义和谐社会建设，为实现全面建设小康社会宏伟目标作出更大贡献。

（六）总体要求。中央企业要增强社会责任意识，积极履行社会责任，成为依法经营、诚实守信的表率，节约资源、保护环境的表率，以人为本、构建和谐企业的表率，努力成为国家经济的栋梁和全社会企业的榜样。

（七）基本原则。坚持履行社会责任与促进企业改革发展相结合，把履行社会责任作为建立现代企业制度和提高综合竞争力的重要内容，深化企业改革，优化布局结构，转变发展方式，实现又好又快发展。坚持履行社会责任与企业实际相适应，立足基本国情，立足企业实际，突出重点，分步推进，切实取得企业履行社会责任的成效。坚持履行社会责任与创建和谐企业相统一，把保障企业安全生产，维护职工合法权益，帮助职工解决实际问题放在重要位置，营造和谐劳动关系，促进职工全面发展，实现企业与职工、企业与社会的和谐发展。

三、中央企业履行社会责任的主要内容

（八）坚持依法经营诚实守信。模范遵守法律法规和社会公德、商业道德以及行业规则，及时足额纳税，维护投资者和债权人权益，保护知识产权，忠实履行合同，恪守商业信用，反对不正当竞争，杜绝商业活动中的腐败行为。

（九）不断提高持续盈利能力。完善公司治理，科学民主决策。优化发展战略，突出做强主业，缩短管理链条，合理配置资源。强化企业管理，提高管控能力，降低经营成本，加强风险防范，提高投入产出水平，增强市场竞争能力。

（十）切实提高产品质量和服务水平。保证产品和服务的安全性，改善产品性能，完善服务体系，努力为社会提供优质安全健康的产品和服务，最大限度地满足消费者的需求。保护消费者权益，妥善处理消费者提出的投诉和建议，努力为消费者创造更大的价值，取得广大消费者的信赖与认同。

（十一）加强资源节约和环境保护。认真落实节能减排责任，带头完成节能减排任务。发展节能产业，开发节能产品，发展循环经济，提高资源综合利用效率。增加环保投入，改进工艺流程，降低污染物排放，实施清洁生产，坚持走低投入、低消耗、低排放和高效率的发展道路。

（十二）推进自主创新和技术进步。建立和完善技术创新机制，加大研究开发投入，提高自主创新能力。加快高新技术开发和传统产业改造，着力突破产业和行业关键技术，增加技术创新储备。强化知识产权意识，实施知识产权战略，实现技术创新与知识产权的良性互动，形成一批拥有自主知识产权的核心技术和知名品牌，发挥对产业升级、结构优化的带动作用。

（十三）保障生产安全。严格落实安全生产责任制，加大安全生产投入，严防重、特大安全事故发生。建立健全应急管理体系，不断提高应急管理水平和应对突发事件能力。为职工提供安全、健康、卫生的工作条件和生活环境，保障职工职业健康，预防和减少职业病和其他疾病对职工的危害。

（十四）维护职工合法权益。依法与职工签订并履行劳动合同，坚持按劳分配、同工同酬，建立工资正常增长机制，按时足额缴纳社会保险。尊重职工人格，公平对待职工，杜绝性别、民族、宗教、年龄等各种歧视。加强职业教育培训，创造平等发展机会。加强职代会制度建设，深化厂务公开，推进民主管理。关心职工生活，切实为职工排忧解难。

（十五）参与社会公益事业。积极参与社区建设，鼓励职工志愿服务社会。热心参与慈善、捐助等社会公益事业，关心支持教育、文化、卫生等公共福利事业。在发生重大自然灾害和突发事件的情况下，积极提供财力、物力和人力等方面的支持和援助。

四、中央企业履行社会责任的主要措施

（十六）树立和深化社会责任意识。深刻理解履行社会责任的重要意义，牢固树立社会责任意识，高度重视社会责任工作，把履行社会责任提上企业重要议事日程，经常研究和部署社会责任工作，加强社会责任全员培训和普及教育，不断创新管理理念和工作方式，努力形成履行社会责任的企业价值观和企业文化。

（十七）建立和完善履行社会责任的体制机制。把履行社会责任纳入公司治理，融入企业发展战略，落实到生产经营各个环节。明确归口管理部门，建立健全工作体系，逐步建立和完善企业社会责任指标统计和考核体系，有条件的企业要建立履行社会责任的评价机制。

（十八）建立社会责任报告制度。有条件的企业要定期发布社会责任报告或可持续发展报告，公布企业履行社会责任的现状、规划和措施，完善社会责任沟通方式和对话机制，及时了解和回应利益相关者的意见建议，主动接受利益相关者和社会的监督。

（十九）加强企业间交流与国际合作。研究学习国内外企业履行社会责任的先进理念和成功经验，开展与履行社会责任先进企业的对标，总结经验，找出差距，改进工作。加强与有关国际组织的对话与交流，积极参与社会责任国际标准的制定。

（二十）加强党组织对企业社会责任工作的领导。充分发挥企业党组织的政治核心作用，广泛动员和引导广大党员带头履行社会责任，支持工会、共青团、妇女组织在履行社会责任中发挥积极作用，努力营造有利于企业履行社会责任的良好氛围。

参考文献

一、 著 作

1. 《马克思恩格斯选集》第 1—4 卷，人民出版社 1995 年版。

2. 《邓小平文选》第二卷，人民出版社 1994 年版。

3. 《邓小平文选》第三卷，人民出版社 1993 年版。

4. 万俊人：《现代性的伦理话语》，黑龙江人民出版社 2002 年版。

5. 欧阳润平：《企业伦理学》，湖南人民出版社 2003 年版。

6. 林端：《儒家伦理与法律文化》，中国政治出版社 2002 年版。

7. 朱汉民：《中国传统文化导论》，湖南大学出版社 2000 年版。

8. 周祖城：《管理与伦理》，清华大学出版社 2000 年版。

9 甘龚群：《以德治国论》，辽宁人民出版社 2002 年版。

10. 孙承志、史若玲、刘美玉：《管理学》，东北财经大学出版社 2001 年版。

11. 厉以宁：《西方经济学》，高等教育出版社 2002 年版。

236

12．陈炳富、周祖城：《企业伦理学概论》，南开大学出版社
2000 年版。

13．郭广银、陈延斌、王云骏：《伦理新论：中国市场经济体制
下的道德建设》，人民出版社 2004 年版。

14．李浴华：《论语·大学·中庸》，山西古籍出版社 2003 年
版。

15．梁海明：《大学·中庸》，山西教育出版社 2001 年版。

16．欧阳润平：《义利共生论——中国企业伦理研究》，湖南教
育出版社 2000 年版。

17．苏勇：《管理伦理学》，东方出版中心 1998 年版。

18．孙君衡、佘文芃：《当代企业伦理学》，安徽人民出版社
1997 年版。

19．唐凯麟、龚天平：《管理伦理学纲要》，湖南人民出版社
2004 年版。

20．王学义：《企业伦理学》，西南财经大学出版社 2004 年版。

21．韦森：《经济学与伦理学》，上海人民出版社 2002 年版。

22．张正明：《晋商兴衰史》，山西古籍出版社 1995 年版。

23．［美］弗雷德·鲁森斯：《组织行为学》，人民邮电出版社
2003 年版。

24．［美］P.普拉利：《商业伦理》，洪成文、洪亮、许冠译，中
信出版社 1999 年版。

25．［美］戴维·J.弗里切：《商业伦理学》，杨斌、石坚、郭阅
译，机械工业出版社 1999 年版。

26．［美］罗伯特·F.哈特利：《商业伦理》，胡敏、郑涛、郝福
合等译，中信出版社 2000 年版。

27．［比］热若尔·罗兰：《转型与经济学——政治、市场和企

业》，中信出版社 2002 年版。

28．阿马蒂亚·森：《伦理学与经济学》，王宇、王文玉译，商务印书馆 2000 年版。

29．［美］泰伦斯·狄尔、爱伦·肯尼迪：《企业文化》，黄宏义译，长河出版社 1983 年版。

30．［英］亚当·斯密：《国民财富的性质与原因研究》，商务印书馆 1979 年版。

31．［英］亚当·斯密：《道德情操论》，商务印书馆 1997 年版。

二、 论 文

1．周中之：《当代中国经济伦理学研究的进程和趋势》，《上海师范大学学报》（社会科学版）2001 年第 6 期。

2．周祖城：《论道德管理》，《南开学报》（哲学社会科学版）2003 年第 6 期。

3．赵德志：《企业文化与企业伦理》，《辽宁大学学报》（哲学社会科学版）2004 年第 7 期。

4．赵德志：《现代西方企业伦理研究进展》，《哲学动态》2004 年第 7 期。

5．赵德志：《美国大公司的伦理管理制度》，《市场经济论坛》2004 年第 5 期。

6．赵德志：《企业跨国经营伦理探论》，《社会科学辑刊》2002 年第 5 期。

7．张震：《论儒家管理思想及其对企业管理的现代价值》，《经济经纬》2000 年第 6 期。

8. 章景德：《略论制度的伦理作用》，《伦理学》2000 年第 3 期。

9. 张黄付：《探寻企业的伦理价值》，《中外企业文化》2004 年第 8 期。

10. 张晓明：《中国的企业和企业伦理问题》，《哲学研究》1996 年第 12 期。

11. 张晓明：《中国市场经济的制度整合与伦理道德建设》，《哲学研究》2000 年第 9 期。

12. 余源培：《打造"诚信社会"——关于经济伦理视野的思考》，《探索与争鸣》2002 年第 4 期。

13. 曾小春：《关于我国经济转轨期的管理伦理思想》，《当代经济科学》1999 年第 4 期。

14. 叶瑜敏：《企业伦理在当代企业管理中的功能及发展趋势》，《上海电力学院学报》2003 年第 4 期。

15. 杨伍栓：《管理伦理与人本管理》，《西安交通大学学报》（社会科学版）2004 年第 4 期。

16. 杨杰、凌文轻、方俐洛：《21 世纪中国企业伦理建设的反思》，《社会科学家》2004 年第 2 期。

17. 杨文兵：《论企业经济行为的伦理限度》，《现代哲学》2001 年第 4 期。

18. 曾晖、韩经纶：《企业伦理规范的发展与建设》，《道德与文明》2005 年第 1 期。

19. 杨瑞龙：《关于诚信的制度经济学思考》，《中国人民大学学报》2002 年第 5 期。

20. 许在荣、张传文：《我国转型期企业诚信问题产生原因探析》，《安徽农业大学学报》（社会科学版）2004 年第 7 期。

21. 吴新文：《国外企业伦理学三十年透视》，《国外社会科学》

1996 年第 3 期。

22．谢洪恩：《企业伦理与企业活力》，《理论与改革》1994 年第 2 期。

23．谢洪恩：《企业伦理文化与中国"入世"》，《中国文化论坛》2000 年第 1 期。

24．徐小估：《试评德鲁克管理哲学的伦理思想》，《福建行政经济管理干部学院学报》2000 年第 2 期。

25．吴元樑：《市场经济和企业伦理》，《哲学研究》1997 年第 5 期。

26．徐大建：《商业腐败行为的制度原因及对策》，《上海师范大学学报》（社会科学版）2002 年第 5 期。

27．吴锋、赵利屏：《信任的危机与重建》，《湖北大学学报》（哲学社会科学版）2002 年第 4 期。

28．王小锡：《企业诚信及其实现机制——以"海尔"为例》，《伦理学研究》2003 年第 6 期。

29．王小锡：《论企业诚信的实现机制》，《郑州大学学报》（哲学社会科学版）2003 年第 2 期。

30．王小锡：《论道德资本》，《江苏社会科学》2000 年第 3 期。

31．王壮：《企业反公利行为的伦理审视》，《湖北社会科学》2003 年第 6 期。

32．魏文斌、高伟江：《中国企业管理的道德困境及其对策》，《道德与文明》2003 年第 3 期。

33．王小龙：《对商业道德行为的一种经济学分析》，《经济研究》1998 年第 9 期。

34．王伟、胡河：《诚信博弈与企业发展策略》，《合肥工业大学学报》（社会科学版）2005 年第 12 期。

35．王克敏：《国外企业伦理学的研究进展》，《经济学动态》1997 年第 2 期。

36．陶莉：《论企业伦理再造》，《四川大学学报》（哲学社会科学版）1999 年第 6 期。

37．谭忠诚：《企业的社会责任的几个伦理问题》，《武汉科技大学学报》（社会科学版）2003 年第 1 期。

38．孙明贵：《美国企业伦理管理的新措施》，《工厂管理》2001 年第 5 期。

39．孙君恒：《西方企业伦理走向：从最大利润伦理观到社会责任伦理观》，《武汉冶金科技大学学报》（社会科学版）1999 年第 3 期。

40．王文贵：《道德行为的经济分析》，《青海社会科学》1999 年第 6 期。

41．王小锡、朱金瑞：《中国企业伦理模式论纲》，《道德与文明》2003 年第 4 期。

42．欧阳润平：《中国企业伦理文化调查报告》，《道德与文明》2002 年第 1 期。

43．欧阳润平：《企业性质的伦理学思考》，《伦理学》2000 年第 4 期。

44．欧阳润平：《企业核心竞争力与企业伦理品质》，《伦理学研究》2003 年第 5 期。

45．欧阳润平：《企业发展中的伦理进步》，《中国财经报》2001 年 6 月 20 日。

46．欧阳润平：《道德实力：企业赢得竞争的真正核心力》，《中国人民大学学报》2003 年第 2 期。

47．罗鑫：《追求目的与手段的平衡——一份关于企业伦理的民众调查报告》，《社会》2004 年第 6 期。

48．刘宇：《儒家文化与企业内外关系协调研究》，《财贸研究》1997 年第 3 期。

49．吕安兴：《张謇的儒商伦理思想研究》，《山东社会科学》2004 年第 9 期。

50．李兆友：《国外经营伦理研究的缘起与现状》，《大连理工大学学报》（社会科学版）2002 年第 9 期。

51．李萍：《日本企业伦理：特点、缺陷及未来趋势》，《现代哲学》2003 年第 2 期。

52．李健：《企业市场化与企业道德》，《新疆师范大学学报》（哲学社会科学版）1994 年第 3 期。

53．李健：《企业伦理论纲》，《陕西师范大学学报》（哲学社会科学版）1994 年第 4 期。

54．李承宗、周育平：《论企业不道德行为问题》，《伦理学》2001 年第 8 期。

55．孔润年：《"企业伦理"之论纲》，《伦理学》2001 年第 8 期。

56．金志云：《趋势与对策：企业国际化过程中的管理伦理》，《商业研究》2005 年第 1 期。

57．贾丽平：《从晋商文化看晋商的成功》，《中国合作经济》2005 年第 3 期。

58．过聚荣：《企业伦理的时代价值》，《伦理学》2000 年第 11 期。

59．郭健雄：《市场经济缺陷辨析》，《延安大学学报》（社会科学版）1996 年第 2 期。

60．甘邵平：《论经济主体道德行为的动机》，《道德与文明》

1999 年第 5 期。

　　61．冯琳：《西方企业管理伦理思想的发展及启示》，《吉首大学学报》（社会科学版）2003 年第 1 期。

　　62．邓晓辉：《企业研究新视角：企业声誉理论》，《外国经济与管理》2004 年第 6 期。

　　63．戴木才：《西方企业管理论理的发展趋势》，《中国党政干部论坛》2002 年第 12 期。

　　64．戴木才：《论管理与伦理结合的内在基础》，《中国社会科学》2002 年第 3 期。

　　65．迟爱敏、李慧珍：《中国企业伦理的研究与发展述评》，《中国矿业大学学报》（社会科学版）2004 年第 2 期。

　　66．陈宏辉、贾生华：《企业社会责任观的演进与发展：基于综合性社会契约的理解》，《中国工业经济》2003 年第 12 期。

　　67．包国宪、贾旭东：《诚信对提高企业运营效率的经济学与管理学分析》，《兰州商学院学报》2004 年第 6 期。

　　68．陈炳富、周祖成：《企业伦理与企业经济效益的关系》，《国际经贸研究》1996 年第 2 期。

　　69．曹凤月：《企业道德责任研究论纲》，《中国劳动关系学院学报》2005 年第 2 期。

　　70．［瑞士］G. 恩德利：《企业伦理学：北美和欧洲的比较》，《国外社会科学》1996 年第 2 期。

　　71．［德］H. 斯特曼：《公司伦理学：概念框架与基本问题》，《国外社会科学》1997 年第 1 期。

　　本书是我近年来对于企业伦理思考的一点心得。回想起来，它实源于一次偶然的谈话。2009 年 8 月的一天，由于工作关系，我与一个企业界朋友聊天时谈及有关企业伦理问题，当时正是"三鹿奶粉"事件在全国沸沸扬扬的时候，各种媒体和社会舆论都在关注这一事件，很自然也就成为一个茶余饭后的谈论热点。我的这个朋友说，现在的企业问题很多，"三鹿"只不过是个案，他建议我在这方面做些文章。此后，我开始关注这一问题，并试图从伦理学视角对其进行学理上的解释，尽管我对这一领域并没有深入研究过，但却试图用自己的思考来观照一下现实。

　　几年来，除行政事务外，学术方面独笃思于此，屡有新思，其中既有对当前企业所存问题的忧虑，也有对其发展前行的欣喜！当然更有一些自认为时贤莫道之处的想法和观点而敝帚自珍。有鉴于此，2010 年 7 月，笔者开始整理这些零碎的想法，2012 年 8 月，方成初稿，所思所想略具规模。

　　值得欣慰的是，在研究中，我粗略概览了中国学者对于企业伦理或者更大范围的经济伦理三十多年的发展历史。学术界同仁许多具有深刻洞见的理论观点惠我良多，譬如，万俊人先生在 2000 年关于市场经济的道德维度的论证、关于效率原则的道德论证，以及王小锡先生近年来关于道德资本的系列文章，等等。从这些具有深刻现实关怀的理论成果中，我们看到了中国伦理学界创制经济伦理的"中国话语"的努力，本书中的许多内容都得益于他们的启发。应该说，虽然笔者在研究中一直试图"完整准确"地理解这些成果，并试图在一些问题上有所创见，但由于理论水平所限，有许多思考可能是不够全面和深刻的，在此意义上，这本书显然又是一个不成熟的习作。但是，我愿意踏着这些"探索者"的脚印前行，哪怕我的努力只前进了一小步，也是莫大的欣慰。

在本书的写作期间，邢云文同志帮助我承担了许多资料收集的工作，并提出了许多有启发性观点，人民出版社的编辑段海宝同志在本书的出版过程中做了大量的编辑工作，没有他们的帮助，这本书是不可能顺利完成的。在此一并表示感谢。

最后，我要特别感谢清华大学的万俊人先生。万俊人先生博学精思，才华横溢，我神往已久。这些年来我具体负责山西省伦理学会的工作，而万俊人先生是中国伦理学会的会长，我一直希望有机会和万教授有深度的思想交流，此次拙著出版，承蒙俊人先生不弃，为我作序，深感荣幸备至！

张汉静

2012 年 10 月于山西大学